現代保険学

堀田一吉・中浜 隆 編

有斐閣ブックス

はしがき

　保険は，人類の長い歴史の中で，危険思想の萌芽に伴い合理的なリスク処理手法として誕生し，社会とともに発展を続けてきた。その過程は紆余曲折や試行錯誤の繰り返しであった。まさに，「保険は人類の知恵が凝縮された仕組み」とされる所以である。

　経済社会が高度化・複雑化すればするほど，私たちを取り巻くリスクも多様化する。そうした中で，合理的なリスク処理手段としての保険システムに対する要請と期待が高まってきた。いまや保険なくして経済社会は成立しない。

　このように現代社会で重要な役割を担う保険システムを正しく理解するために，保険を体系的に学ぶことは重要である。本書は，経済学，経営学，会計学，リスク・マネジメント論などの観点を取り入れて，保険の解説を総合的かつ体系的に展開したものである。

　本書の構成および主な内容は，以下の通りである。第1章「リスクと保険を学ぶ」では，保険学の体系を示し本書の対象を明確にして，本書を読み進める上で必要となる知識を提示している。第2章「保険の歴史」では，海上保険・火災保険・生命保険それぞれの歴史と発展過程をたどりつつ，保険が資本主義経済と深いつながりを持つことを説明する。第3章「保険の経済理論」では，保険が依拠する基本理論を示しながら，経済学の視点から保険の特性を明らかにする。同章はとくに，後半部分で近年発展が著しい行動経済学の観点を取り入れて保険現象を解明していることが特徴となっている。第4章「保険の構造」では，保険料と保険金の両側面から保険の構造をわかりやすく解説している。また，生命保険と損害保険の構造的特徴を対比させながら，それぞれの理念や仕組みの違いを明らかにしている。

　第5章「保険とリスク・マネジメント」では，リスク・マネジメントの体系から保険の相対的位置づけを説明する。リスク・マネジメントの理論や技術の発展とともに，保険の役割や存在意義が変わってきたことに注目してもらいたい。第6章「保険金融と金融リスク管理」では，保険の二大機能である経済的保障機能と金融機能のうち，後者を中心に取り上げる。金融をめぐる環境変化が著しい昨今，金融機能を維持発展する上で金融リスク管理が非常に重要な課

題であることを論ずる。第7章「保険と会計」では，保険を正しく理解するのに重要な保険会計を，平易かつ丁寧に解説している。保険会計には，2025年から，全面的な経済価値（時価主義）ベースの導入が新たに進められることとなった。保険会社の実態を把握する上では，保険会計への理解を欠かすことはできない。

　第8章「保険事業と保険経営」では，経営学ならびに組織論の観点から，保険事業の実態を説明する。保険自由化以降，販売チャネルの多様化は大幅に進展したが，そうした動きを踏まえながら保険事業をめぐる経営的課題をつかんでほしい。第9章「保険産業と保険市場」では，グローバルな発展を遂げている保険市場を視野に入れて，保険産業の実情と課題を整理している。巨大化・複雑化したリスクが台頭する中，保険市場の健全な発展は各国共通の課題である。第10章「保険政策と保険規制」では，保険政策ならびに保険規制の現代的課題を取り上げる。日本の保険業は，戦後長らく護送船団行政のもとに置かれてきたが，保険自由化とともに保険政策の大きな転換が図られた。そうした新たな時代における保険政策の意義と必要性を論じている。そして，最後の第11章「保険学の課題」では，現代社会が直面する具体的なテーマを取り上げ，社会問題に対する保険学的考察の意義や課題を示した。

　本書には，次の特徴がある。第1に，本書は，商学・経済学の分野で論じられる保険学に重点を置いた構成となっている。保険学のもう1つの重要な柱である保険法をあえて抑えて，現在，商学部や経営学部などで講じられている保険学に焦点を当てた内容とした。主な読者対象は，大学2年生以上を想定している。また，保険業に携わる方々を中心に，ビジネスパーソンの自習用としても利用いただけるものと考えている。

　第2に，社会科学の一分野をなすべき保険学として，歴史・理論・政策をしっかりと押さえた上で，保険学が実際の保険現象を理解するために活かされるべきであることを意識し，できるだけわかりやすく具体的な事例を取り入れながら論述した。

　第3に，本書は，伝統的保険学の伝承を意識しつつ現代保険の状況を取り入れた保険学総論であり，生命保険・医療保険・自動車保険などの制度各論についてはほとんど論じられていない。それは，数多く存在する保険を理解するには，本書で論じられているような，すべての保険に共通する基本的理論を把握

することが重要だからである。

　本書は，『保険学』（初版 2011 年刊，補訂版 2016 年刊）の後継として企画されたものである。前著から編者の 1 人が残り，心機一転，執筆者を大幅に入れ替えて臨んだ。メンバー相互の認識の共有と執筆範囲の調整を図るため，定期的に意見交換の機会も設けた。

　しかし，本書の刊行には，じつに多くの苦難と労力を伴った。執筆者ならびに執筆内容の調整にことのほか手間どったため，当初の刊行予定から大幅に遅れ，有斐閣代表取締役社長江草貞治氏をはじめ関係各位には多大な迷惑をおかけしてしまった。それにもかかわらず，書籍編集第二部の得地道代氏には，出版企画から編集・校正に至るまで熱心にご対応いただき辛抱強く導いていただいた。本書が刊行にこぎ着けることができたのは，ひとえに得地氏の献身的なお力添えのおかげである。執筆者一同，心より厚く御礼の言葉を申し上げたい。

　　2023 年 10 月

執筆者を代表して　　堀 田　一 吉

中 浜　　隆

執筆者紹介 （執筆順, ☆は編者）

☆ **堀田　一吉**（ほった・かずよし）　　　　第**1**章（共同執筆）, 第**2**章, 第**11**章

慶應義塾大学商学部教授

主要著作　『現代リスクと保険理論』（東洋経済新報社, 2014 年）；『保険理論と保険政策——原理と機能』（東洋経済新報社, 2003 年）

☆ **中浜　隆**（なかはま・たかし）　　　　　　第**1**章（共同執筆）, 第**6**章

小樽商科大学商学部教授

主要著作　『アメリカの民間医療保険』（日本経済評論社, 2006 年）；『アメリカの生命保険業』（同文舘出版, 1993 年）

石田　成則（いしだ・しげのり）　　　　　　　　　　　　　　第**3**章

関西大学政策創造学部教授

主要著作　『変貌する保険事業——インシュアテックと契約者利益』（中央経済社, 2022 年）；『老後所得保障の経済分析——年金システムの役割と課題』（東洋経済新報社, 2007 年）

安井　敏晃（やすい・としあき）　　　　　　　　　　　　　　第**4**章

香川大学経済学部教授

主要著作　「健康増進型保険が保険事業に与える影響について」（『保険学雑誌』第 649 号, 2020 年）；「保険概念における不可欠な条件について」（『保険学雑誌』第 609 号, 2010 年）

内藤　和美（ないとう・かずみ）　　　　　　　　　　　　　　第**5**章

慶應義塾大学商学部講師

主要著作　「シェアリングエコノミーと自動車保険」（堀田一吉・山野嘉朗・加瀬幸喜編著『デジタル化時代の自動車保険』慶應義塾大学出版会, 2022 年）；「賠償責任保険」（中出哲・中林真理子・平澤敦監修／公益財団法人損害保険事業総合研究所編『基礎からわかる損害保険』有斐閣, 2018 年）

上野　雄史 （うえの・たけふみ）　　　　　　　　　　　　　　第**7**章

静岡県立大学経営情報学部教授

主要著作　『退職給付制度再編における企業行動――会計基準が与えた影響の総合的
　　　分析』（中央経済社，2008 年）；「わが国の生命保険会社における経済価値ベースの
　　　Non-GAAP 指標の有用性と課題」（『生命保険論集』第 221 号，2022 年）

神田　恵未 （かんだ・えみ）　　　　　　　　　　　　　　　第**8**章

大阪樟蔭女子大学学芸学部准教授

主要著作　『新わかる・みえる社会保障論――事例でつかむ社会保障入門』（分担執筆，
　　　みらい，2021 年）；「SNS 時代の医療保険をめぐる意思決定と販売課題」（『保険研
　　　究』第 71 集，2019 年）

恩藏　三穂 （おんぞう・みほ）　　　　　　　　　　　　　　第**9**章

高千穂大学商学部教授

主要著作　"Mutual insurance and co-operative *kyosai* in Japan"（共同執筆，J. Braz-
　　　da ed., *The Development of the Mutuality Principle in the Insurance Business: An In-*
　　　ternational Comparison, LIT Verlag, 2020 年）；「生命保険会社におけるグローバル
　　　化と規模の経済性――アジア市場における海外展開を中心として」（『保険学雑誌』
　　　第 630 号，2015 年）

宮地　朋果 （みやち・ともか）　　　　　　　　　　　　　　第**10**章

拓殖大学商学部教授

主要著作　"La raison d'être de l'assurance coopérative（*kyōsai*）dans la couverture
　　　santé au Japon"（*Journal of Japanese Law*, vol. 28, no. 55, 2023 年）；「保険における
　　　危険選択と公平性」（『保険学雑誌』第 614 号，2011 年）

目　次

第 **1** 章

リスクと保険を学ぶ

● Introduction

　保険は，現代社会の本質や価値観のあり方など，深遠なテーマを提供してくれる興味深い教材である。保険を考察することは，現代社会の本質を考えることなのである。

　本章では，リスク・保険・保険学を取り上げ，リスクと保険を学ぶ意義，および保険が社会経済において果たしている役割について学習する。

　保険の技術や仕組みなど「保険を学ぶ」意義のみならず，保険を通じて社会経済の構造や理念を考える「保険で学ぶ」意義をよく理解して，本書を読み進めてもらいたい。

1　リスクと保険

1.1　現代社会とリスク

　現代社会における個人生活や企業活動は，さまざまなリスクに取り囲まれている。人々は，生活水準を向上させ，豊かさを享受したいと望み，労働に従事する。しかし，生活が豊かになると，現在の生活水準を維持したいと考えるようになり，生活崩壊につながるリスクの存在に不安を感じるようになる。他方，企業は，多くの利益を獲得するために，事業拡大を目指して経済活動に従事する。しかし，企業が経済活動を行うためには，進んでリスクを冒し，リスクに挑戦しなければならない。

　資本主義経済においては，自由な経済活動が保証され，利得の自由な処分が容認される一方で，自分に及んだ損失や災難の結果に対しては自らの責任のもとで処理しなければならない。そして経済生活の豊かさを享受するためには，

リスクに挑戦するだけでなく，あらかじめリスクに対する備えをしておく必要がある。自由主義と個人主義を基本理念とする資本主義経済では，利益も損失も，成功も失敗も，最終的には，個人や企業に跳ね返るものなのである。これを，**生活自己責任の原則**と呼ぶ。

　保険は，リスク処理策の1つである。保険は，共通したリスクを保有している人々が集まって，それを合理的かつ効率的に処理することを目的としてつくり出された，人間の知恵が凝縮された制度である。保険制度により，リスクは社会化され，独自で負わなければならないリスクを保険者に転嫁することができる。

　ただし，保険加入に際して，見知らぬ誰かを助けようとして保険に加入することはない。私たちは，各自の負わされたリスクから解放されたいと願って，保険に加入するのである。現代社会では，保険に加入して事前にリスクに備えない限り，誰も自分を保障してくれないからである。

　通常，保険加入は個人的動機によるものであり，それが**契約自由の原則**に基づく私保険の基本理念である。そして，保険の本質的意義は，事前に自らのリスクに応じた保険料を負担することで，自己責任を果たすことにある。保険金が給付されるかどうかは，あくまでも保険事故の偶然的発生の結果に過ぎない。

　保険は，生涯を通じて深いかかわりを有することから，状況に応じた段階的な取り組みの重要性が説かれるべきである。私たちが社会生活を営む上で，生活リスクについては，自己責任を原則として，リスクを管理（＝リスク・マネジメント）する必要がある。だからこそ，保険がどのような理念に基づいて存在し，いかに機能するかを考察することは，現代社会の本質を考えることなのである。

1.2　リスクと保険の関係

　保険学で知られている言葉に，「**リスクなければ保険なし**」という諺がある。これは，保険にとって，リスクの存在が重要な要素であることを示すものである。しかし，リスクの存在があれば，必ず保険が成立するわけではない。

　リスクと保険の関係を考えるとき，リスクと保険の間に，損害の発生という事実が存在することに注意しなければならない。リスクにより損害が発生し，その損害について保険が保障（補償）する。リスクは損害の原因であり，損害はリスクの結果である。リスクの結果として発生した損害を，保険が保障（補

償）するのである。つまり，「リスク→損害→保険」という図式が描ける。リスクがなければ損害は発生しないのであり，損害がなければ保険は機能しない。この因果関係の存在を前提として，保険による損害填補が行われる。

　リスクが存在しなければ損害は発生しないが，リスクが存在しても必ず損害が発生するわけではない。リスクが損害に発展するかどうかは不確実であり，したがって，リスクとは，損害発生の不確実性を意味することになる。リスクが存在している状況においては，まだ損害自体は発生していない。このリスクが存在する段階で，保険取引は保険者と契約者との間で取り交わされる。保険者が引き受けているのは，リスクなのである。保険者は，契約者が保有するリスクが損害に発展した場合に，その経済的損失を補償する。このように，保険の本質的機能は，契約者の精神的不安（＝リスク）からの解放にあるのであって，契約者にとって保険金が給付されるかどうかは，偶然の結果に過ぎないことになる。

　個人にとってのリスクは不確実である。たとえば，火災に遭うかもしれないし，遭わないかもしれない。だから精神的不安に脅えることになる。ところが，同様のリスクを保有する経済主体を多数集めることによって，火災の危険度は統計的にある正確さをもって確定した数値となる。それは，母集団が大きくなればなるほど，正確な数値となる。これを大数の法則（law of large numbers）という。危険度（＝リスクの大きさ）が確率１％であると判明しても，実際には，個人にとって損害の可能性は損害を被るか被らないかのどちらかであり，その中間はありえない。したがって，個人だけでこのリスクに備えるためには，発生する損害に相当する金銭が事前に準備されなければならない。ところが，事故が発生しなければ，その金銭は不必要だったことになる。客観的に導かれた危険度が把握されることで，保険技術によるリスク処理が可能となる。したがって，保険者にとって，リスクを客観的かつ正確に捉えることは，保険制度の健全性を確保する上で重要な課題となる。

1.3　保険で学ぶことの意義

　人類の歴史はリスク・マネジメントの歴史であり，人々は，さまざまな合理的リスク処理手法を追求してきた。その中で最も優れた方策の１つが，保険である。人々は生活が豊かになるにつれて，現在の生活水準を守りたいと望むようになる。毎日の生活に追われ，明日を思いやる精神的余裕のない人間が，将

来に対する不安に備えようとすることはない。現代リスクが高度化・多様化するに伴い，保険に対する需要は一段と高まる。

　これまで保険学は，現実社会の変化を捉えつつ，適用される保険理論の精緻化を進めてきた。保険をめぐる環境変化が著しい中で，学問としての保険学は，その重要性がいっそう高まったといえる。さまざまな保険現象を解明する上で，保険理論が求められ，積極的なアプローチが求められるようになったのである。

　保険は，高度な技術的合理性に基づいて運用され，社会的に重要な機能を担っている。しかし，保険学にとって重要なのは，「保険を学ぶ」ことだけでなく，「保険で学ぶ」ことである。保険の技術や仕組みなど，「保険を学ぶ」こと自体は，専門の研究者・実務家を養成するにあたって不可欠である。保険そのものを理解するためには，まず「保険とは何か」ということを考えなければならない。

　加えて，現代社会に保険システムを浸透させるためには，保険を通じて社会経済の構造や理念を考えること，つまり「保険で学ぶ」ことが大切である。保険自体は，数あるリスク処理手段の1つに過ぎないが，仕組みや考え方の上で，最も合理的な制度といえるだろう。保険制度，またそれを支える保険理論を学ぶことで，多くの事柄を習得することができる。

　保険は社会経済の変遷とともに発展を続けている。社会経済の変化に伴って発生するリスクに対し，保険はその理論的あるいは技術的可能性を発展させることで，社会に貢献してきた。その意味で，保険は常にリスクに対して挑戦をし続けているのである。そうした保険の発展を動態的に捉えることは，さまざまな保険現象を現代社会が抱える課題解決の可能性として理解することにつながるだろう。

　このように保険は，その仕組みの高度な合理性を理解するのみならず，それが社会的に広く受け入れられている背景を考察することを通じて，現代社会の本質や価値観のあり方といった深遠なテーマを提供してくれる，興味深い教材なのである。保険がどのような理論に基づいて，社会経済の中でどのような役割を果たしているかを理解するためには，保険自体の技術や構造を深く理解することが必要である。しかし，目的をそこでとどめてはならない。保険学的考察を通じて，社会経済の発展に貢献する保険可能性を追求する姿勢が重要である。それこそが保険学を学ぶことの意義といえる。

2 保険学の体系

2.1 保険現象と広義の保険学

保険学は，社会経済において，保険制度・保険業・保険市場などに見られる，保険に関するさまざまな現象（保険現象）を対象として，それを理論的・実証的に分析する研究領域である。保険現象が多面的に現れていることに対応して，保険学は広範な研究分野とかかわっている。

広範な研究分野を包摂する保険学は，**広義の保険学**と**狭義の保険学**に大別することができる。広義の保険学には，狭義の保険学のほかに，保険法学，保険数学・保険数理，保険医学があり，自然科学も含む諸科学の集合科学的な特徴を持っている。

保険法学（民間保険に関する保険法学）は，保険監督法と保険契約法の法分野に大別される。保険監督法は保険業を営む者を規制する公法であり，その中心をなすのは保険業法である。この分野は裁判で争いになるケースが少ないこともあり，法学研究が十分であるとはいえない状況にある。他方，保険契約法は，保険者と保険契約者の関係を規律する私法であり，その中心をなすのは民法と保険法である。この分野は裁判で争いになる例が多いこともあって相当な法学研究が従来行われており，また日々積み重ねられている。

保険数学は，数学の理論と手法を保険の分野（保険数理）に応用する研究を行う応用数学の一分野である。保険数理は，保険商品の設計，保険会社の会計，リスク管理などの業務に必要となる計算手法や理論である（日本アクチュアリー会ウェブサイト参照）。アクチュアリー（保険計理人）は保険数理の専門家であり，保険業法によって，保険会社は保険計理人を選任することが義務づけられている。

保険者は，保険（生命保険，第三分野保険）の申し込みを受けたとき，申込者のリスクを測定・評価し，保険を引き受けるかどうか，引き受ける場合にはどのような条件（保険料率その他の契約条件）で引き受けるかを決定する。こうした危険選択におけるリスクの測定・評価に大きな役割を果たしているのが，保険医学である。保険医学は，生命の予後に関する研究を根幹とし，基礎医学・臨床医学をはじめとして生命保険業が健全に運営されるために必要な法学・経済学・社会学・数学といったさまざまな分野を総合した応用科学である（日本

保険医学会ウェブサイト参照）。

2.2　狭義の保険学

　他方，狭義の保険学は商学・経済学の一領域として，商学的・経済学的アプローチから保険現象を解明しようとする。狭義の保険学には，保険経済学，保険経営論，保険（保険制度）各論，保険会計，保険史・保険学説史，リスク・マネジメント論がある。ここではそれぞれについて，本書で該当する章の紹介も兼ねて，簡単に説明しよう。

　保険経済学として，経済学の理論と手法を用いた保険研究は，ジョゼフ・スティグリッツやジョージ・アカロフなどの経済学者が，市場の失敗の原因として情報の不完全性や不確実性を取り上げ，逆選択やモラル・ハザードを論じたことから始まったといえる。貸付市場と保険市場がその典型例となり，市場の失敗にどのように対処するか，市場をどのように維持・継続するかが解決すべき論点になった。そこから，公的規制のあり方，強制加入の社会保険化などの解決策が論議された。しかし，その後，金融・保険の自由化の影響もあって，保険会社に求める自己規律や，保険契約者が自己責任を果たすための環境整備へと，論点は移行している。また，近年注目を集めている行動経済学や実験経済学の手法を保険に適用する研究も行われている（第3章，第4章，第10章参照）。

　保険経営論では，保険会社の経営にかかわるさまざまな側面が取り上げられる。保険会社の会社形態の1つである相互会社，保険会社による保険商品の販売（保険マーケティング），保険代理店の経営，保険会社の資産運用（保険金融），保険会社の経営管理・経営戦略など，保険会社の保険引受・資産運用・経営全般が研究されている（第6章，第8章参照）。

　保険には多くの種類があるが，それらは損害保険・生命保険・第三分野保険のいずれかに分類することができる。損害保険に属する保険の種類は多く，海上保険や火災保険，地震保険，自動車保険，賠償責任保険などがある。生命保険の種類には終身保険や養老保険など，第三分野保険の種類には年金保険や医療保険などがある。保険は，また，元受保険と再保険に分類することもできる。これらの保険には，それぞれ異なる仕組み・理論・実務がありうる。保険（保険制度）各論では，各保険について，そして同一種類の保険においても，多岐にわたる内容の研究が行われてきている（第4章，第9章参照）。

会計は，財務情報をまとめ，それを利害関係者に伝達するための仕組みである。保険会社は一般事業会社とは異なる事業形態をとっており，保険（保険会社）に特有の会計処理がある。また近年は，保険業にも時価会計が取り入れられるようになった。保険会計の研究は，保険学においてより大きな重要性を持つようになっている（第7章参照）。

保険は，リスク・マネジメントにおける主要なリスク処理手段の1つである。リスク・マネジメント理論は保険学の理論と一体的に発展しており，両者は表裏一体の関係にある。しかし，両者はそれぞれ固有の研究領域を形成しており，対象とするリスクなどに相違もある（第5章参照）。なお，リスク・マネジメントに関連して，危機管理（crisis management）という概念がある。一般的には，リスク・マネジメントはリスク事象の発生を防ぐ予防対策であり，危機管理は事後対応中心の管理で，重大事態発生後に備える措置であると認識される。本質的には，リスク・マネジメントは危機管理を包括する広義かつ上位の概念であり，危機管理はあくまでもリスク・マネジメントを構成する機能と捉えるべきものである（近見・堀田・江澤［2016]）。

3 保険の機能

3.1 保険の主要機能と付随的機能

保険の機能は，主要機能と付随的機能に大別される。保険の主要機能は，**経済的保障機能**と**金融機能**である。経済的保障機能は，保険の本来的機能である。他方，金融機能は，経済的保障機能から派生したという点において派生的機能である。

保険の付随的機能は，保険の主要機能（とくに経済的保障機能）に付随して生じる機能である。それには，事故の予防的機能，信用リスクの低減機能，販売促進機能，社会保険の補完機能がある。

3.2 保険の主要機能

(1) 経済的保障機能

保険は，企業や家庭の経済的保障機能を達成するための経済的制度として，社会的に存在している（石田・石田［1997]）。

損害保険では，保険事故によって損害が生じた場合，保険金が支払われる。

保険金は，損害の程度に応じて支払われる。つまり，損害保険は損害を塡補する保険である。他方，生命保険では，保険事故が発生した場合，一般に定額の保険金が支払われる。

　企業分野では，ある企業の工場が火災によって焼失した場合，当企業は工場の再建に必要な資金を用意しなければならない。金融機関から融資を受けるならば，元利を返済しなければならない。それを将来の収益から返済すると，将来の利益が減少する。しかし，火災保険に加入していれば，保険会社から受け取る保険金を工場の再建費用にあてることができる。つまり，多額の資金を追加的に負担することなく，生産を再開できる。

　家計分野では，ある家庭の住宅が火災によって焼失した場合，火災保険に加入していれば，上記の企業と同様に多額の資金を追加的に負担することなく，住宅を再建できる。他方，収入を得ている者が死亡した場合には，収入が減少する。しかし，生命保険（死亡保険）に加入していれば，保険会社から受け取る保険金を生活費などにあてることができる。

　保険では，比較的少額の負担（保険料）で，比較的多額の給付（保険金）を受けることができる。それは，保険に多数の経済主体が加入しているからである。保険は多数の経済主体が加入することによって経済的制度として成り立つのであり，この点において保険は社会的に存在している。

　保険は，社会的な存在（経済的制度）として，企業や家庭の経済的保障機能を果たしており，企業活動や家計生活の安定に寄与しているのである。

(2) 金融機能

　経済的保障機能から金融機能が派生する。つまり，経済的保障機能によって保険者（保険会社など）に資金（保険資金）が形成される。保険資金の大部分は，保険契約者が保険者に支払う保険料である。

　保険会社に保険資金が形成されるのは，保険会社は先に保険料を受け取り，後から保険金を支払うためである。つまり，保険料の受取時点と保険金の支払時点にタイム・ラグがあるためである。保険会社は，受け取った保険料を保険金として支払うまでの間，保険料を運用する。

　このように，保険の経済的保障機能と金融機能は，主に保険会社が行う業務を通じて社会的に果たされる。保険会社が営んでいる業務の大半は，保険引受業務と資産運用業務である。つまり，経済的保障機能と金融機能は，保険会社が営む保険引受業務と資産運用業務を通じて社会的に果たされる。

保険会社は，保険引受業務によって形成される巨額の保険資金を主に金融・資本市場で運用しており，したがって保険会社の資産の多くは金融資産である。保険会社の資産運用業務によって，主に金融・資本市場を通じ，経済社会に巨額の資金が供給されている。

保険の金融機能は，経済的保障機能とともに，経済社会において大きな役割を果たしているのである。

3.3　保険の付随的機能

保険は，主要機能（とくに経済的保障機能）に付随して，いくつかの機能を果たしている。保険の付随的機能として，以下のものをあげることができる。

(1)　事故の予防的機能

民間保険の保険料は，リスクに基づいて決められる。つまり，リスクが高いと，保険料は高くなる（逆の場合は安くなる）。また，保険の中には，リスクに応じて保険料が割増または割引されるものもある。たとえば火災保険では，消火・防火設備を有する物件に対して保険料が割り引かれる。自動車保険（任意保険）では，ノンフリート等級別料率制度が導入されており，保険金支払実績に応じて翌年の保険料が割増または割引される。また近年では，医療保険において，保険期間中に被保険者の健康状態が改善されると保険料が割り引かれる，健康増進型医療保険が登場している。

保険料の割増・割引は，保険契約者・被保険者にリスクを認識させるシグナルとなりうるとともに，リスクを低減させようとする（保険事故を予防しようとする）インセンティブを与える。それによって事故の頻度と損害の規模が低減するとともに，場合によっては社会的費用も低減する。

(2)　信用リスクの低減機能

金融機関から住宅ローンを受けて住宅を購入する場合，金融機関から火災保険と信用生命保険の加入を求められる。この場合の火災保険では，住宅がローンの担保になっており，保険事故（火災など）によって住宅に損害が生じた場合，保険金は金融機関に支払われる。

他方，信用生命保険では，住宅ローンの債務者が死亡した場合，保険金（債務残高）は金融機関に支払われる。この場合の信用生命保険は，住宅ローンの債務者（遺族）にとっては経済的保障機能を果たすが，住宅ローンを貸し付けた金融機関にとっては住宅ローンの返済の確実性を高めるという信用リスクの

低減機能を果たす。

(3) 販売促進機能

商品の中には，盗難保険または生産物賠償責任保険といった保険が付けられているものがある。たとえば販売される自転車に盗難保険が付けられていれば，消費者の購入意欲が高まるだろう。購入された自転車が盗難に遭った場合，保険金は自転車の購入者に支払われる。この場合の盗難保険は，商品（自転車）の購入者にとっては経済的保障機能を，商品の販売者にとっては販売促進機能を果たす。

(4) 社会保険の補完機能

日本の社会保険は，年金保険，医療保険，介護保険，雇用保険，労働者災害補償保険の5つの保険から構成されている。これらのうち民間保険にもあるのは，年金保険，医療保険，介護保険である。医療保険では，社会保険のほうは公的医療保険，民間保険のほうは民間医療保険（または私的医療保険）と呼ばれている。

民間医療保険には，病気・けが全般を保障対象とした保険，「がん」に補償対象を特定した保険，三大疾病（がん，急性心筋梗塞，脳卒中）を保障対象とした保険などがある。民間医療保険の給付金は，公的医療保険における自己負担や公的医療保険が保障対象としていない医療サービス（医療費）に対する支払いなどにあてることができる（公的医療保険と民間医療保険については，第11章で詳しく説明する）。

民間保険の年金保険，医療保険，介護保険は，社会保険を補完する機能を果たしている。

4 社会保険と民間保険

4.1 社会保険と民間保険の相違点

本書では，総じて民間保険を説明していく。前節で，民間保険は**社会保険**の補完機能を果たしていることを説明した。社会保険も民間保険も保険である以上，両者には共通点が存在する。しかし，当然のことながら，両者には相違点も存在する。本節では，両者の相違点について説明する。

表1-1は，社会保険と民間保険の主要な相違点を示したものである。それらの中で，とくに社会保険を特徴づける要素は，加入と保険料の2つの点にある

表 1-1　社会保険と民間保険の主要な相違点 ─────────────────

	社会保険	民間保険
種　類	人保険	人保険，物保険
加　入	強制加入	任意加入
保険料	政府が設定方法（定額の保険料，所得に基づく保険料）を決める	保険者がコスト（リスク）に基づいて決める
保険者	公的部門（政府，公法人）	民間部門（保険会社など）
危険選択	な　し	あ　り
逆選択	な　し	ありうる
財　源	保険料＋公費	保険料
給　付	法定給付，画一的給付	契約当事者の合意で決まり，個々の契約で内容が異なりうる

（出所）　筆者作成。

と考えられる。両者について，民間保険と対比しながら見てみよう。

　第1に，加入について，社会保険は強制加入である。つまり，本人の加入意思にかかわらず，法律によって加入が義務づけられている。それに対して，民間保険は任意加入である。

　民間保険は，正確にいえば契約（保険契約）である。契約は当事者の合意に基づくものであり，契約するかどうか，およびどのような内容で契約するかは，個人の自由な意思に委ねられている。市場という観点から見ると，民間保険は保険市場で保険商品として取引される。保険者（保険給付を行う者）は，ある種類の保険が取引される保険市場に参入してもよいし，しなくてもよい。また，参入しているが，引き受けたくなくなれば退出してもよい。一方で経済主体も，保険に加入したければ保険市場で保険商品を購入すればよいし，加入したくなければ購入しなくてもよい。

　民間保険はこうした市場で取引される商品であるのに対して，社会保険は市場商品としての要件を欠いている。

　第2に，保険料について，社会保険では，保険料の設定方法を政府が決めている。それには，保険料を定額とする方法もあれば，所得に基づく方法もある。後者では加入者が所得に応じて保険料を負担することから，応能負担の原則と呼ばれている。

　それに対して民間保険では，保険料は保険者のコスト（予定のコスト）と保

険市場での競争を通じて決定される。保険者はコスト（予定のコスト）に基づき，市場の競争圧力のもとで価格を設定する。ここで，保険のコストとは，保険金と事業費である。保険者が保険料を算定するときのコストは，将来に支払いが予定される保険金と事業費なので，予定のコストになる。

　民間保険における給付・反対給付均等の原則は，各保険契約者が支払う純保険料は，保険事故が発生した場合に受け取る保険金の額に保険事故発生の確率を乗じた額に等しいこと（各保険契約者が支払う純保険料は保険金の数学的期待値に等しいこと）を示す原則である。こうした原則は，保険者が予定のコスト（リスク）に基づいて純保険料を算定することを示すものである（当原則については，第3章で詳しく説明する）。

　民間保険の保険料は保険者のコストと市場の競争によって決まるのに対して，政府が設定方法を決める社会保険の保険料は商品の価格としての要件を欠いている。

4.2　利用可能性と購入可能性

　社会保険と民間保険における加入と保険料の相違は，**利用可能性**（availability）と**購入可能性**（affordability）に直接的に現れる。

　民間保険では，申込者のリスクは高すぎると保険者が判断した場合，保険を引き受けない。保険では，保険者が保険を引き受けない（保険商品を販売しない）ことがありうるのである。この点は，他の一般的な商品と大きく異なっているといえよう。利用可能性は，保険を利用（保険に加入）できるかどうか（保険者が保険を引き受けるかどうか），その可能性をいう。

　保険者が保険を引き受ける（保険商品を販売する）場合，加入者は保険料を支払わなければならない。しかし，リスクが高いと，保険料は高くなる。そのために，保険料を負担できないことがありうる。購入可能性は，保険を購入（保険に加入）するために支払う保険料を負担できるかどうか，その可能性をいう。したがって購入可能性は，保険料負担可能性といってもよい（民間保険における利用可能性と購入可能性については，第3章で詳しく説明する）。

　まず，利用可能性について，社会保険では，加入対象となる人々に対して加入を強制して（義務づけて）いる。それに対応して，保険者に対する危険選択（申込者のリスクに基づいて，保険者が保険を引き受けるか引き受けないかを選択すること）を禁止している。

社会保険では，加入対象となるすべての人々は，強制加入に対応した危険選択の禁止によって，リスクの高低にかかわらず，加入できる（利用可能性の問題はない）。民間保険では，高リスク者は，保険者の危険選択によって，加入できないかもしれない（利用可能性が低い）。

　もし社会保険も任意加入であるならば，とくに低リスク者の中には加入しない者が出て，逆選択（高リスク者が保険に加入するという現象）が生じるであろう。逆選択が過度に生じると，社会保険は制度として成り立たなくなる。そこで，高リスク者も加入でき，制度として成り立つように，加入対象となるすべての人々に（低リスク者にも）加入を求めるのである。

　次に，購入可能性（保険料負担可能性）について，社会保険の保険料は多くの場合，リスクの高低に連動する応益原則に代わって，所得比例などの応能原則に基づいている。たとえ高リスクであっても保険料は所得に応じて決まるので，高リスク者は保険料を負担しやすくなる（購入可能性が高くなる）。

　それに対して，民間保険の保険料は，リスクの高低に基づいている。したがって高リスクかつ低所得の人々は，保険料の負担が大きい（購入可能性が低い）。もし保険料を負担できないならば，結局は保険に加入できないことになる。

　このように社会保険では，加入と保険料において，高リスク者に対して利用可能性を確保し，低所得者に対して購入可能性を高める措置が講じられているのである。なお，社会保険も保険である以上，保険給付の財源は加入者が支払う保険料であり，保険給付が増加するとそれに応じて保険料が引き上げられなければならない。社会保険に公費が投入されるのは，強制加入とする社会保険の購入可能性の低下を抑止する措置であるといえよう。

5　頻出する保険用語

　本節では，本書で頻出する保険用語（基本用語）をあらかじめ簡潔に説明しておきたい。

①　保険者（insurer）

　保険（民間保険）は，正確にいえば，契約である（なお，社会保険は契約ではない）。保険契約は，保険者と保険契約者の間で締結される。

　保険者は，保険契約の一方の当事者で，保険を引き受ける（保険給付を行う）

者をいう。保険者は，保険を引き受ける対価として保険料を受け取り，保険事故が発生した場合に保険給付を行う（保険金を支払う）。民間保険では，保険者は一般に保険会社を指している。

② 保険契約者（policyholder）

保険契約の他方の当事者で，自己の名前で保険契約を締結し，保険料を支払う義務を負う者をいう。単に「契約者」としばしば表記される。

③ 被保険者（insured）

被保険者は，損害保険と生命保険で意味が異なる。損害保険における被保険者は，保険事故が発生した場合に損害を受ける者（保険給付を受ける者）をいう。保険契約者と被保険者が同一である場合を「自己のためにする保険契約」，同一でない場合を「他人のためにする保険契約」という。

生命保険における被保険者は，保険事故発生の客体であり，その者の生存または死亡に関し保険者が保険給付を行うこととなる者をいう。保険契約者と被保険者が同一である場合を「自己の生命の保険契約」，同一でない場合を「他人の生命の保険契約」という。死亡保険が「他人の生命の保険契約」である場合には，契約時に被保険者の同意が必要である。

なお，保険加入者（単に「加入者」としばしば表記される）という用語もよく用いられている。この用語は，一般に保険契約者または被保険者を指している。

④ 保険金受取人（beneficiary）

損害保険において保険給付を受ける（保険金を受け取る）のは被保険者であるが，生命保険においては保険金受取人となる。生命保険における保険金受取人は，保険給付を受ける者として生命保険契約で定める者をいう。死亡保険では，被保険者は保険金を受け取ることができないので，被保険者以外の者が保険金受取人に指定される。

⑤ 保険事故（insurable risk）

保険者が，保険給付を行う（保険金を支払う）こととなる偶然の事故をいう。損害保険では，損害が生じることのある偶然の事故として，損害保険契約で定めるものである。生命保険では，被保険者の生存または死亡である。

⑥ **保険期間**（insurance period）

　保険者が保障（補償）を提供する期間をいう。保険者は，保険期間中に保険事故が発生した場合に，保険給付を行う（保険金を支払う）義務を負う。保険期間は，損害保険では一般に短期（1年が多い）であるのに対して，生命保険では一般に長期である。

⑦ **保険料**（insurance premium）

　保険者が保険を引き受ける対価として，保険契約者が保険者に支払う金銭をいう。この保険料は，営業保険料または総保険料と呼ばれ，純保険料（保険給付に充当される保険料）と付加保険料（保険者の事業費に充当される保険料）から構成されている。多数の保険契約者が支払う保険料によって，巨額の保険資金が保険者に形成される。保険者は，保険資金を主に金融・資本市場で運用している。

⑧ **保険料率**（insurance rate）

　保険料と類似している保険用語に，保険料率（しばしば単に「料率」と表記される）がある。保険料率は，保険金額1単位当たりの保険料をいう。保険者が保険商品の価格として算定するのは保険料率であり，保険料率は保険商品の単価（単位価格）である。

⑨ **保険の目的物**（insurance subject）

　保険事故発生の客体であり，保険事故によって損害が生じることのあるものとして損害保険契約で定めるものをいう。たとえば，火災保険では建物（住宅・店舗・事務所・工場など）やその収容動産（家財，商品，原材料など），自動車保険（車両保険）では自動車が保険の目的物となる。この用語は，生命保険では用いられない。

⑩ **保険価額**（insured value）

　保険の目的物の経済的評価額をいう。損害保険では，保険金額を設定する際，保険価額は保険金額の上限となる。生命保険には，保険価額の概念はない。したがって，法律に基づいた厳格な保険金額の上限はない。

⑪ **保険金額**（insurance amount）

　保険給付（保険金）の限度額として保険契約で定める金額をいう。損害保険
では，保険価額を上限として，保険者と保険契約者の合意のもとに設定される。
生命保険では，保険価額の概念はない（法律に基づいた厳格な保険金額の上限はな
い）ので，保険契約者や被保険者の年齢，職業，資産・収入状況などを勘案し
て，保険者と保険契約者の合意のもとに設定される。

⑫ **保険金**（claim paid, benefit）

　保険事故が発生した場合，保険者が被保険者（損害保険の場合）または保険金
受取人（生命保険の場合）に支払う金銭をいう。損害保険では，損害額と付保割
合（保険価額に対する保険金額の割合）に応じて保険金が支払われる。生命保険
では，通常，契約時に定められた保険金額が保険金として支払われる。なお，
保険金は，損害保険では claim paid，生命保険では benefit という。

⑬ **保険証券**（insurance policy）

　保険契約締結時に，保険契約の成立とその内容を証明するために，保険者が
作成し，保険契約者に交付する書面をいう。保険証券には，保険者，保険契約
者，被保険者，保険金受取人，保険料とその支払方法，保険金額，保険事故，
保険期間などの事項が記載されている。保険証券は，証拠証券の一種とされて
いる（法律上の有価証券には該当しないと考えられている）。

⑭ **保険約款**（insurance clause）

　保険者が保険契約の内容についてあらかじめ定めた定型的な条項をいう。保
険約款には，普通保険約款と特別保険約款がある。普通保険約款は，同一種類
の保険契約について基本的・標準的な内容を定めたものである。特別保険約款
は，個々の保険契約において，普通保険約款の内容の一部を変更・補充するも
のである（特別保険約款は，普通保険約款に優先する）。
　保険契約は，契約当事者（保険者と保険契約者）の合意によって効力が生じる。
その合意の内容は，保険証券と保険約款の全内容となる。

● **演習問題**

1. 「保険を学ぶこと」と「保険で学ぶこと」の関係性について考察しなさい。
2. 保険の金融機能は，保険の経済的保障機能から派生した機能であることを説明しなさい。
3. 社会保険における利用可能性と購入可能性について説明しなさい。

第 2 章

保険の歴史

● Introduction

　本章では，保険の歴史を概観する。保険は，海上保険を起源とし，その後，火災保険，生命保険へと広がりを見せたが，その発展過程は社会経済の移り変わりを受けて進んだものである。とりわけ近代的保険は，新しい学問や技術の成果を取り入れて資本主義経済と調和しながら成長してきた。保険が歴史の沿革を経て，現在に至るまでの発展を遂げてきたことを理解する。

1　海上保険の歴史

1.1　冒険貸借

　海上保険の起源は，ギリシャ，ローマ時代から地中海貿易で盛んに行われていた，**海上貸借**（foenus nauticum）または**冒険貸借**（bottomry）と呼ばれる制度に由来する。当時の金融業者が，冒険的海上事業を企てる船主・荷主に対して，船舶や積み荷を担保とし，資金の貸付を行った，金銭消費貸借の一種である。資金の借り主である船主・荷主は，航海を無事に遂行した場合には，元金に高利の利息を足して返済しなければならないが，海難や海賊などの海上事故に遭遇して航海を完遂できなかった場合には，借入金の返済を免れるという仕組みになっていた。すなわち，金融業者が資金を融通するという**融資機能**と，海上危険を負担するという**リスク負担機能**という，2つの機能を併せ持つものであった。

　ところが，1230 年頃に，ローマ法王グレゴリー 9 世（Gregorius IX, 1143-1241）が徴利禁止令を発し，冒険貸借の利子を徴収する行為が禁止されること

になった。徴利禁止令によって冒険貸借によるリスク負担の取引はなくなり，海上取引に関しては，航海の成功の場合には高利の利息を得ていたその貸し手からうまみのある投資の機会を奪う一方，借り手からは航海失敗の場合の経済的負担を貸し手に肩代わりさせる機会を奪った。しかし時間が経つにつれて，失敗した場合の経済的負担を肩代わりしてもらいたいという商人の欲求は次第に大きくなり，冒険貸借のリスク負担機能に対する需要は増大していった。そこで無利息の消費貸借という契約形態に，それを仮装していく。

　無償の消費貸借を仮装した契約では，金融業者が船主や荷主から無利息で資金を借り入れたものと仮装して，船舶や荷主が海難に遭遇した場合には金融業者から借入金が返済されるが，航海が無事に達成された場合は消費貸借契約が無効となり，借入金の返済を要しないというものであった。

　この仕組みは，後に，売買を仮装した保険契約の形式をとるようになった。仮装売買契約により，貸し主（金融業者）が航海開始前に冒険貸借の借り主（船主や荷主）から船舶や積み荷を買い入れて買い主になり，売り主である船主や荷主に対して売買代金の支払いを約束する。航海の途中で海難にあった場合には売買契約は解除されず代金が支払われるが，航海が無事に成功した場合には売買契約が解除されて売買代金の返済を免れるというものであった。

1.2 海上保険

　その後次第に，海上貿易にかかわるリスク負担だけを扱う専門業者が現れて，正式な海上保険が生成されていった。海上保険は，14世紀後半，ジェノヴァ，ピサ，フィレンツェ，ベネツィアなどのイタリアの商業都市において，独自の契約方式で取引が始まった。内容的には，現在の海上保険とほとんど変わらない。保険者である保険業者と保険契約者である船主や荷主との間で保険契約が取り交わされ，保険契約者は事前に保険料を支払うことで，海難に遭遇した場合に保険者が保険金を支払うことになる。保険者はリスクを負担することを約束し，その対価として保険契約者が保険料を払うという仕組みである。

　このようにしてイタリアの都市で誕生した海上保険は，地中海を東西に渡り，フランスのマルセイユ，スペインのバルセロナ等に伝わっていく。さらに，北ヨーロッパのブリュージュ，アントワープに伝わり，北はアムステルダム，ハンブルグ，西はロンドンへと伝播し，海上保険はロンドンで大きく発展を遂げることになった。

ロンドンでは17世紀半ば頃，市民の間でコーヒーを飲むことが流行し，多くのコーヒー店が出現した。やがてコーヒー店は，商談や社交，あるいは情報交換を行うための集会所となった。1688年頃，エドワード・ロイド（Edward Lloyd, 1648-1713）が開業したコーヒー店は，テムズ川の船着場に近いこともあり，船主・船長・貿易商人・海上保険業者など海上貿易に携わる多数の顧客が集まった。同店では海上取引に関するさまざまな情報を入手できたため，次第に海上保険が活発に取引されるようになった。このロイズ・コーヒー店が，後の**ロイズ・オブ・ロンドン**（Lloyd's of London）のはじまりである。

今日ロイズは，海上保険のほかに各種の損害保険や生命保険も引き受けており，革新的なアンダーライティングと長年の実績による信用によって，世界の保険市場を牽引する地位にある。

1.3　日本の海上保険

西欧の近代保険制度を日本に最初に紹介したのは，福澤諭吉（1835-1901）である。著書『西洋旅案内』（1867年）で「災難請合の事（イシュアランス）」として生涯請合（生命保険）・火災請合（火災保険）・海上請合（海上保険）という3種の災難請合を紹介し，それぞれの仕組みを説明している。保険制度をこの3つに大別して捉えていたことは，すでに保険制度の成り立ちを深く理解していたことを窺わせるものである。

17世紀初め頃，日本では朱印船貿易が盛んで，その朱印船による海上貿易に際して「抛銀」と呼ばれる制度が存在していた。この制度は，上述の冒険貸借と同じ仕組みで，朱印船の船主または荷主が渡航に際して資本家から資金を借り入れ，船舶・積み荷が無事に帰港すれば高額の利子を付けて借入金を返済するが，渡航中に海難に遭った場合には借入金の返済を免れるものであった。ところが，徳川幕府の鎖国令によって海外貿易はほぼ全面的に禁止され，抛銀の慣行は次第に消滅した。

一方，国内では，17世紀から18世紀にかけて樽廻船や菱垣廻船を中心に海運業が発達したことに伴い，海上請負制度が普及した。これは，荷主から委託された積み荷が運送中に損害を被った際，海上運送人である船主または廻船問屋が積み荷の損害を自ら負担することのほか，仮に船舶の一部に損害が発生した場合にも船舶の損害分担を求めないことを約束する運送契約であった。したがって，荷主が海上運送人に対して支払う運送賃の中に海上危険の負担料も含

まれており，海上運送人が，いわば保険者としての役割を担っていたのである。

　明治に入り，渋沢栄一（1840-1931）を中心とした発起人および華族グループによって，1879年に日本最初の保険会社である東京海上保険会社が創立された。創業当初の引受保険金額は10万円を限度とする一方，保険料については，汽船と風帆船とに分けられ，さらに貨物の種類や航路によっても区別を設けて算定する方法がとられた。東京海上保険会社は，政府の助成と監督のもとで，船舶・貨物双方の保険の専業会社として先駆的役割を果たした。

2　火災保険の歴史

2.1　火災保険の登場(1)──ローマン的系譜

　人類は，火を自由に取り扱えるようになって文明を発達させることができた半面，しばしば火災によって生活が脅かされてきた。にもかかわらず，火災保険が誕生するまでには，かなりの時間を要した。

　火災保険の起源は，中世フランク王朝時代に存在した**ギルド**（Guild）にあるとされている。ギルドは，中世に西欧諸都市において，商工業者の間で結成された同業者たちによる共済組合である。商人ギルド，手工業ギルトなど，さまざまな種類が存在し，徒弟制度と称される厳格な身分制度の中で，互いの生活を支え合う仕組みを有していた。その主なものは，人の死亡や火災発生の際に互いを助け合う，いわば相互扶助の組織としての役割を担っていた。

　本格的な火災保険が誕生する契機となったのが，1666年9月2日に発生したロンドン大火（The Great Fire）であった。4昼夜燃え続けて市の5分の4が燃え尽くされ，1万3200戸が全焼，10万人以上が焼け出されるという大惨事であった。このロンドン大火の影響を受けて都市整備が進められ，耐火建築の推進や，道路整備，防火体制など，火災への諸対策が講じられた。同時に1681年，医師であり建築家でもあったニコラス・バーボン（Nicholas Barbon, 1640-1698）は，当時，海上保険において盛んに行われていた方法を建物向けの火災保険に適用して，世界初の営利目的の火災保険会社であるFire Office（1705年にフェニックス保険会社と改称）を設立した。

　この保険は，①誰でも加入できる，②火災による個人的損失を主な対象とする，③過去の火災発生率と現在の建物数から保険料を決定（木造家屋の保険料をレンガ造りの家屋の2倍とする），④ファイアマーク（保険加入の紋章）を設置する

など，多くの注目すべき特徴があった。これら各点からもわかるのは，火災保険は個人責任において加入するもので，リスクに見合った保険料負担が求められるという，保険の基本理念が示されていたことである。しかし，投機的な企業活動による巨大利潤の追求が目的であったことに加えて，確率計算に基づく合理的な保険経営がなされていたわけでなく，まだ近代的火災保険といえるものではなかった。

その後，非営利組織による投機目的でない火災保険会社である Friendly Society（1684 年）や，純粋な相互組織のもと建築業従事者の相互利益を守る目的で設立された Hand-in-Hand（1691 年）など，次々と火災保険会社が誕生した。1710 年には Sun Fire Office が設立されたが，これは現存する世界最古の火災保険会社である。これらに共通するのは，民間保険会社による私営保険であったことである。こうした民営保険を中心とする自由主義に基づく火災保険は，**ローマン的系譜**と呼ばれている。

アメリカでは 1752 年に，独立宣言起草者の 1 人であるベンジャミン・フランクリン（Benjamin Franklin, 1706-1790）によって，アメリカ初の火災保険会社が設立されている。同地においても，火災保険はその後の近代国家建設を支える重要な役割を担うことになった。

2.2 火災保険の登場(2)——ゲルマン的系譜

火災保険をめぐるもう 1 つの流れとされるのが，ドイツを代表とする公営の火災保険である。15 世紀頃のドイツには多数の独立した自治体が存在し，それぞれで独自の取り組みがなされていた。うち，火災の共済だけを目的とする共済組合なるものがシュレスウィッヒ・ホルスタイン地方で発達，その後，ドイツ北部の他地域でも似たようなものが多数つくられた。

1591 年には，ビール醸造者を中心とする 100 人の醸造業者によって，火災に遭った場合に各自が平等に再築資金を出し合う，ハンブルグ火災組合（Hamburger Feuerkontrakt）が設立されている。

その後，新旧両教徒の抗争に基づく三十年戦争（1618～1648 年）により，ドイツの国土は甚しく疲弊し，経済回復と財源確保の方策として火災保険制度を導入することが，各国領主の関心を引いた。1676 年には，46 の火災組合を統合して，市全体の建物を対象とした，公営のハンブルグ一般火災保険金庫（Hamburger General-Feuerkasse）が設立された。

これを範としてドイツでは他都市においても公営火災保険が営まれた。これが公営火災保険のはじまりである。1781 年にはベルリン市に市営の火災保険所が設立され，公営火災保険は広く普及した。こうした公営保険を中心とする官営主義の火災保険は，**ゲルマン的系譜**と呼ばれている。

19 世紀になると，バイエルンその他の地方でも公営保険の経営が開始されて，ドイツ国内のほぼ全土に建物保険の公営保険制度が敷かれた。その大部分は，強制加入と改築義務を建物所有者に課していた。

2.3　日本の火災保険

「火事と喧嘩は江戸の華」といわれるように，古くから日本人にとって，火事は日常茶飯事であった。しばしば大火にも見舞われていたが，「振袖火事」として知られる明暦の大火（1657 年）が，人々の防火意識を高める大きなきっかけになったといわれている。この大火は日本史上最大の火災で，10 万人以上が死亡し，江戸城をはじめ市中の大半が焼失した。これを契機として，その後，大名火消・定火消・町火消などが整備され，幕府は防災への取り組みとして火除地や広小路を設置した。しかしながら，この時代に火災保険をつくる機運に至らなかった背景には，当時の日本では，まだ私有財産を前提とする資本主義経済が発達していなかったことがある。

日本での火災保険会社は，1887 年に，海上保険会社よりもやや遅れて設立された。東京医学校のドイツ語教師・経済学者パウル・マイエット（Paul Mayet, 1846-1920）が，木造の家屋が立ち並んでいるにもかかわらず日本に火災保険がないことに驚いて，火災保険の創設を提案した。これに関心を寄せたのが，参議・大蔵卿の大隈重信（1838-1922）であった。内務卿であった伊藤博文（1841-1909）を口説いて，大蔵・内務両省共管で大蔵省内に火災保険取調掛を設置し，強制加入を骨子とする家屋保険法を上申した。大隈はマイエットを大蔵顧問として国営強制火災保険の設立を準備したが，その後，明治 14 年の政変によって政治の場を追われてしまう。そして国営火災保険は，代わって大蔵卿に就任した松方正義（1835-1924）によって挫折した。

政治的実権を握った松方は，イギリス流の自由主義を唱えて民営による火災保険を主張し，結局ドイツ流の国営火災保険は実現しなかった。しかし，後には火災保険に対する社会的関心も広まり，1887 年に最初の火災保険会社である東京火災保険会社（安田火災海上の前身）が設立された。以後も 1891 年に明

治火災保険株式会社（東京海上火災の前身），1892 年に日本火災保険株式会社
（前・日本興亜損害保険の前身）など，火災保険会社の設立が相次いだ。

3 生命保険の歴史

3.1 生命保険の起源

　保険的観念，すなわち個々人の偶発的経済保障を多数の共同によって充足し
ようとする考えは，古代人の日常生活において種々の形で表現されている。ロー
マ帝政下において，貧富の対立が次第に顕著となり，弱者団結の必要から，
個人的な力が及ばない場合の相互扶助ないし共済を目的とした各種の集団が発
生した。その 1 つが，**コレギア**（collegia）である。人の生死を対象に相互扶助
を行った原始的な仕組みとして，注目に値する。

　海上保険においては，船舶や積み荷に加えて，輸送中の奴隷が付保対象とさ
れてきたが，やがて船長・船員・乗客の生命が付保されるようになった。ただ
し，保険の対象である奴隷は，単なる道具であって人格を認められていなかっ
たことを考えると，生命保険と見なすことは難しい。

　生命保険の原型とされるのは，上述した同業者組合ギルドにおいて，組合員
またはその家族に病気や死亡など不幸な事態が発生したときに，家族・遺族を
救済する相互扶助の仕組みである。ここには，生命保険と同様の理念が認めら
れる。

　生命保険が普及浸透するためには，人の生死を保険の対象と見なしうること
の価値観が，人々の間で受け入れられることが重要なのである。

3.2 近代的生命保険の誕生

(1) 生命表の発見

　生命保険の技術的基礎となったのは，確率論と生命表の発見である。確率
論は，その基礎を築いた数学者として，ブレーズ・パスカル（Blaise Pascal,
1623-1662）とピエール・ド・フェルマ（Pierre de Fermat, 1607-1665）が有名で
ある。一方，確率論を最初に生命年金に応用したのはオランダ人のヨハン・
デ・ウィット（John de Witt, 1625-1672）で，国家による終身年金事業の年金現
価を計算して当時の政府に示し，生命保険技術を確立した。

　その後 1693 年に，天文学者として有名なエドモンド・ハレー（Edmond Halley, 1656-1742）によって，正確なデータから信頼するに足る生命表がはじめて作成された。ドイツのブレスラウ市の人々の出生と死亡を統計的に観察し，出生時の平均余命は約33年，5歳時42年，25歳時には35年，40歳時には22年，60歳時には12年，80歳時には6年であることを見出したのである。イギリスの数学者ジェームズ・ドドソン（James Dodson, 1705-1757）は，このハレーの生命表を活用して，近代生命保険の基礎理論を確立した。

　1783年には，リチャード・プライス（Richard Price, 1723-1791）がイギリスで開発したノーザンプトン表を発表し，年齢ごとの余命に基づいた保険料率を決定して，積極的に保険販売に用いられた。生命保険は，18世紀末から19世紀にかけて，イギリスをはじめ，スウェーデン，ノルウェー，デンマーク，オランダ，フランスなど各国で発表され，近代的生命保険の発展に広く貢献した。

(2)　トンチン年金

　17世紀後半になると，終身年金の先駆的形態であるトンチン年金が，オランダ，フランス，イタリアなどで登場した。この年金は，イタリア人医師ロレンツォ・デ・トンチ（Lorenzo de Tonti, 1602-1684）の考案によるものである。

　トンチン年金の仕組みを，事例を用いて簡単に説明しよう。いま，国が，1万人から1人10万円ずつを集めて総額10億円の財源調達を企図したとする。国は元金に対して毎年5％の利息を支払い，その時点での生残存者に対して均等で年金を配当する。初年度に1万人全員が生存していたとすれば，1人当たり5000円が支払われる。次年度に500人が死亡したとすると，生存者9500人に対して1人当たりの受取金額は5263円と増額される。その後も死亡者が生じて生残者が減少してくると，生残者の受け取る年金は増えていく。そして最後の1人となった生残者は，利息の全額5億円を受領することになる。さらに受領者が全員死亡すると，そこで年金支払いは終了し，元金の10億円は国に帰属する。このように，長く生き残るほど受け取る年金額が増えていく仕組みである。

　実際には，年金受領者を年齢でいくつかの組に分け，若年者には低率の利子，高齢者には高率の利子を配当することで，公平性が保たれた。このトンチン年金は，ヨーロッパ諸国で採用され，とくにフランスでは財政調達の方法として活用されたが，18世紀終わり頃には民間金融機関に承継された。

　トンチン年金は，年金受領者の年金額が受領者数により年々違ってくるため，互いに他人の死を願うという非人道的な要素があったが，これにより人々は生

命と金銭を結びつけるという考え方を受け入れるようになっていった。のみならず，以後の保険思想の普及にも影響を与え，生命保険数理の発展の基礎を築いたものとして，一定の評価ができる。

(3) 近代的生命保険会社の成立

イギリスでは，1706年に，前近代的生命保険会社であるアミカブル・ソサイエティ社（Amicable Society for a Personal Assurance Office）が設立された。これは相互組織であり，加入対象を12〜45歳に限定しながら，保険料は年齢にかかわりなく一定になっていて，保険制度としては合理性を欠くものであった。

保険数理を取り入れた世界最初の近代的生命保険会社は，1762年にロンドンに設立されたエクイタブル社（Equitable Life Assurance Society）である。ここにおいて，はじめて加入年齢により保険料率に差異が設けられ，長期契約の平準保険料式保険が採用された。加えて，被保険者の危険選択，保険金額の制限，解約返戻金の適切な処理など，近代的な生命保険業の特徴を整えるようになった。また1827年には，ドイツ初の近代生命保険会社であるゴータ生命相互会社（Gotha Life Assurance Bank）が創設されている。

さらに，イギリスでは1848年に，世界ではじめて近代的簡易保険を取り扱ったプルデンシャル保険会社（The Prudential Mutual Assurance, Investment and Loan Association）が設立，保険商品の訪問販売が始まった。これは当時の労働者階級に経済的保障を提供し，同社はまた労働者にローンの貸出も行った。イギリスには国営簡易保険も設けられていたが，労働者や一般大衆の期待に応えたのは，この民営簡易保険だった。

(4) 民間保険から社会保険へ

民間保険の普及は，社会保険の導入にも大きな影響を与えた。ドイツでは，宰相オットー・フォン・ビスマルク（Otto von Bismarck, 1815-1898）が，社会主義者鎮圧法（1878年）を制定して労働運動を厳しく抑圧する一方で，国民への福祉政策として，疾病保険（1883年），労災保険（1884年），老齢年金（1889年）などを導入した。これは，いわゆる「飴と鞭の政策」として有名な政策である。これらは世界最初の社会保険であった。

イギリスでは，アスキス自由党内閣の大蔵大臣であったデビット・ロイド・ジョージ（David Lloyd George, 1863-1945）が，1911年に国民保険法を制定し，健康保険と失業保険が創設された。民間保険が広く普及する中で，社会政策として保険制度を導入した背景には，保険制度が財政負担を軽減し政府補助を抑

えられることがある。社会保険の登場は，社会保障制度を中心とした戦後の福祉国家建設の礎となった。

アメリカでは，1929年の世界大恐慌の後，大統領フランクリン・ローズベルト（Franklin Roosevelt, 1882-1945）がニューディール政策の一環として，1935年に社会保障法（social security act）を制定し，失業保険や年金保険が整備された。高齢者や失業者などの社会的弱者のため，国の福祉政策として保険制度が取り入れられたのである。ちなみに，社会保障という用語は，このアメリカ社会保障法で使われたのが最初とされている。

3.3　日本の生命保険

日本には，江戸時代に，庶民の間での隣保組織として「五人組」制度があった。これは，江戸幕府が貢納を確実にするために連帯責任として強制的につくられた組織であったが，同時に隣同士での助け合いの役割を担った。しかし，近隣の助け合いを超える，生命保険のような組織的な相互扶助制度は存在しなかった。

日本の近代的生命保険は，イギリスより120年以上遅れて導入された。1880年に安田善次郎（1838-1921）によって共済五百名社が創設されたが，これは，加入者を500名に限定して死亡遺族に一定金額を支給するという生命共済の仕組みである。日本で最初の近代的な生命保険会社は，1881年に設立された明治生命保険会社であった。資本家からの出資を受けて株式会社を組織し，予定利率を採用するなど堅実な経営を行い，日本における生命保険の生成に大きく貢献した。とくに株式会社形態を採用したことは，生命保険業において長期にわたり保障を提供するためには，経営安定性が最も重要であることを強く意識したものと評価できる。

このとき日本に独自の生命表はまだ存在しておらず，イギリスの生命表（英国17会社生命表）を利用して設計された。それでも大きな混乱が生じなかった理由としては，当時の加入者が比較的富裕層で健康状態が良好であったことや，予定利率を年4％と当時としてはかなりの低めに設定していたこと（当時の公債金利は年10％であった）などが考えられる。その後，1891年に日本で最初の生命表（第1回生命表）が作成され，自国の統計に合わせた生命保険制度が築き上げられていった。

4 資本主義の発展と保険

4.1 商業資本主義と保険

保険制度は，資本主義経済の発展と密接なつながりを持って成長してきた。資本主義経済の誕生は，イギリスのエリザベス1世（Elizabeth I, 1533-1603）の商業資本主義の時代である。この時代は，ヨーロッパはもとより世界各国で，海上貿易が盛んになった時代であった。

イギリスでは航海法が制定され，国を挙げて貿易（輸出）を積極的に振興し，海運業を保護育成した。航海技術も進歩し，海図の精密化，造船技術の発達，船舶の安全化など，貿易業者は安全航海に向けて情報を収集した。海上貿易は，莫大な利益をもたらす一方で，きわめてリスクが大きく，投機的要素も多かった。そうした中で海上保険は，貿易関係者にとって，安定的に利益を確保する上で不可欠な存在だった。

1565年に王立取引所（Royal Exchange）が設立されると，金融・保険業務が本格的に取り扱われるようになった。それまでは金融業者が副業として海上保険を扱っていたが，海上保険を専門とする商人グループが多く登場した。リスクを引き受けた保険業者は，保険事業の安定を図るために，さまざまな環境を整備していった。海上危険に関する統計資料の整備，保険技術の理論的精緻化，保険会社としての財政基盤の強化など，投機的保険経営から科学的保険経営へ進展させるべく精力を傾けたのである。

17世紀末には，個人保険業者による組合であるロイズが設立され，株式会社形態の保険会社も相次いで登場して，ロンドンは海上保険の中心地となった。海上保険とともに，イギリスの経済は著しく発展を遂げた。

4.2 産業資本主義と保険

保険制度が経済社会に広く普及したのは，産業資本主義の時代である。その契機となったのは，18世紀後半以降の産業革命であった。さまざまな技術革命によって生産力は飛躍的に向上し，大量生産・大量販売が可能となった。資本家は，大規模な資本投下を行い，工場を建設し機械を購入して，生産性を拡大した。その結果，巨額の利益を獲得する機会が増えた一方で，多大なリスクを抱えることになった。たとえば，いったん火災等が発生すれば多額の損害を

被るなど，事業リスクが多様化・巨大化した。そうしたリスクから逃れる方策として，企業には火災保険が不可欠となっていった。

　資本家だけでなく，資本家に雇われる労働者にも，保険の必要性は生じていった。資本主義が発達する過程で「**資本と労働の分離**」が進み，労働者は自らの労働力を資本家に売ることで，その対価として賃金を得て生活の豊かさを求めていく。賃金を日々の生活に費やすだけでなく，それによって家屋や家財を購入し，次第に個人財産を蓄積していった。そうして獲得した生活の豊かさを守るため，労働者も保険の必要性を認識するようになった。労働者自身が不慮の事故や病気で死亡した際には，遺族の生活を保障する方法として生命保険が大きな支えとなる。また，私有財産として所有する家屋を火災リスクから守るためには，火災保険に頼るほかはなかった。保険に加入することは，生活における自己責任原則を明確に意識した行動となっていったのである。

　このように，資本主義経済が高度に発展していく中，それぞれが保険の必要性を高めることになった。こうした保険ニーズの顕在化を受け，上述したように，同時代の保険会社も保険技術を高度に発達させて，近代的保険は大きく飛躍したのである。現代まで存続している生命保険・火災保険・海上保険といった中核的な保険は，この時代にほぼ出揃ったといえる。

4.3　金融資本主義と保険

　その後も保険業は国民経済の発展とともにさらなる成長を続け，20世紀以降の金融資本主義の時代には絶大な経済的影響力を保持するに至った。この時代，資本主義は過度に進展し，とりわけ金融資本が産業資本を支配するようになった。産業発展の過程において，産業資本の間で熾烈な経済競争が展開され，吸収合併が繰り返される中で巨大資本が必要とされて，独占企業が誕生してくる。そこでは，多くの資本を保有することが不可欠となり，資金調達のために金融機関への依存を高めることになったのである。

　一方で，国家も植民地の拡大に注力し，資本主義の勢力拡大を図った。巨大な資本を有する資本家は独占的利益を蓄積し，資本を蓄積できる資本家と，労働力を蓄積できない労働者の間には，決定的な経済格差が生じた。

　この中で，保険業は金融機関としても成長し，機関投資家として経済的影響力を持つに至る。とくに生命保険は，保険資金の長期性を利用して産業界を支配する傾向が強まった。また政府も，保険資金を国家財政に利用するための政

策的要請を強めた。

　保険企業が資本を蓄積することで，相対的に保険契約者との経済交渉力には決定的な格差が生まれた。そこで政府は，自由競争の弊害を抑えるため，政策介入を積極的に行った。アメリカでは，1905 年にアームストロング調査（Armstrong Investigation）が実施され，それに基づいてアメリカ各州で保険監督や取締法規が制定されて，その後の保険業の順調な発展に貢献した。保険企業が巨大化する過程において，経済的弱者である保険契約者を保護する目的で，保険規制を整備する必要性が高まったのである。

　日本でも，保険企業の金融機関としての地位が向上する中で競争秩序を維持するため，1939 年に保険業法が制定され，本格的に保険政策が導入された。他方で，戦時中の保険業は，戦費調達のための戦時国債や満州鉄道株などを大量に購入させられるなど，長期資金を保有する事業特性を利用され国家体制に取り込まれる存在でもあった。

4.4　資本主義と近代的保険の発展

　保険の歴史は，社会経済における諸活動の変遷を反映させてきたものである。経済活動を営むにあたり，商人や船主たちは，安定した利益を追求するために，直面するリスクへいかに合理的に対処するか，さまざまな工夫を講じていくことになる。最初は当事者間でリスクを共有する仕組みが取り入れられたが，その後，リスクを専門的に引き受ける金融業者が出現したことにより，金融業者と商人や船主などとの間でのリスクをめぐる純粋な経済取引として制度が確立していった。

　資本主義の活動が持続的に営まれるためには，**私有財産制**と**契約自由制**が認められる必要がある。契約自由の原則とは，個人は社会生活において自己の意思に基づいて自由に契約を締結し，私法関係を形成できるというものである。また私有財産制とは，財産を排他的に個人で所有支配できるような社会制度である。

　一般国民においても自由な経済活動を認められ，その活動を通じて獲得した財産については自由に処分することが認められなければならない。しかし，同時に，日常生活に伴って生じるさまざまなリスクに対しても，自分の裁量で処理しなければならない。すなわち，自由主義と個人主義の尊重に伴って，個人生活は自己責任の原則に立脚することになる。

こうした思想の浸透は，保険に対する人々の関心や需要を高める大きな要因となった。資本主義社会において一般国民は，労働力を資本家に売ることにより賃金を得て，それで生活を賄う。したがって，いかに市場価値のある労働力を維持するかが重要になる。そして，自由契約制に基づき，保険に加入するかどうかも個人の自由選択に任されることが原則となる。

　このように資本主義経済とは，資本家が利潤獲得を動機に，自由な企業活動を営む経済体制である。近代市民社会を支える資本主義経済において，人々は，経済的自由を保障されると同時に自己責任を原則とする。

　近代的保険は，こうした資本主義経済の理念を前提として発展してきた。保険者は，営利主義と合理主義を特徴に保険事業を運営する。これに対して保険契約者は，個人主義と自由主義を動機に保険を選択・購入する。保険者と保険契約者という両者の合意のもとに，保険契約が成立するのである。

4.5　近代的保険の特徴

　これまで述べたように，保険は，商人同士の経済取引におけるリスク対処策として萌芽を見せ，海上保険の誕生とともに確立した。その手法が火災保険や生命保険に受け継がれて発展した。初期段階では十分な統計もなく，また保険技術としても未熟，さらには経済基盤も脆弱であり，原始的保険と呼ぶべき段階であった。

　原始的保険が近代的保険へ昇華する契機となったのは，生命表の発見や保険統計の整備などを根拠とした科学的な保険技術の発展であった。現代保険に連なる近代的保険の誕生は，さまざまな形で原始的保険とは異なる特徴を有することになった。

　まず，原始的保険から近代的保険への発展過程において着目すべきは，集団性の関係である。ギルドなどの原始的保険では，保険契約者（保険加入者）の相互のつながりが強い中で，保険者は保険取引を代行するという性格が強い。これに対して近代的保険では，個別の契約において保険数理的公平性に依拠した保険料により保険取引が行われる。ここでは，保険契約者同士の関係は希薄になって，保険者と保険契約者との個別の契約が強調されることになる。

　表2-1は，原始的保険と近代的保険の特徴を比較・整理したものである。まず保険団体という概念で比較してみると，原始的保険では規模が小さいので参加者相互がある程度認識できるが，加入者数が増大するにつれて，保険団体は

表 2-1　原始的保険と近代的保険の比較

	原始的保険	近代的保険
保険団体性	実在的	虚構的
保険数理性	確率計算が不十分	合理的な確率計算に基づく
保険給付の性質	必要の度合いが給付を規定	事前契約に基づいた保険給付
保険取引の特徴	相対的取引	市場的取引
保険者と被保険者との関係性	当事者間の対等性	保険者（保険会社）の優位性
保険集団の同質性	低　い	高　い

（出所）　筆者作成。

実在を認識しにくくなり，むしろ虚構性を帯びてくる。保険者と保険契約者の間の保険取引を見ると，原始的保険は，相対的取引であるため柔軟で個別的な交渉がなされやすいのに対して，近代的保険では，保険市場の存在を前提にルールに基づいた市場的取引がなされる。保険者と保険契約者という当事者間の経済的地位を比較してみると，原始的保険では両者に決定的な経済格差がないのに対し，近代的保険は，巨大資本を擁する保険者と相対的に経済力の弱い契約者との間の取引になっている。

　保険数理性は，原始的保険ではまだ十分に確立していない部分が大きかったが，近代的保険では合理的な確率計算に基づいて保険料が算出されるようになった。近代的保険は保険集団としての同質性を重視するのに対し，原始的保険は保険集団の同質性を必ずしも重視しない。この特徴に関連して保険給付の性質を見ると，原始的保険では必要の度合いにより給付（額）が規定される要素が残されているのに対し，近代的保険ではあくまでも事前の契約に基づいて保険給付が行われる。

　最後に，相互扶助性の観点に照らすと，原始的保険のほうが相互扶助性は大きい面がある。近代的保険では契約性が強調されるために，保険制度を通じてもたらされる結果的な相互扶助性といえる。

5　保険類似制度と保険

　本章の終わりに，保険類似制度と比較することで，近代的保険の特徴を整理しておきたい。ここでは，代表的な保険類似制度として，①貯蓄，②保証，③宝くじ・賭博，④頼母子講・無尽，⑤自家保険，の５つを取り上げる（表2-2）。

5.1 貯　蓄

　貯蓄は，経済的保障を目的にしている点が，保険と共通している。ただし，両者は同じ経済的保障を目的にしていながら，保険の場合は火災保険や生命保険など，何のための保障か経済的保障の目的が明確であるのに対して，貯蓄の場合は多目的を兼ね合わせている。貯蓄は融通性が高く，病気や災害など万が一の事故に備えることもできるが，住宅購入費や教育費といった他の目的のためにも利用可能である。半面で，**「貯蓄は三角，保険は四角」** という言葉があるように，十分な必要保障額を得るためには一定の期間を要する。また，保険が多数の経済主体の存在を前提とするのに対して，貯蓄は個別の経済行為であり，集団を必要としないし，確率（リスク）とも無関係である。

5.2 製品保証

　家電製品などの購入には，通常，1年程度のメーカー無料保証が付与されている。これは，製品の故障が生じた際に修理費や商品交換を無償で提供するものであるが，近年は有料での5年保証・10年保証といった長期保証も行われるようになっている。無料保証は対価を前提としないが，有料保証は保険料と同様に事前拠出を行うことから，保険と類似している面がある。保険と異なるのは，多数の経済主体を前提としないことと，必ずしも確率計算に基づいて分担金が決まっているわけではないことである（通常，製品価格の一定割合が負担金として提示される）。メーカーが製品保証を提供する目的は，経済的保障というよりは，むしろ消費者に対する信頼向上や販売促進の要素が大きい。

5.3 宝くじ・賭博

　宝くじや賭博は，技術的側面では保険と共通する部分が多い。確率計算に基づいて少額の分担金を事前に拠出し，偶然の出来事の発生（＝くじに当たる）に対して給付金を得るという仕組みは，保険と同様である。また，多数の経済主体が参加することで成立する仕組みであることも共通している。両者の間の決定的相違点は，リスクの性質の違いである。宝くじや賭博は，人々の射幸性を煽り，もともと存在していないリスクをあえて生成して経済取引を行うものであり，経済的不安を除去することを目的としていない。これに対して保険の場合は，すでに社会に存在するリスクを対象とし，それを合理的に処理して取り除き，経済的損害を補填する目的で行われる。つまり，経済的保障の目的とい

表 2-2　保険と類似制度との共通点・相違点

	共通点	相違点
貯　蓄	経済的目的のために行う経済取引	・目的が確定していない ・個別経済主体によるもので集団を前提としていない ・確率とは無関係
製品保証	発生した損害を塡補する	・対価を前提としない ・当事者間の関係で，集団を必要としない ・販売促進の仕組み
宝くじ・賭博	確率を媒介にして，少額の事前拠出に対して，偶然事故の発生に対して給付金を得る	・射幸性を前提とし，経済的不安の除去を目的としない ・賭博は危険をあえてつくり出すのに対して，保険は存在する危険を減少させる
頼母子講・無尽	多数の人々が集まって，事前に一定額を払い込み，偶然（くじ引き）によって約定金額を支払う	・大数の法則によらない ・仮に当選した場合でも，金額の受領後も引き続き集団に所属しなければならない ・相互扶助的な金銭貸付制度
自家保険	特定の偶然事故に備えて経済的不安を除去するための仕組みであり，保険料に相当する金額を事前に積み立てる	・多数の経済主体の存在は前提としない ・個別の経済取引

（出所）　筆者作成。

う観点からすると，両者は真逆の存在ということになる。

5.4　頼母子講・無尽

　頼母子講や無尽は，民間の相互扶助的な金融組織で，鎌倉時代に信仰集団としての講から発生したものとされ，江戸時代以降，明治・大正期にも広く普及していた。江戸時代に盛んとなった，富士山信仰のための「富士講」や，お伊勢参りのための「伊勢講」などが知られている。目的を定めて人々が一定の掛け金を出し合い，定期的な入札や抽籤で，選ばれたその中の1人が順番に金銭を受け取ることができる。当選者もその組合から脱退することはできず，全員に一巡した段階で組織は解散する。この仕組みは，いわば閉じられた集団内での資金貸付制度であり，十分に多数の経済主体が参加しているわけではない。また，抽籤による当選者の選定という偶然性はあるものの，損害発生とは無関

係である。経済的保障を目的に組織されているわけではないので，保険とは性格がかなり異なる。

5.5 自家保険

　自家保険は，特定の偶然事故に備えて経済的不安を除去するためのリスク保有の仕組みとして，一部の企業で採用されている。企業が，保険会社にリスクを移転するのではなく，保険料に相当する資金を内部に保留することで，資金的メリットを享受しながら経済的保障を準備しようというものである。保険と比較すると，多数の経済主体の存在は前提としていない。ただし，積み立てる金額はリスクに対して確率計算に基づいて算定されたものであり，損害発生時に積立金を取り崩すことになる点で，保険との共通性が認められる（第5章を参照）。

● 演習問題
[1]　保険の歴史を見ると，海上保険・火災保険・生命保険の順番で誕生してきたことがわかるが，その理由を説明しなさい。
[2]　近代保険制度は，資本主義経済の発達に伴って発展・成長を遂げてきた。その要因について説明しなさい。
[3]　私たちが生活設計を考える際，保険をどのように利用すべきか。とりわけ保険と貯蓄それぞれの特徴を踏まえて考察しなさい。

第 3 章

保険の経済理論

● Introduction

　保険は，家計や企業活動におけるリスクをきわめて合理的に処理する仕組みである。従来から，自動車事故，住宅・工場火災，病気や労働災害など，さまざまなリスクを対象としてきた。現代では，大規模自然災害やパンデミック・リスク，そしてサイバー・リスクまで，リスクが多様化・高度化している。それに合わせて保険の取引や業務内容は変化し，保険経営・保険規制は新しい保険技術やリスク処理手法に対応する。こうした状況を踏まえて，保険理論も発展している。過去の標準的な理論を十分に咀嚼して習得した上で，ファイナンス理論や行動経済学の成果を摂取した新しい保険理論にも取り組んでもらいたい。

1 保険の特性

1.1 商取引としての保険

　保険を商取引として考えると，それには相対取引としての側面と団体・集団取引としての側面がある。保険の相対取引では，保険契約者・被保険者と保険者（民間保険では保険会社）が対置され，前者が後者に対して保険料を支払うことで取引が開始される。通常の財・サービスとは異なり，無形財の保険では，取引の開始（保険期間の始点）で契約者が受け取るものは，保険証券のみである。保険証券は**条件付き請求権証券**とされ，保険期間内（保険期間の終点まで）に約定された保険事故に遭遇した場合には保険金請求権を得ることになるが，保険事故に遭遇することがなければ何も受け取ることはない。保険が提供するのは経済的保障・補償であり，無事故であればその必要性はない。事故遭遇の有無

にかかわらず，財務的均衡の安心感を得られることが最大の加入目的である。保険加入当初からその終了時点まで安心感が得られることが重要であり，一時点ではない将来にわたって安心感が継続するので，将来効用財とされている。

　条件付き請求権証券をもう少し正確に定義すると，「条件（保険事故の発生有無やその態様）や請求許諾要件（各種の免責条項など），そして保険者の資産内容に基づく財務健全性の程度に応じて保険金を支払う」ことである。与えられるのはあくまでも請求権であり，自ら請求することが保険契約者の責務になる。また請求後には，保険会社による審査が行われ，事故内容に不適切な点や不正のないことを確認の上で，保険金が支払われることになる。

　保険の団体取引としての特徴は，その仕組みが保険団体（保険集団）を前提に成立することを意味している。対象とするリスクの性質や発生の様態などが近しい契約者が多数集まることで，保険団体が形成される。各契約者が支払った保険の対価である保険料は，保険者のところに集積され保険資金となり，保険事故に遭遇した契約者にのみ保険金などの保険給付が行われる。そのために，実質的には，事故に遭遇しない契約者から事故遭遇者に資金が移転することになり，その資金が経済的保障・補償に使用されることになる。

1.2　事業としての保険

　保険を事業の側面から捉えると，それは人と紙と情報の産業と呼ばれる。ここで人とは，保険契約者に将来の生活ないし生産上のリスクを認知させ，保険加入を促す営業職員や保険代理店・販売代理人を指す。先々を見通すことのない個人には，こうしたリスクの認知を積極的に働きかける必要がある。保険の財・サービスの特性は，積極的なニーズとして顕在化しにくい弱需要財ないし潜在的需要財と呼ばれることもある。

　また紙とは，保険証券や保険加入に際して必要な書類のことを総称している。保険では通常の財・サービスの生産プロセスとは異なり，教育や医療サービスのように，保険契約者が保険者（ないし営業職員や保険代理店・販売代理人）と契約した時点で生産が行われたことになる。したがって，保険は販売即生産財ないし製販一体財と呼ばれることがある。

　最後の情報は，保険にとって真に本源的な要素である。保険者は，保険契約者から得た保険事故に関する情報や，契約者・被保険者個人の情報をもとに，個々のリスクを評価してそれを費用化している。保険事故発生にかかるリスク

情報を加工して，それを確定した保険料に変換することが，**危険評価機能**である。そのために保険は情報財と呼ばれ，また保険契約者から提供された情報（私的情報）に基づいて生産が行われるので，共同生産財や集団生産財ともいわれている。私的情報の適正さを担保するためにも，保険契約者との利害共有が一部で必要とされることになる。

1.3　保険市場の特殊性

次に，保険市場の特殊性を概観すると，保険需要と保険供給ともに価格弾力的でなく，価格の調整機能が限定的であることが指摘される。保険料は大きく純保険料と付加保険料に大別され，前者は将来の保険金支払いにあてられる部分であり，後者は人件費・募集費・契約管理費などの取引費用である。

純保険料（危険保険料）は，保険契約者ないし被保険者の保険事故に関する危険度（保険事故の予測発生確率）により決められる。そのため，保険会社間で共通の基礎資料が用いられる限り，その数値は全社均一，横並びのカルテル価格となり，価格競争は排除されてしまう。取引費用である付加保険料は，各社ごとの予定事業費率をもとに算出されるはずであるが，現状では大きな格差は見られない。

もちろん保険種目によっては保険料が保険加入の判断基準となることはあるものの，品質との見合いで適正な価格を判断することは難しい。また契約者配当がある保険では，保険期間終了後に配当金が支払われて，はじめて最終的な保険料が確定する場合もある。この際には，当初の保険料は暫定的なものであり，保険期間終了時点で実質保険料ないし正味保険料が確定することになる。

保険には，危険評価に加え，保険団体内の**危険分散機能**がある。つまり，個々の保険契約者は少額の保険料を支払い，事故に遭遇した際には，他の契約者が支払った保険料も併せて保険金として取得する。つまり，保険では保険団体の形成のもとに，保険契約者の相互扶助と内部金融（事故未遭遇者から遭遇者への資金移転）が実現しているのである。

2　保険の原則と付保危険の要件

2.1　大数の法則

保険の本質的原理として，**大数の法則**（law of large numbers）がある。それ

は，多数の不確実な要因を持つリスク（危険）にさらされた経済主体を結合することで，各経済主体の抱えるリスクを平均化し，リスクを分散することである。

　この法則を知るには，確率概念の理解が欠かせない。確率概念は，構造的確率（先験的確率）と経験的確率（統計的確率）に大別される。前者は，コインの表裏が出る確率が1/2，サイコロの1つの目が出る確率が1/6であることを指す。こうした確率は，真の確率と呼ばれる。ただし，コイン投げをして2回に1回表面が出たり，サイコロを転がして6回に1回の割合で1の目が出ることはない。実験ないし観察回数を重ねることで，1/2や1/6という真の確率（構造的確率）に収束することになる。これは文字式では，ある確率事象 E の構造的確率（先験的確率）が p とわかっているときに，実験回数 n 回で事象 E が r 回だけ生起するものとして，n の回数を無限に大きくしていくと，相対度数 (r/n) が p に限りなく近づき収束する，と表現される。

　これに対して，経済社会におけるさまざまな事象の発生確率は，構造的・先験的に決まっているわけではない。たとえば，一市町村で1年間に発生する住宅火災や自動車事故の確率を，先験的に決めることはできない。リスク発生の事象を長年観察することで，1年間の平均的なリスクの発生確率ないし事故率を，おおよそ知ることができるだけである。ただ，構造的確率と同様に，長年観察することによって，つまり大量観察によって，累積的に1年間の発生確率は真の確率に収束することになる。一度真の確率と思われたものであっても，毎年その確率でリスクが発生することがないのは，コイン投げやサイコロ転がしの実験と同じである。いずれにしても，大量観察によって一定の真の確率に収束することを，大数の法則と呼ぶ。

　事故発生の平均値の議論に加えて，母集団代表性も確保しなければならない。それは，当該事象の発生確率を決定する際に，すべての事象を観察することができず，一部分のサンプルを切り取って全体を推計する必要があるためである。この際には中心極限定理（the central limit theory）の考え方が有効である。それにより，サンプルの平均値だけでなく，その分散（標準偏差）が正規分布に近づき，サンプル全体の分布型を近似することになるからである。

　これらの法則や定理が，世の中で発生するあらゆるリスクの発生確率を知る手がかりであり，それに基づいてリスクを評価し，将来的な損失の経済的価値を保険料に置き換えるのである。リスクの発生確率を危険度とすれば，個別経

済主体の保険料は危険度に等しく決定される。

2.2 給付・反対給付均等の原則

このように，個別経済主体の保険料が事象の発生確率である危険度に応じて決定されることを，**給付・反対給付均等の原則**という。保険取引において，給付とは保険者が支払う保険金・保険給付を意味し，反対給付とは保険契約者が支払う保険料のことである。保険契約者が支払う純保険料（危険保険料）は，保険金に危険度（＝保険料率）を掛け合わせた値，つまり損失期待値に等しくなる。ここで，保険料を P，保険金を Z で示せば，給付・反対給付均等の原則は，$P = Z \times r/n$ と表せることになる。

このようにして各保険契約者が危険度に見合った純保険料を拠出することを保険数理的公平性と呼び，それにより保険契約者平等待遇の原則が成立している（石田・石田［1997］102-103 頁）。ただし，これは純保険料部分のみに該当し，これに取引費用である付加保険料が加算されて，保険契約者が支払う総保険料（表定保険料ないし営業保険料）が決まる。

2.3 収支相等の原則

純保険料（危険保険料）がリスクの損失期待値に等しく決定され，かつ多数の保険契約者が加入していると，保険者（保険会社）の収入である「契約者総数×1 人当たり保険料」と，支出である「事故遭遇者×1 人当たり保険金」が等しくなり，保険者（保険会社）の収支は均衡する。これを，**収支相等の原則**と呼ぶ。前項と同じ文字を使えば，収支相等の原則は，$n \times P = r \times Z$ と表せることになる。

実際の保険経営では，取引費用に相当する付加保険料も併せて徴収されるため，付加保険料部分も含めて収支相等の原則を考えることになる。この原則が維持されれば，保険者（保険会社）の収支は均衡して，財務健全性が確保される。つまり，純保険料を割り引くことなく，個別経済主体の危険度に見合うように適正に決定することが必要不可欠になる。

2.4 付保危険の要件と保険可能性

先述した給付・反対給付均等の原則では，各保険契約者・被保険者の保険事故の発生確率，つまり危険度は同程度であるとしていた。逆にいえば，こうし

た保険団体ごとのリスクの同質性の条件が満たされないと，この原則は維持されない。そこで保険団体を適正に仕組むために，リスクに一定の条件が課されることになる。これが**付保危険の要件**である。

　まず，保険の対象となるリスクは偶発的事象でなければならず，保険事故は偶然に生じたものでなければならない。世の中の多くの事故は偶発的なものである。ただし，自殺や放火は故意に事故が引き起こされたことになり偶発性を欠くので，対象にならない。もちろん放火などは犯罪行為であり，公序良俗の観点からも是認できない。死亡は避けることのできない運命であるものの，一定期間内に限定すれば，それには偶発性がある。また，保険は将来的な事故の費用を確定した保険料に置き換えるものであることから，将来的な事故費用が明確でなければならず，事故による損失額が金銭的に評価できなければならない。個人的には無限の価値がある卒業アルバムや卒業証書なども，紙の代金以外，ほとんど商業的には無価値と見なされてしまう。

　次に，保険が効果的にリスクを分散し，少額の保険料で多額の保険金を取得する効果を得るためには，その発生の相関性が低く，かつ同質的なリスクが多数存在しなければならない。同様に，保険団体内でリスクを広く分散するため，保険の対象となるリスクは一般的・普遍的なものでなければならない。一部の特殊なリスクについては，多くの個人がその保険の必要性を認めないことからリスク分散ができず，保険の対象にできない。また，一部の個人や会社が抱えている特殊なリスクであると，多数の契約者を得ることができず割高になって，低額の保険料で大きな保障・補償を得るメリットも削がれてしまう。加えて，保険の対象となるリスクは独立した事象でなければならず，各事象が同時発生的に起きるケースや，累積していく場合には，保険の対象とすることは難しい。たとえば特定地域だけに起こる巨大な自然災害や連鎖的な疫病などは分散しにくい。地質汚染や海洋汚染なども累積的に生じるものであり，保険の対象とすることは著しく困難である。

　従来まで，保険の対象となるリスクは純粋危険であって，損失のみが発生するものとされていた。株式投資や新商品開発に代表される，損失だけでなく利得も発生する投機的危険は，保険の対象とはならなかった。しかし近時は，危険引受能力が向上し，また金融資本市場との連動性も高まり，ART（alternative risk transfer）と称される代替的リスク移転手段が発展してきた。そのために，従来は付保できなかった投機的危険を ART によって付保することや，巨

大かつ連鎖的なリスクを金融資本市場で補償する動きも広がってきている（第5章参照）。このように，保険と金融の融合化現象により，投機的危険の付保を視野に入れながら，その保障・補償範囲は拡大している。

　こうした付保危険の要件に加えて，保険が市場取引として成立するためには，利用可能性（availability）や購入可能性（affordability）が重要になる。この問題は，保険対象の危険度が著しく高く，保険料が禁止的高額になる場合や，免責条項などの条件付き加入を認める場合に発生する。つまり，利用可能性は不健康な人や危険な作業に従事する人が保険を利用できないことを，また，購入可能性はこうしたリスクが高い人ほど保険料が高額になり，経済的な負担の限界から保険を活用できないことを指す。いずれも保険の潜在的なニーズがあるにもかかわらず，無保険の状態に陥ることになり，日常生活や会社の生産活動に支障をきたすことになる。こうした問題を回避するためには，政府が税制等を活用して支援することや，社会的ニーズに鑑みて社会保険として提供するなどの対策がありうる（第1章参照）。

3 保険市場の失敗の原因

3.1 逆　選　択

　さて，適切なリスク分類要素がない場合や，リスクを区分することが禁じられている場合には，適正な保険料（率）を決めることが難しい。それによって保険事故に遭いやすい個人のみが保険加入することで，リスクを分散できない場合がある。これらは，保険市場に情報の非対称性が存在することから生じる。

　たとえば，自動車保険で高リスク者ほど広い保障・補償範囲と低い免責金額を選択する。一方で，注意深いドライバーは狭い保障・補償範囲と高い免責金額を選択する。加入行動について，高リスク者よりも低リスク者がより合理的に，費用対効果の観点からより効果的に保険に加入していることが指摘される。しかし，被保険者の情報が十分に伝達されないと，ないし外部には窺い知れない私的情報（隠された情報）を保有していると，保険者（保険会社）のリスク識別能力が抑制されてしまう（Kunreuther *et al.* [2013] pp. 75-76）。結果的に，危険度に見合う（純）保険料を決められなくなり，適正に保険団体を維持し，保険経営を安定化させることができなくなる。

　現実の保険取引では，こうした**逆選択**（adverse selection）に対処するために，

危険選択の強化，免責条項の導入や免責期間の設定などの方策がとられている。とくに危険選択の役割を強め，リスク分類を確実なものとするために，保険契約者から的確にリスクに関する情報を引き出すことと，その情報を確実に担保することが重要になってくる。

3.2 モラル・ハザード

一方，保険加入後の契約者の行動変化を，**モラル・ハザード**（moral hazard）という。この結果，事前に予期した保険料では保険金を賄えない，つまり収支相等の原則が成立しないことになる。保険により保障・補償されていることから，自動車保険に加入するドライバーの注意水準が低下すること（厳密にはモラール・ハザード）や，医療保険での病院訪問回数の増加などが，行動変化にあたる。これらは隠された行動ともいえ，事後的に事故率・損害発生確率を押し上げることになる。併せて，事故発生時点の水増し請求なども，広くはモラル・ハザードにあたる。いずれも保険者（保険会社）が契約者の行動をモニタリングする費用が高く，適切に行動を制御できないことから生じる。

逆選択とともに，モラル・ハザードにより事後的に上昇した事故率をカバーするために，保険料（率）を引き上げると，低リスク者は保険料が割高になり保険加入を避ける。さらに事故率が上昇すると，最悪のケースでは保険市場の失敗が生じて市場取引が成立しない危険性も生じる。モラル・ハザードを抑制するための最善策は，後述するメリット・デメリット制を導入して契約者行動を制御することである。別には，免責条項を組み入れてコスト・シェアリングを促すことである。ドライブレコーダーによるドライバーの行動監視や，ウェアラブル装置によるバイタル・データの取得・活用により，自動車保険や医療保険における保険契約者・被保険者の行動を制御することも考えられる。

4 リスク分類の効果とその限界

4.1 リスク分類要素と保険料決定のプロセス

保険の技術的な基礎に基づいて保険料（率）を適正に決定するために，対象となる個別経済主体のリスクは，その損失期待値を軸に分類される。ただ，個々のリスクを完全に区分して異なる保険料（率）を課すことは，技術的に難しく，また費用がかかるために効率的でもない。そこで，個別経済主体の事故

発生確率とその規模を見積もるために，損失期待値に影響を及ぼす分類要素を活用して，リスクを分類するのである。

どのようなリスク分類要素を活用して保険料（率）を決定するかについて，明確な基準が必要となる。たとえば，①合理的であること，②妥当であること，③公平であること，という3つの基準を要するとされ，以上によって保険市場の機能が保たれると考えられている。さらに，より多くのリスク分類要素を活用し，一定の費用をかけてリスクを細分化することで，給付・反対給付均等の原則をより徹底することができる。同時に，リスクの程度に見合った保険料負担となる意味において，保険契約者間の公平性（保険数理的公平性）が維持されることになる。そのため，採用するリスク分類要素と判断基準に応じて，リスク細分化の度合いと契約者間の保険数理的公平性の程度は異なってくる。

保険契約者・被保険者間の損失期待値の相違を正確に反映することには，損害予防への誘因を与えるという副次的効果が期待できる。その際に重要なポイントは，当該リスク分類要素が被保険者の制御範囲内にあるか否かである。また，行動制御の可能性を考えるに，それが保険契約者・被保険者にとってわかりやすいものであることも重要である。

この点を，生命保険と損害保険に分けて，具体的に例示してみよう。たとえば，生命保険において死亡率に影響するリスク情報，つまりリスク分類要素には，年齢，性別，身体状況，婚姻の有無，同居状況，職業，所得（資産），喫煙・飲酒などの生活習慣，現在の健康状態，既往症，過去の病歴，常用薬の有無，などが考えられる。こうした分類要素をすべて組み合わせると，リスク分類が複雑でわかりにくくなる。これらの分類要素に依拠しながらも，大くくりに区分するとわかりやすい。たとえば，①保険の引受に条件を付けることなく付保できる標準体，②とくに条件を付けることはないが高額の保険金額となることは認めない境界体，③条件として特別保険料（上乗保険料）の徴収や免責条項の設定が必要な標準下体，そして④いかなる条件のもとでも付保できない謝絶体（非保険体）に区分することが一般的である。

一方，民間の任意自動車保険では，年齢，性別，婚姻の有無，運転歴，自動車の使用目的，自動車の使用状況（年間走行距離など），地域，車種，保有台数，安全装置の有無，などのリスク分類要素が活用されることが多い。近時では，リスク細分型自動車保険が登場し，エアバックや盗難防止装置の着装により事故率が低くなったり，事故発生時でも損失の規模が小さいなど，安全であると

見なされると保険料が割り引かれて安くなる。さらに，年間走行距離に応じて事後的に保険料が精算される保険もある。

4.2　特性料率制と経験料率制

　リスク分類によって保険団体を組織する場合，それは個別・細分化保険料ないしクラス別保険料と称される。この保険料方式では，①個々の危険度に見合った保険料（率）となっているので契約者間の保険数理的な公平性が確保されること，②危険度に見合った保険料（率）であるため給付・反対給付均等の原則から収支相等の原則が貫徹されやすくなり保険会社の財務が安定すること，③リスクを細分化するために保険契約者・被保険者がコントロールできる分類要素を活用すれば行動変容を促し社会全体のリスク量を削減できること，以上のメリットがある。

　さて，同様にリスクを細分化する場合でも，事前に判明している情報に基づく**特性料率制**（feature rating system）と，保険加入後の情報に基づく**経験料率制**（experience rating system）という，2つの方法がある。後者は，自動車保険や労働者災害補償保険で，メリット・デメリット制と呼ばれているものである。

　まず，特性料率制とは，危険引受ないし保険契約時点で入手可能なリスク分類要素を活用して，グループ分けする仕組みである。その時点で情報収集費用をかけずに分類できるメリットがある。ただ，個人属性のようなリスク分類要素を活用することは，それが保険契約者の制御外にあることになる。たしかに，個人属性以外の生活習慣などのリスク分類要素であれば，自らリスクの程度を制御することはできる。しかし，それがどのように保険料（率）に反映されるかわからなければ，保険契約者・被保険者による損害予防を促すことはできない。

　これに対して，経験料率制は，危険引受以降の保険契約者による損害経験や実際の事故率から，当初の保険料（率）を修正するシステムである。損失経験が保険料率に反映されることになるため，特性料率制に伴う不合理を是正することができる。つまり，個人属性により誤って高リスク・グループに振り分けられても，事後的に修正が利くことになる。併せて，損害予防努力が事故率（＝保険料率）を引き下げることから，損害予防への誘因を与えることになる。ただし，経験料率制のもとでも損害予防努力の経済的報償（ペイ・バック）は不明確であり，またタイム・ラグを伴う場合もある（石田・石田［1997］129頁）。

4.3 リスク分類の限界

保険が存在することにより社会的な費用が生じる場合があり，それは外部不経済の発生と解釈される。保険者が十分正確に損失期待値を予測できる場合には，保険費用と損害予防費用との合理的な比較が可能となり，保険契約者・被保険者に効率的行動を促すことになる。これに対し，正確に損失期待値を予測することが困難な場合には，保険はモラル・ハザードのような非効率的行動の誘因になりうる。つまり，リスク分類の方法と保険料（率）の仕組み方に応じて，保険契約者・被保険者の行動に与えるインセンティブが異なる。この際には，制御可能性と因果関係のトレードオフが生じる。時として制御可能なリスク分類要素では損失期待値を十分に説明できないことがあり，他方，統計上因果関係の強いリスク分類要素が制御不可能なことがありえる。たとえば，喫煙習慣や食生活などが，どこまで制御可能であるかが問題になる。

次に，リスク分類要素の社会通念上の公平性問題がありうる。これは，経済的観点から効率的・効果的と見なされるリスク分類要素が，社会通念上の差別扱いの面から問題があり採用できないケースである。具体的理由としては，①社会的に不適度な象徴的背景を持つこと，②特定の社会上のグループを一方的に不利にする危険性があること，③保険制度外で生じた差別の存在を永続化する危険性があること，などによる。こうした場合，社会通念上問題ありとされるリスク分類要素を排除してしまうことで，それが採用されたときの保険団体に内包される高リスク者を，低リスク者が暗黙のうちに内部補助していることになる。

5 保険市場における需要理論

5.1 期待効用理論による保険加入行動の説明

個人も企業も将来が不確実な状況で，人生や経営戦略上の選択を行っている。生涯を通じて，進学先や就職先，結婚相手や住まいの場所など，さまざまな選択を迫られるものの，その選択が正しいかどうか，振り返ってみないとわからないこともある。多くの個人は，こうした選択に際して，できる限り冷静に，そして賢く将来を選ぼうと努めている。それには，対象となる選択肢の望ましい程度を数値化することが有効である。こうした数値例は利得行列と呼ばれる。また，将来事象であるために，その発生確率を加味して，利得の期待値と変動

図3-1　危険回避の態度による期待効用関数の形状の相違

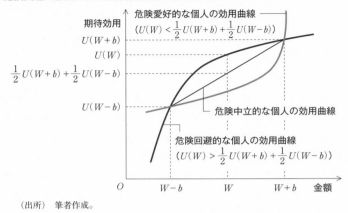

期待効用

危険愛好的な個人の効用曲線
$(U(W) < \frac{1}{2} U(W+b) + \frac{1}{2} U(W-b))$

$U(W+b)$
$U(W)$
$\frac{1}{2} U(W+b) + \frac{1}{2} U(W-b)$

$U(W-b)$

危険中立的な個人の効用曲線

危険回避的な個人の効用曲線
$(U(W) > \frac{1}{2} U(W+b) + \frac{1}{2} U(W-b))$

O　　　$W-b$　　　W　　　$W+b$　　金額

（出所）　筆者作成。

　の幅（分散ないし標準偏差）で判断することになる。元来，保険に加入すること
は，個人にとっても企業にとっても未来に向けた意思決定であり，保険を理解
するためには，こうした選択行動と意思決定のあり方を知ることが必須である。
　保険は，将来のリスクに備えて，事前に保険料を積み立てる仕組みである。
保険の大切さは社会的にも認知されているものの，必ずしもすべての個人が保
険に加入するわけではない。この点を**期待効用基準**および個人の危険に対する
態度（危険回避的な個人と危険愛好的な個人の比較）によって説明してみよう（図
3-1)。ここで効用とは，個人が特定の行為・行動から得られる満足度を示し，
将来事象に関してはそれが生起する確率によって左右されることから，期待効
用と呼ばれる。
　ここで，次のようなくじを考えてみよう。①100 ％の確率で 100 万円が当た
るくじと，②50 ％の確率で 200 万円が当たるくじがある。両者を期待値で考
えると 100 万円で同じになる。しかし多くの人は①を選ぶ。それは，多くの個
人に将来の不確実な事態を避けたいという思い，つまり危険回避の性向がある
ことによる。
　この現実的な選択行動を理解するために，期待効用の概念が有効なのである。
上で述べたように，「1 年後に確実に 100 万円が得られること」と，「50 ％の確
率で 200 万円が得られることと 50 ％の確率で何も得られないこと」は期待値
では等しくとも，全員が前者を選ぶであろう。ところが，50 ％の確率で得ら

表 3-1　保険加入行動と期待効用

	S_1（事故未発生）	S_2（事故発生）	期待効用
A_1（保険未加入）	$U(W)$	$U(W-L)$	$(1-p) \times U(W) + p \times U(W-L)$
A_2（保険加入）	$U(W-h)$	$U(W-h)$	$(1-p) \times U(W-h) + p \times U(W-h) = U(W-h)$
生起確率	$1-p$	p	—

（出所）　筆者作成。

れるかもしれない金額が増えていくことによって，後者の期待値が高まるので，少しずつ後者を選ぶ人が出てくる。たとえば，それが 500 万円になり，期待値が 250 万円になれば，後者の不確実なくじを選ぶ人もかなり増えるであろう。

このとき，確実に得られる金額と，くじのような生起（発生）確率が関係する場合の期待値（期待金額）の期待効用が等しくなる金額を，確実性等価（certainty equivalent）と呼んでいる。この確実性等価が，高い個人ほどリスクを嫌う性向が強く，低ければそれほどリスクをいとわないことになる。前者を危険回避的な個人，後者を危険愛好的な個人と呼んで区別する。こうした危険回避の態度と保険加入行動は密接に関連し，危険回避的個人のみが保険に加入することになるのである。

そこで，個人のリスクに対する態度に応じて保険加入行動が変化することを示そう（表 3-1）。期待効用の考え方，ないしその基準では，次の数式によって保険加入行動が定式化される。まず，保険事故の発生確率を p，発生しない確率を $1-p$ としよう（$0<p<1$）。また，事故が発生したときの損失額は L，保険に加入する際の保険料は h とする（$h<L$）。

このとき，危険回避的な個人の期待効用は，

$$U(A_2) = (1-p) \times U(W-h) + p \times U(W-h) = U(W-h)$$
$$> U(A_1) = (1-p) \times U(W) + p \times U(W-L)$$

となる。つまり A_1 よりも A_2 を好み，事前に一定の保険料がかかっても，将来の事故発生有無にかかわらず期待効用を一定に保つよう保険に加入する。

一方，危険愛好的な個人の期待効用は，

$$U(A_2) = (1-p) \times U(W) + p \times U(W) = U(W-h)$$
$$< U(A_1) = (1-p) \times U(W) + p \times U(W-L)$$

図 3-2　効用関数の形状とリスク・プレミアム

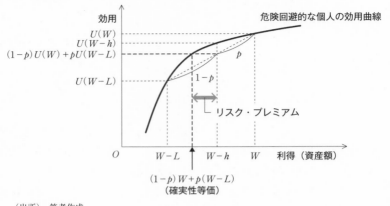

（出所）　筆者作成。

となる。つまり A_2 よりも A_1 を好み，事前に一定の保険料がかかることを嫌って，事故発生時に期待効用が低下するとしても保険に加入しない。

　このようにして，期待効用基準（それに基づく期待効用理論）によって，合理的に保険の加入行動が説明される。

　さらに図 3-2 を用いて，保険加入行動を解説してみよう。前述の通り，保険料は純保険料（危険保険料）と付加保険料（取引費用）によって構成されている。付加保険料部分を無視すれば，保険料 $h = p \times L$ となり，事故発生確率と損失額の大きさによって決まる。これも前述したように，確実性等価とは，不確定な金額と同程度の効用水準をもたらす確定的な金額のことを指す。危険回避的な個人であれば，確定的な金額の効用水準のほうが，不確実な金額（期待値で示される）による効用水準よりも高い。彼らの効用関数は上に凸（凹関数）になる。このとき横軸の利得線上では，確実性等価の大きさは「利得から純保険料を差し引いた」確実な金額よりも小さい金額になる。また，リスク・プレミアムとは，純保険料を支払った場合の確定的な金額と確実性等価の大きさとの差額である。危険回避的な個人は，その差額分までの付加保険料を支払ったとしても，なお確実な金額が得られ不確実性が排除される保険加入を選択することになる。

　以上のことから，保険に加入するのは，危険回避的な性向を持つ個人であることがわかる。その程度が強いほど，つまり図 3-2 では曲がり方が大きいほど，

リスク・プレミアムも大きくなるので，より多くの付加保険料を払っても保険加入を望むことになる。

5.2 期待効用理論の限界

期待効用理論は，将来が不確実なもとでの意思決定ないし選択行動について，危険回避や危険愛好など個人のリスク性向に基づく考え方や判断基準を確立している有益な分析枠組みである。しかし一方で，主観的な不確実性（確率事象の利得の不明確性）や曖昧性（確率事象の発生確率の不明確性）を回避する性向を捉えることができず，また，後述する確実性効果や低確率の過大評価などのバイアスがかかる状況も説明できない。この点を掘り下げてみよう。

期待効用理論では，個人・企業などの経済主体に，起こりうる事象の確率やその利得が既知であるとされる。また，各事象の生起（発生）確率の総和を1であるとしている。しかし，客観的確率と主観的確率が一致しないケースでは，エルスバーグ・パラドクスに指摘されるように，総和が1とならない状況もありうる（クレプス［2009］21-22頁）。つまり期待効用理論は，その前提として，意思決定主体が想定する事象の主観的確率があたかも事象の起こる客観的確率であるかのように扱っており，主観的不確実性を回避しようとする個人の行動は想定されていない。

しかし，現実には主観的不確実性を回避しようとする人々の行動が観察されており，このことは期待効用理論の欠陥を示すものである（クレプス［2009］53頁）。意思決定理論の文脈では，現実の人間行動において期待効用理論では説明できないものをパラドクス（個々の誤謬をアノマリー）と呼び，多くのパラドクスが実験や仮想質問などのアンケート調査で見つかっている。

加えて，フランク・ナイトは，確率のわかっている不確実性（不確定性ないしリスク）と，確率のわかっていない不確実性を区別して，前者をリスク，後者を真の不確実性ないし曖昧さと呼んだ。ダニエル・エルスバーグの実験により，個人は，ナイト流の不確実性ないし曖昧さを，確率のわかっているリスクに比べて嫌うことも明らかになっている。これを曖昧さ回避と呼び，この点も期待効用理論では説明できない。こうした欠陥を補い，パラドクスを合理的に，かつ現実の人間行動と整合的に説明しようとする試みが，行動経済学によってなされている。行動経済学は，不確実性下の意思決定である保険現象を説明するのにどう役立つのだろうか。

5.3　行動経済学とは何か

　行動経済学は，心理学の力も借りながら，より現実的に人間行動，個人の意思決定を解明しようとする学問領域である。経済学が選択行動を説明する能力を，より現実に則して高めたものと言い換えることができる。従来の経済学との大きな相違点は，経済的合理人の仮定を緩めることで，自制心の欠如や利他心の発揮など，より人間臭い個人の意思決定を扱っているところである。その上で，個人が限定合理的である場合の意思決定として，最適化原理から満足化原理への移行や，選択のプロセスを重視する考え方を打ち出している。また，期待効用理論をはじめとした伝統的な経済学では，集団的な意思決定や集団内での資源の配分を考えるときに，個人は自らの利己心に基づいて，自らの利得のために効用最大化という目的を持って行動し，その行動は合理的かつ体系的で終始一貫していると捉える。しかし，多くの個人の意思決定は時に一貫性を欠き，周囲に影響される行動をとり，時に利他心を発揮して利得を分け合うことがある。こうした個人の行動や意思決定を，1つの理論体系で整合的に説明しようと試みている。

　ここでは，行動経済学の中核概念である**プロスペクト理論**に注目しよう。この理論には，価値関数と確率ウェイト関数という2つの柱がある（友野［2006］35頁）。前者の価値関数は，期待効用理論での効用関数に対応する。期待効用理論での効用関数に比べ，基準となる参照点からの変化が注目されること，損失回避性の存在，そして損失局面での危険愛好性という，3つの特性を持っている。とくに最後の点は重要で，個人は状況に応じて，危険回避的にも危険愛好的にもなるのである。確率ウェイト関数の考え方では，意思決定段階において，客観的確率をそのまま期待値の計算に用いず，それに代えて主観的なウェイトを用いる。個人は客観的確率ではなく，主観的な確率を用いて意思決定することになるのである。

　さて，効用関数 $U(X)$ の独立変数 X は，所得の絶対的な水準である。これに対して，価値関数の第1の性質は，価値関数 $V(X)$ の独立変数 X は参照点（基準値）からの変化に注目することである（図3-3）。たとえば，ある主体が初期保有 e 円を持っていて，初期保有が参照点になっているとする。X 円をもらうときの効用関数の値は $U(e+X)$ であるのに対し，価値関数の値は $V(X)$ である。X 円を失うときの効用関数の値は $U(e-X)$ であるのに対し，価値関数の値は $V(-X)$ である（大垣・田中［2018］63-64頁）。

図 3-3　価値関数の形状

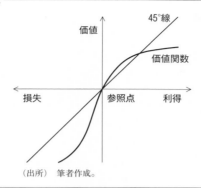

（出所）筆者作成。

　また，参照点である原点から右に動くときの V の増加率より，原点から左に動くときの V の減少率のほうが大きい。これは，利得からの満足度よりも損失を回避したときの満足感のほうが大きいこと，つまり，損失回避性という価値関数の第 2 の性質を表現している。さらに，利得の局面では価値関数は凹関数なので，意思決定は危険回避的なものとなる。これに対し損失の局面では価値関数は凸関数なので，損失局面では危険愛好的になる。

　プロスペクト理論では，くじなどのリスクがある選択行動について，客観的確率でウェイト付けして足し合わせた期待値を最大化するのではなく，心理的な確率の評価関数値 $\pi(p)$ で価値関数をウェイト付けした値を最大化する（大垣・田中［2018］65 頁）。以下の式は，将来に m 個の起こりうる状況 $(x_1, x_2, \cdots\cdots, x_m)$ を想定して，それぞれの価値関数を $V(\cdot)$ とする。その値を，生起（発生）確率 $(p_1, p_2, \cdots\cdots, p_m)$ を修正した評価関数値 $\pi(\cdot)$ でウェイト付けした値を表している。プロスペクト理論では，この値を最大化することが目的となる。

$$\pi(p_1) V(x_1) + \cdots\cdots + \pi(p_m) V(x_m) = \Sigma\pi(p_i) V(x_i)$$

　図 3-4 の確率ウェイト関数では，確率が 1 のときには，その確率を 1 と評価するが，事象の確率が 1 より少し下がると，その確率 $\pi(p)$ は客観的確率 p よりも低くなる。確率が 0 のときは，その確率を主観的にも 0 と評価するが，事象の確率が 0 よりも少し上がると，その確率 $\pi(p)$ は客観的確率 p よりも高くなる。このように確率 0 か 1 である確実性から少しでも乖離すると大きな評価

図 3-4　確率ウェイト関数の形状

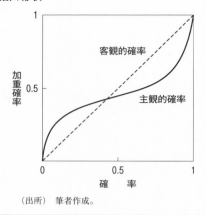

（出所）　筆者作成。

の違いを招くことを，確実性効果という（大垣・田中［2018］66-67 頁）。実際に起こる確率が小さいときは過大評価される半面，実際の確率が中以上になると逆に過小評価されて，実際よりも低い確率と見なされるのである。

5.4　プロスペクト理論と保険加入行動

　保険市場を取り巻く理想的な環境（ベンチマーク・モデル）は，保険の需要者（契約者・被保険者）も供給者（保険者）も，起こりうる損害の発生確率・頻度や規模・影響度合いについて十分な情報を有し，期待効用（利得・満足）を最大化している状態である。また，個々のリスクは独立で，大数の法則が十分に機能することで，損失期待値に等しく保険料（率）を決めることができ，保険者・保険会社の破綻や倒産がないことである。

　しかし，現実は情報が完全である理想状態からは逸脱しているので，ベンチマーク・モデルの修正が必要になる。こうした逸脱現象，すなわちアノマリーの克服を通じて，ベンチマーク・モデルを現実に近づけるわけである。とくに保険の需要者（契約者・被保険者）は，付保するリスクの特性を知らないことが多く，また（純）保険料の妥当性についても不明なことが多い。これらがアノマリーを引き起こす。

　個人や企業は，保険料が割安であっても，損失額が大きいにもかかわらず発生確率・事故率が低い保険に加入しようとしない。これは一種のアノマリーである。その発生形態には 3 つの種類がある。プロスペクト理論の価値関数を踏

まえると，保険料という確実な損失（支出金額）よりもリスクを保有すること
を好むために，保険数理的公平な保険料であっても保険加入しない。また，そ
の逆のケースも起こりうる。

① 過少需要：妥当・適切な保険料にもかかわらず需要が不十分である状態
② 過剰・超過需要：過大な保険料にもかかわらず過剰に保険を需要してい
　る状態
③ 不適切な保険金額・免責金額，付保範囲の選択

　それでは，プロスペクト理論に基づいて保険加入行動を考えてみよう。期待
効用理論では資産・所得水準を判断の基準とするが，プロスペクト理論では現
在の状態（参照点）からの所得の変化を基準にする。したがって，価値関数の
形状から，現在の保険料支払いと将来的な保険金受け取りの価値を考えること
になる（Kunreuther *et al.* [2013] p. 98）。このとき，2000円を確実に得られるこ
とと，20％の確率で1万円を得られるギャンブルでは，期待値が同じであっ
ても危険回避的で確実な利得を選択する。これに対して，2000円を確実に失
う機会と，20％の確率で1万円を失う機会であれば，損失期待値が同様でも
危険愛好的になり後者を選択する。つまり，保険料が数理的公平に算出されて
いても，保険加入して確実に保険料を拠出することよりも，不確定な状況に置
かれることを選択することになり，保険に加入することはない。

　しかし，逆にその必要性が感じられるのは，将来的な利得が大きく感じられ
るときである。たとえば，病気や事故での入院，がんの診断を受ける状況など
は，その対処の必要性を身近に感じる。加えて，当該事故をコントロールする
ことの難しさを感じたときも同様である。つまり，当該事故の発生に伴う不利
益を過大なものと感じ，それに対して脅威を感じたときといえる。そのため，
「がん」や「三大成人病」のような象徴的な身体への脅威に対して，積極的に
保険加入しようとする。

　次に，確率ウェイト関数を想定すれば，低い事故発生確率は高く評価し（た
とえば5％を30〜40％に），一方で高い確率は過小評価しがちである。このとき，
低い確率のリスクを高いと勘違いして，多少は保険料が高くとも保険に加入す
ることになる。発生確率についても，客観ではなく主観によって判断すること
になるので，**ヒューリスティック**（思いつきやすいイメージに基づく意思決定）に
よって左右されることや，直前に経験したリスクや事故を切迫感を持って評価
しがちである。直前に発生した大地震や巨大水害に対する保険を選好するほか，

実際の死亡率は低くとも働き盛りに死亡することの影響を甚大に考えて生命保険に加入することなどである。また，特定の地域で地震や洪水が発生した直後には主観的な発生確率は高くなり，その後に地震や洪水が発生しないとその確率は低く見積もられる。そのため，主観的確率の低下に基づいて，加入一定期間後に地震・洪水保険を解約することがある。このように多くの長期保険，もしくは更新型保険では，事故発生後の数年間にその余韻が消え，解約するか契約は更新されない（Kunreuther *et al.* [2013] p.118）。地震や洪水が発生した当初でも，その後でも，次回の発生確率は同じであるにもかかわらず，つまり客観的な確率に変化がなくとも，主観的な確率は変化するのである。

　また，価値関数と確率ウェイト関数の双方を勘案すると，免責金額や契約者配当金の影響も大きい。確実性効果を踏まえると，「（損害の）発生確率を0にする」保険は高く評価されるはずである。したがって，免責金額を低くすることが妥当である。しかし，それに伴う目先の保険料の増加を回避する性向がある。その一方で，実際には付加保険料を含む保険料を事前に支払うために，それが高額になる「低い発生確率だが損害額が大きい」保険が回避される場合もある。

　たとえば，自動車保険の車両保険について免責金額を設定するとき，人々は保険料を安くすることよりも，低額の免責金額を選択しがちである。免責金額を高くすれば保険料を安くできるのに，またその程度の支払能力はあるのに，一般的に5万〜6万円という少額の免責金額に人気が集まる。加えて，免責金額を多少超過した金額の保険金請求を避ける傾向も指摘されている。これは，1つには免責金額を超えたことへの後悔であり，別には次年度の保険料の増額を恐れるからである。たとえば，5万円の免責に対して6万円の保険金請求はしない。1万円を支払ってもらえるだけであるのみならず，却って次年度の保険料はその分上昇するからである。少額の自動車事故が発生して，それが免責金額を超える金額でも資産的に十分対応できるのであれば，保険金は請求しないことになる。

　しかし，当初からこうした状況を整合的に考えているのであれば，将来を合理的に予見して，事前に高めの免責金額を設定すべきである。こうした点を考慮しないことも非合理で，一種のアノマリーである。自動車事故は普段見聞きする身近なものである。そのために，その発生確率を主観的に高く見積もり，免責金額を低く抑えている。また一方で，事故が実際に生じた場合には，それ

ほど大きな事故には遭わないことを想定してしまう。そのことが免責金額を低く抑えて，高い保険料を払う結果につながるのである。

5.5　心理的枠組みと保険加入行動

　行動経済学では，メンタル・アカウンティング（心理会計）の視点から，特定の活動に支出する金額には限度があると考える。「損害ないし安全のための資金」の心情的なアカウントがあり，新規の保険に追加加入することには躊躇を覚えるからである。新規加入するにしても，従来の保険との入れ替えや，従来の保険料を軽減した上でのことになる。実質的な利得がある場合でも，現状から離れることによる不利益を重く見て，現状維持を続けるバイアスも働く。さらに個人は，損失可能性が減ることよりも，それが増加することにより敏感になる。そのために，リスクを軽減するような投資には興味を示さない一方で，リスクの発生確率が上昇するケースではその予防活動を重視する（Kunreuther et al. [2013] p.109）。

　行動経済学では，また，個人の選択行動は抱いている枠組み（フレーム）に依存すると考える。こうした**フレーミング効果**によって，保険商品は保障にもギャンブルにもなりうる。

　このことを，定年退職後に一生涯保障が続く終身年金を例にとって考えてみよう。まず，フレーミング理論では，経済的事象の捉え方として，広域的なフレームと狭隘なフレームの両者を想定する。これはメンタル・アカウンティングの考え方とも同じである。たとえば，賭けごとに費やす金額は，1カ月の収入・支出とは切り離して，単独で考えてしまいがち，いわゆる別勘定になっている。また，賭けごとで儲けたお金は，あぶく銭として無駄遣いする傾向にある。

　終身年金を，広く所得を保障する他の手段と同様に捉えれば，その長寿リスクの排除から，消費行動をより計画的なものとして，退職後の消費水準を高めることができる効果に目が向く。一方で，金融商品の1つとしてその投資的側面を強く意識すれば，寿命の長短を対象として損得が生じる「ギャンブル」とも捉えられる。退職後に早死にしてしまえば年金給付を受けられないのであり，それをリスクとして過大に評価すると，それは資産の損失になる。健康に自信がないケースや，身近な自然災害を過度に意識するようであれば，終身年金に魅力を感じることはなくなる。

さらに，保険契約者が当該商品に置く価値は，留保価格（ないし，喜んで支払う金額の意味で WTP: willingness to pay）と呼ばれる。終身年金に加入すれば，長生きリスクが排除され生涯にわたって給付を受けられる半面，その長生きリスクの保証のために毎月の年金給付額が減り消費を抑えなければならない。将来的な割引率を考えると遠い将来の給付の受給確率は必要以上に低く評価され，近い時点の消費抑制という損失は高く評価されてしまう。その結果として，終身年金の留保価格は低下してしまい，所得保障手段としての価値が下がってしまうのである。このことが，家族も含めて確実な受け取りが可能な確定年金や保証期間付き年金が好まれる理由でもある。即時払いの終身年金ではなく，据置型の終身年金や保証期間付きの終身年金についても，同様な枠組みで評価が行われている。据置年金では，保険料の払込終了から一定期間後に，年金給付が開始される。本来，据置年金であれば，年金保険料は割安になるものの死亡確率が高いため，商品価値は低く見積もられそうである。しかしながら，遠い時点の高い確率は低く見積もられる傾向があるので，却って据置年金は高く評価されることになる。

6　現実社会に根づく保険

　一般に，個人は次の8つのバイアスを持つとされている。①個人は相手を気にする，②個人は周囲に左右される，③個人は時間で認識が変わる，④個人は距離を意識する，⑤個人は条件で選択を変える，⑥個人は枠組みで理解する，⑦個人は気分で反応する，⑧個人は決断に囚われる（中島［2021］27頁）。これらは，伝統的経済学や期待効用理論が想定する経済的合理人とは明らかに異なり，総じて限定合理性と呼ばれている。こうしたバイアスがある場合，無形財かつ将来効用財である保険に対する需要や加入行動が左右され，それを理解するためには新しい枠組みが必要とされる。

　たしかに，期待効用理論もプロスペクト理論も，保険加入の意思決定に金銭的目的が大きくかかわる点では変わりがない。しかし後者は，金銭以外の精神的目的や心理的目的も重視して考える（Kunreuther *et al.*［2013］p. 102）。保険の付随的目的として，「心配や不安の種，後悔の回避の心情」や，「社会的かつ心理的ノルマの確保」（たとえば生命保険加入は家族愛を実現するため）が想定される。こうした要因は，期待効用理論ではほとんど取り上げられない。

現実には，こうした心情的要因も総合的に判断した上で，保険加入行動が決定されている。今後はさらに，行動経済学の知見を活かして，保険加入行動やそれにかかわる意思決定を適切に素描し，より適切な保険加入行動に導くことが大切になる。とくに，保険加入が一国の文化水準とかかわっているとの指摘は重要である。個人は，社会的認識や規範，そして同調性（ハーディング効果とも呼ばれる）によって，文化的に保険を受け入れる。また，ラベリング（他人から押し付けられたイメージに基づく行動）によって，世帯主としての責任，経営者としての責任，社会人としての責任から規範的行動をとるので，保険加入が一種の社会的規範と捉えられることもある。

　一般に，1つの国の文化的進化は自然（集団）淘汰によって決められるとされ，集団内の異質者をはじき出したり，一方で内部に取り込んでいく作用が働くとされる。これは，文化が集団レベルの「群淘汰」によって進化するとの考え方である（友野［2006］367頁）。この過程で，規範や道徳心などが内部化されることになり，それが社会的感情を形成する。保険に加入することが，家族に対する責任感や社会人の一種の規範であるとすれば，こうした社会的感情が保険契約者の行動に及ぼす影響も無視できない。まさに保険は一国の文化を写す鏡なのである。

● 演 習 問 題
1️⃣ 付保危険の要件を，保険の（経営）原則との関係で説明しなさい。
2️⃣ 保険市場における「情報の非対称性」を説明した上で，その解決策を考察しなさい。
3️⃣ 期待効用理論と比較して，行動経済学の考え方が保険現象を説明する上で有効である理由を考えなさい。

第 **4** 章

保険の構造

● Introduction

　本章では，保険制度の構造（概要）を説明する。まず保険がどの
ように分類されるか紹介した後，とくに重要な生命保険と損害保険
の分類について，その概要を説明する。生命保険と損害保険はいず
れも保険ではあるものの，１つの保険会社が両者を兼営することが
許されないないなど，両者には異なる点が多い。理解の難しいポイ
ントも異なることから，本章では，生命保険については保険料の定
め方に，損害保険については保険金の定め方に，多くのページを費
やした。両者の違いをしっかり理解してもらいたい。

1　保険の分類

　一口に保険といっても，じつにさまざまなものがある。自動車保険，生命保
険，医療保険，社会保険……と，よく目にするものだけでも多数にのぼる。そ
のため，保険にはさまざまな観点からの分類がある（表4-1）。紙幅の都合上す
べてを紹介することはできないので，以下でとくに重要な分類について取り上
げておく。
　公保険と私保険の分類は，保険が政策遂行の手段に用いられるのか否かとい
う観点によるものである。両保険は性質が大きく異なり，たとえば前章で説明
された給付・反対給付均等の原則についても扱いが異なる。家計保険と企業保
険は，保険を利用する主体による分類である。保険に詳しくない一般の消費者
が利用する家計保険は，企業保険とは異なる配慮が必要となる。そして生命保
険と損害保険は，旧商法および保険業法による分類であるだけなく，最も一般

表 4-1　保険の分類

分　類	内　容
① 生命保険，損害保険	伝統的かつ保険業法による区分
② 人保険，物保険	保険事故発生の客体による区分
③ 財産保険，稼得保険，費用保険	保険事故により喪失する客体による区分
④ 単数事故保険，複数事故保険	1 契約で保護される保険事故の数による区分
⑤ 陸上保険，海上保険	保険で保護される客体の場所による区分
⑥ 強制保険，任意保険	保険加入の形態による区分
⑦ 公保険，私保険	保険を利用する目的による区分
⑧ 家計保険，企業保険	保険を利用する主体による区分
⑨ 個別保険料式保険，平均保険料式保険	保険料の形態による区分
⑩ 現金給付保険，現物給付保険	保険金の給付形態による区分
⑪ 元受保険，再保険	危険負担関係による区分

（出所）　筆者作成。

的な分類でもある。これについては節を改めて説明することとする。

1.1　公保険と私保険

　まずは公保険と私保険の分類である。公保険とは，国や地方自治体などが政策を実現するために用いられる保険である。政策実現が目的であることから，政策保険という場合もある。これらは，その目的が社会政策か，経済政策か，あるいは公共の利益を図る目的かという観点から，社会保険，産業政策保険（経済政策保険），公共保険に細分される。

　社会保険は，国民の生活を支える社会保障の中核的な存在であり，公的医療保険や，公的年金，労災保険などがある。通院時に利用する健康保険などが公的医療保険である。また，20 歳になると学生であっても国民年金に保険料を納めなければならないが，これも公的年金の 1 つである。保険と聞くと，これらの社会保険を身近なものとして思い浮かべる読者も多いことだろう。しかし，社会保険は長い保険の歴史の中ではむしろ後発に属する特殊な性格を持った保険である。

　経済政策保険は，経済政策の一環として運営される保険であり，貿易保険や農業保険がある。貿易保険は，民間企業では扱えないような国際貿易にかかわるリスクを対象とする保険である。たとえば，ある企業が海外進出し，現地で工場を設立・操業していたところ，当該国で革命が起こり，当該工場が接収されるといったことがありうる。こうしたリスクはカントリー・リスクと呼ばれ

るが，貿易保険はこのようなリスクに備えるためのものである。

　公共保険は，公共政策の手段として営まれる保険であり，自動車事故被害者の救済などを目的とする自動車損害賠償責任保険などがある。

　これらの公保険では，前章で学んだ保険の基本原則が適用されない場合がある。たとえば前述の通り，公的医療保険では給付・反対給付均等の原則が適用されない。この原則通りに保険料を定めると，病気がちな高齢者の保険料が著しく高くなって，加入が難しくなることなどが，その理由である。

　これら公保険以外の保険は，すべて私保険のカテゴリーに属する。生命保険会社や損害保険会社のCMで見る保険も，本書が取り上げる保険も，主として私保険である。私保険には，基本的に前章で説明された保険の原則が適用される。

　なお，これと類似の分類に，公営保険と私営保険がある。これは，保険を運営する主体が公法人か私法人かによる分類である。ほとんどの場合，公保険は公営保険であり，私保険は私営保険である。実際，公的年金や公的医療保険は公営保険である。また前述の貿易保険も対象となるリスクの把握が困難で，時に巨額な損害を生む可能性も伴うため，民間の保険会社が扱うことは難しく，公営保険として営まれている。もっとも，公保険であるけれども公営保険ではない場合もある。自賠責保険は私営保険であるけれども，自動車事故被害者の救済や自動車産業の発展を目的とする，公保険の1つである。

　任意保険と強制保険という分類も，同様に関連が深い。任意保険とは，文字通り保険への加入が任意である保険を指す。一方，強制保険は加入が強制されている保険である。社会保険（公保険）は，その多くが強制保険となっている。それに対して，私保険は任意保険である。公保険の多くが強制保険である理由は，強制しなければ保険制度として成立できないからである。

　このように，公保険と私保険には大きく異なる点が多くある。それは公保険が何よりも政策の実現を主たる目的としている保険だからである。

1.2　家計保険と企業保険（事業保険）

　利用主体が家計か企業かによって，保険は家計保険と企業保険に分類される。生命保険の多くは家計保険である。国際貿易に利用される外航貨物保険は企業保険に属する。家計保険ではその内容が画一的に定められているのに対して，企業保険は利用する企業のニーズに合わせるため，保険契約ごとに異なる点が

多く，しかも複雑なものとなっている。

　ほかにも，家計保険と企業保険の違いとして，保険契約者側の保護の必要性が異なることがあげられる。たとえば保険法では，保険契約者側を保護するための片面的強行規定と呼ばれる規定（保険法第7条など）があるが，基本的に企業保険ではこの規定は適用されない（保険法第36条）。また，保険会社が経営破綻したときの扱いも，両保険で異なる場合がある。

2　生命保険と損害保険

　日本の旧商法および保険業法で用いられる分類であり，私保険を分類する上でとくに重要な分類といえる。もっとも，分類の基準（これを区分原理という）が異なっており，理論的には問題がある分類でもある。**損害保険**とは，損害を填補する，言い換えると，損害額を埋め合わせる保険である。つまり，これは保険金の性格による分類である。したがって，この反対語は定額保険（損害額ではなく一定額を支払う保険）である。一方，**生命保険**は，保険で保護される対象による分類であり，人の生死を保険事故の対象とする保険を意味する。したがって，この観点から生命保険に対応する保険は，物保険あるいは財産保険である。

　このように理論的には問題があるものの，重要な分類であることに間違いはない。生命保険と損害保険は，保険料の算定方法，保険金の支払い方などの点に大きな違いがある。本節で，その内容を簡単に紹介しよう。

2.1　生命保険の種類

　生命保険は，人の生死を対象とする保険であり，まず保険事故によって，生存保険，死亡保険，さらに両者が組み合わされた生死混合保険の3つに分類される。生存保険は一定期間生存していた場合に保険金を支払う保険，死亡保険は死亡時に保険金を払う保険，生死混合保険は生存保険と死亡保険を組み合わせた保険である。保険はリスクに備える制度であるのに，生存していたら保険金が支払われるというのは奇妙に思えるかもしれないが，長寿をリスクの1つと捉えると理解できる。たとえば定年後は，もはや働けないにもかかわらず生活費が必要となる。そうした老後の生活に備えるために年金保険があるが，これは生存保険の一例である。

死亡保険は保険期間の違いから，さらに定期保険と終身保険に分けられる。定期保険は，保険期間が10年といった一定期間に限られる保険である。この保険では，保険期間のうちに死亡しなければ，保険金はいっさい支払われない。終身保険は，加入時から一生涯保障が継続する保険である。人間は永遠に生きるわけではないから，いつかは必ず支払われることになる。

　生死混合保険は，養老保険と呼ばれている。この保険では保険期間内に死亡したら死亡保険金が支払われる。同時に，満期まで生存していたら，満期保険金が支払われる。したがって，この保険でも必ず保険金は支払われることになる。

　なお，実際に販売される生命保険では，これらの基本契約に各種の特約を付けられる場合が多い。たとえば，終身保険を基本としながら特約で定期保険を加えたり，さらに医療保険を付けるなどするのである。

2.2　損害保険の種類と第三分野の保険

　上述の通り生命保険は基本的な種類が少ないのに対し，損害保険は損害を塡補する保険であることから，その種類はじつに多い。代表例としては火災保険・海上保険・自動車保険があげられるが，さまざまな保険があり，とてもすべてを列挙することはできない。さらに，生命保険と損害保険のいずれに分類すべきか判然としない保険もある。これは，前述のように，生命保険と損害保険という分類に問題があるからである。

　たとえば，傷害保険は人が傷害を負ったときに備える保険である。人の傷害であるから生命保険に近い。しかし，生命保険の対象はあくまで「人の生存もしくは死亡」に限られている。単に傷害を負っただけでは死亡していないから，生命保険の対象とはいえない。ところが，傷害保険を損害保険と捉えるのも難しい面がある。傷害の治療費を支払う保険であれば，実際に被った費用を塡補してもらうから，損害保険ということができる（このような損害保険を，費用保険という）。しかし，傷害保険には，実際にかかった治療費ではなく，一定の金額を支払う保険が多い。一定金額を支払う保険は定額保険であるから，損害保険とはいえない。病気に備える疾病保険や介護保険も，傷害保険と同じく，分類が難しい。このような生命保険と損害保険のいずれか判断できない分野を，**第三分野**の保険と呼ぶ。

　分類できないことが問題となるのは，保険会社の業務範囲が規制されている

図 4-1　生命保険，損害保険，傷害疾病定額保険 ─────────────

生命保険	傷害疾病定額保険	損害保険
・死亡保険 ・生存保険 ・生死混合保険	・傷害保険 ・疾病保険 ・医療保険 　など	・海上保険 ・火災保険 ・傷害疾病損害保険 　など

（出所）　筆者作成。

───

からである。長い間，生命保険会社は生命保険しか扱えず，損害保険会社は損害保険しか扱うことができなかった（後述するように，現在でも生命保険会社は損害保険を扱えず，損害保険会社は生命保険を扱えない）。そのため，第三分野の保険が生損保いずれに属するかは，実務上，重要な問題であったのである。暫定的ともいえる線引きの後，保険業法が改正され，生命保険会社は生命保険と第三分野保険，損害保険会社は損害保険と第三分野保険を扱えることが定められた。それでも，この第三分野の保険をどのように捉えるかという点は，依然として曖昧なままであった。

　曖昧さは保険法が制定されたときに決着した。損害保険と生命保険というカテゴリーは基本的な分類として残したまま，第三分野の保険を定額保険と損害保険に分類したのである。定額保険のほうは生命保険でも損害保険でもないから，新たに傷害疾病定額保険というカテゴリーが設けられた。一方，疾病時や傷害時に実際に被った損害額が支払われる保険は，傷害疾病損害保険という名称のもと，損害保険の一部を構成するものと整理されることになった。つまり現行法において保険は，損害保険，生命保険，傷害疾病定額保険という３分類に整理されたのである（傷害疾病損害保険は損害保険の一部である）。ただし，損害保険，生命保険，第三分野の保険という分類は，今でもよく用いられている。

2.3　生命保険と損害保険がそれぞれ扱うリスクの違い

　生命保険と損害保険の違いとしては，さらに，扱うリスクに大きな違いがあることも重要である。生命保険で重要となる死亡率は，年ごとに大きな変動はないが，損害保険が扱うリスクには，年によって大きく変動するものがある。たとえば，台風などの自然災害による被害は，年ごとに大きな違いがある。日本列島を直撃した台風が多い年は，水害などの自然災害による被害が大きくな

る。そのため，水害などにも備える火災保険では，支払保険金の総額が年ごと
にかなり変動することになる。この点が，前述した生命保険と損害保険が兼営
できない理由の1つになっている。もし兼営できるなら，損害保険部門で巨大
な損害が生じた場合に，安定した生命保険による収益で穴埋めする会社も現れ
かねない。そうなると，生命保険の利用者が不利益を被ってしまうことになる。

3 保険料の構造

3.1 保険料の基本構成

　収支相等の原則や給付・反対給付均等の原則については，前章で説明した。
このうち収支相等の原則とは，保険者から見た場合，保険者が受け取る保険料
の合計と，保険者が支払う保険金の合計が等しいとする原則であった。もっと
も，ここでいう保険料とは，実際に私たちが保険会社に支払う保険料そのもの
ではなく，純保険料である。私たちが支払う保険料は営業保険料と呼ばれ，こ
の純保険料と付加保険料からなる。

　すなわち，純保険料が保険金の支払いにあてられる部分である一方，付加保
険料は会社の各種経費や利潤を構成する。保険事業を営むにあたっては，保険
を販売・管理するための，さまざまな経費が必要とされる。たとえば，保険契
約の中身を詳述する保険約款の作成にも費用がかかる。これら保険事業を営む
ためにかかる多くの経費に充当される部分が，付加保険料である。

$$営業保険料＝純保険料＋付加保険料$$

3.2 個別保険料と平均保険料

　一方，給付・反対給付均等の原則は，保険料は支払われる保険金の数学的期
待値に等しいとする原則であった。この原則通りに保険料が決定される場合，
その保険料を**個別保険料**と呼び，この方式を個別保険料方式と呼ぶ。ただ，保
険料の決め方はほかにもあり，収支相等の法則には従うものの，保険料を保険
加入者全員に均等に割り振る場合がある。あるいは，さらに踏み込んで，所得
に応じて割り振る場合もある。このように，保険料をリスクに応じるのではな
く，加入者全体で収支を均等させるように決定された保険料を，**平均保険料**と
呼ぶ。平均保険料を保険料とする保険を，平均保険料式保険という。

個別保険料は，それぞれのリスクに応じて保険料が決定されるので，保険技術的に公平であるといえる。運転技術が未熟で危険な運転をするドライバーは自動車事故のリスクが高い。それに対して，運転に熟練して慎重な運転をするドライバーは自動車事故のリスクが低い。この両者の保険料に差がつくのは当然ともいえるだろう。このため損害保険であれ生命保険であれ，私保険ではこの方式により保険料が決定される（実際のリスク分類要素は第3章参照）。

　ところが，この個別保険料方式では不都合な場合がある。たとえば医療保険を考えてみたい。すでに既往症がある疾病リスクの高い者と健康な者を比べると，個別保険料方式では前者の保険料が高く，後者の保険料が低いことになる。もちろんこれは保険技術的には公平である。健康な者にとっては，このほうが好ましい。しかし，既往症のある者は保険料が高くなるから，ましてその者が低所得であれば保険料を払い切れず，保険加入を断念することになろう。

　そのため，公保険である社会保険の場合には，平均保険料方式で運営されることが必要となる。日本の公的医療保険は所得割であるので，加入しやすくなっており，疾病リスクが高く低所得であっても加入できる。

　これに対し，私保険の場合には，加入するかしないかは当人の意思に委ねられているから（任意保険），個別保険料方式が採用されている。もし平均保険料方式をとれば，自らのリスクと比較して保険料が高いと感じた加入者は，リスクに見合った保険料を提示する他社に移ってしまうからである。

　もっとも，個別保険料方式といえども限界はある。リスクを細分化していくと保険団体が小さくなりすぎてしまい，大数の法則が働かなくなるため，保険として機能しなくなる。また，リスクの細分化を進めるためには，それだけコストもかかる。そのため，個別保険料方式といっても，ある程度のリスクの細分化で妥協せざるをえない。結局，個別保険料方式の場合といえども，ある程度，平均保険料の要素が残ることになる。この場合は，あるリスク区分の中でリスクの低い者が，リスクの高い者が負担すべき保険料を補助していることになるが，これを内部補助という。

3.3　生命保険の保険料

　生命保険の保険料について見てみよう。これは，予定死亡率・予定利率・予定事業費率という3つの要素から計算される。死亡保険の場合を例に説明する。
　被保険者の死亡時に保険金が支払われる死亡保険では，まず死亡率を知る必

表 4-2　生保標準生命表 2018（死亡保険用）（男）

年齢 (x)	生存数 (l_x)	死亡数 (d_x)	死亡率 (q_x)	平均余命 ($\mathring{e}_x$)	年齢 (x)	生存数 (l_x)	死亡数 (d_x)	死亡率 (q_x)	平均余命 ($\mathring{e}_x$)
0	100,000	81	0.00081	80.77	60	92,339	603	0.00653	23.68
1	99,919	56	0.00056	79.84	61	91,736	657	0.00716	22.83
2	99,863	36	0.00036	78.88	62	91,079	715	0.00785	22.00
3	99,827	22	0.00022	77.91	63	90,364	775	0.00858	21.17
4	99,805	14	0.00014	76.92	64	89,589	838	0.00935	20.34
5	99,791	10	0.00010	75.94	65	88,751	901	0.01015	19.53
6	99,781	9	0.00009	74.94	66	87,850	966	0.01100	18.73
7	99,772	9	0.00009	73.95	67	86,884	1,034	0.01190	17.93
8	99,763	9	0.00009	72.96	68	85,850	1,109	0.01292	17.14
9	99,754	9	0.00009	71.96	69	84,741	1,193	0.01408	16.36
10	99,745	10	0.00010	70.97	70	83,548	1,290	0.01544	15.58
11	99,735	10	0.00010	69.98	71	82,258	1,400	0.01702	14.82
12	99,725	11	0.00011	68.98	72	80,858	1,525	0.01886	14.07
13	99,714	13	0.00013	67.99	73	79,333	1,665	0.02099	13.33
14	99,701	17	0.00017	67.00	74	77,667	1,822	0.02346	12.60
15	99,684	23	0.00023	66.01	75	75,845	2,000	0.02637	11.90
16	99,662	30	0.00030	65.03	76	73,845	2,199	0.02978	11.20
17	99,632	38	0.00038	64.05	77	71,646	2,422	0.03381	10.53
18	99,594	46	0.00046	63.07	78	69,224	2,667	0.03853	9.88
19	99,548	53	0.00053	62.10	79	66,557	2,926	0.04396	9.26
20	99,495	59	0.00059	61.13	80	63,631	3,185	0.05006	8.66
21	99,436	63	0.00063	60.17	81	60,445	3,429	0.05673	8.09
22	99,374	66	0.00066	59.20	82	57,016	3,650	0.06402	7.55
23	99,308	68	0.00068	58.24	83	53,366	3,861	0.07235	7.03
24	99,241	67	0.00068	57.28	84	49,505	4,048	0.08177	6.54
25	99,173	66	0.00067	56.32	85	45,457	4,171	0.09175	6.08
26	99,107	64	0.00065	55.36	86	41,286	4,240	0.10269	5.64
27	99,042	63	0.00064	54.39	87	37,047	4,248	0.11466	5.23
28	98,979	63	0.00064	53.43	88	32,799	4,190	0.12775	4.84
29	98,916	65	0.00066	52.46	89	28,609	4,064	0.14204	4.48
30	98,850	67	0.00068	51.50	90	24,545	3,868	0.15760	4.14
31	98,783	68	0.00069	50.53	91	20,677	3,609	0.17453	3.82
32	98,715	69	0.00070	49.57	92	17,068	3,292	0.19290	3.52
33	98,646	71	0.00072	48.60	93	13,776	2,931	0.21279	3.24
34	98,575	73	0.00074	47.64	94	10,844	2,540.4	0.23426	2.98
35	98,502	76	0.00077	46.67	95	8,304.0	2,137.4	0.25739	2.74
36	98,426	82	0.00083	45.71	96	6,166.6	1,740.3	0.28222	2.52
37	98,344	89	0.00090	44.74	97	4,426.3	1,366.7	0.30878	2.31
38	98,256	97	0.00099	43.78	98	3,059.5	1,031.3	0.33708	2.12
39	98,159	107	0.00109	42.83	99	2,028.2	744.6	0.36710	1.95
40	98,052	116	0.00118	41.87	100	1,283.7	511.94	0.39881	1.78
41	97,936	126	0.00129	40.92	101	771.73	333.46	0.43210	1.64
42	97,810	137	0.00140	39.97	102	438.26	204.61	0.46686	1.50
43	97,673	147	0.00151	39.03	103	233.66	117.51	0.50292	1.38
44	97,525	159	0.00163	38.09	104	116.15	62.726	0.54006	1.26
45	97,366	172	0.00177	37.15	105	53.420	30.877	0.57800	1.16
46	97,194	189	0.00194	36.21	106	22.543	13.8961	0.61642	1.06
47	97,005	208	0.00214	35.28	107	8.6471	5.6633	0.65494	0.95
48	96,798	228	0.00236	34.36	108	2.9838	2.0682	0.69314	0.81
49	96,569	250	0.00259	33.44	109	0.9156	0.9156	1.00000	0.50
50	96,319	275	0.00285	32.52					
51	96,045	299	0.00311	31.61					
52	95,746	323	0.00337	30.71					
53	95,423	347	0.00364	29.81					
54	95,076	372	0.00391	28.92					
55	94,704	400	0.00422	28.03					
56	94,305	432	0.00458	27.15					
57	93,873	469	0.00500	26.27					
58	93,403	510	0.00546	25.40					
59	92,893	555	0.00597	24.54					

（出所）　日本アクチュアリー会 ［2017］ より作成。

要がある。これは，**生命表**（死亡表とも呼ばれる）という各年齢の 1 年以内の生存率および死亡率が男女別に示された表で示される。この生命表は，全国民の生存率・死亡率のデータから作成された国民生命表と，保険会社に加入している被保険者のデータから作成される経験生命表に分けられる。日本の生命保険会社が実際に使用している生命表は，「生保標準生命表 2018」である。

　表 4-2 が，その生命表の一部である。このように，あたかも一斉に生まれた 10 万の人々が，年々死亡していくさまを表すように作成されている。もっとも，この表は，ある特定の年に生まれた人々が実際に死亡して減少していく様子を表しているわけではない。もし，実際にある特定の年に生まれた人々の死亡率を年々調査したとしても，一生の間には衛生環境や医療技術の進歩などによって環境が大きく変化するため，保険料の計算には使えないのである。

　さて，表 4-2 を見てみよう。たとえば 30 歳の年始生存数は 9 万 8850 人となっている。死亡数とは，このうち 30 歳のうちに亡くなる者の数で，67 人であることがわかる。31 歳の年始生存数は残りの 9 万 8783 人である。この生命表に基づき保険料が計算される。なお，ここでは予定利率を考慮に入れないで考えていく。

　保険金 100 万円，保険期間 1 年間の死亡保険があるとしよう。30 歳で加入する場合，死亡保険金の総額は 100 万円×67 人となる。収支相等の原則から，保険者（保険会社）が支払う保険金と保険契約者が支払う保険料は同額となる。死亡保険金を賄うための保険料は，年始生存数にある 9 万 8850 人が負担することになる。すなわち，

$$保険料 = 100 万円 \times 67 \div 9 万 8850 人$$
$$= 678 円$$

となる。

3.4　自然保険料と平準保険料

　前項で説明したように，各年齢の死亡率に応じて，その年齢ごとに計算された保険料を，**自然保険料**と呼ぶ。年齢が上昇するにつれて死亡率は毎年高くなるから，保険料もまた年々上昇する。若い頃は保険料が低いため支払いが容易であっても，年齢が上がるにつれて年々保険料が高くなると，負担に耐えられず保険から脱退する者も出てくることになる。このように自然保険料は，年齢

図 4-2 男子 30 歳加入の死亡保険（保険期間 30 年）の自然保険料と平準保険料の違い（予定利率 2 ％）

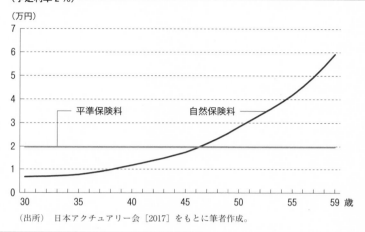

（出所）　日本アクチュアリー会 ［2017］ をもとに筆者作成。

が高くなると保険料の負担が大きくなるという欠点がある。

　この欠点を是正した方法が，平準保険料方式である。**平準保険料**とは，長期に及ぶ保険期間全体で，保険者が受け取る保険料と支払う保険金が等しくなるように計算した保険料のことである。この方式をとる場合，若い頃には当該年齢の死亡率に応じた保険料（自然保険料）よりも高い保険料を支払うことになる。この死亡率に応じた保険料を超えた部分を積み立てておき，後年その分を取り崩して高齢時の保険料にあてるのである。そのため平準保険料は，その年度の保険金支払いに必要な保険料と，後年のために積み立てておく保険料に分けることができる。このとき，前者を危険保険料と呼び，後者を貯蓄保険料（蓄積保険料）と呼ぶ。なお，平準保険料は，前述した平均保険料とよく似た言葉であるが，まったく意味が異なるので注意されたい。

　図 4-2 にあるように，30 歳で加入した段階では，自然保険料が平準保険料を下回っている。ところが 47 歳になると，自然保険料が平準保険料より高くなっていることがわかる。

　この図で平準保険料と自然保険料で囲まれた部分について，貯蓄保険料が蓄積されている期間（自然保険料が平準保険料を下回る期間）と，貯蓄保険料が取り崩されていく期間（自然保険料が平準保険料を上回る期間）を比べると，前者より後者が大きいように見える。これは錯覚ではなく，実際にそうなっている。死

3 保険料の構造　71

亡せずに保険期間が満了した場合であれば，平準保険料方式のほうが自然保険料式より保険料を総額で低く抑えることができる。それは，貯蓄保険料が複利で長期間運用されるからである。したがって，支払うべき保険料の総額を比べると，平準保険料のほうが低くなる。

3.5　基礎率と三利源

　実際の保険料では，運用収益を見込んで保険料が計算されている。この運用収益の見込みこそが予定利率である。予定利率を高く見積もると，運用して増やせる割合を高く見積もることになるから，保険契約者が支払う保険料は低くなる。一方，予定利率を低く見積もると，運用して増やせる割合を低く控えめに見積もることになるから，保険契約者が支払う保険料は高くなる。

　予定死亡率と予定利率から純保険料が算出されるが，前述のように，これに付加保険料を加えた保険料が，実際に私たちが支払う保険料である。付加保険料の計算には，予定事業費率を用いる。以上まとめると，生命保険の保険料は，予定死亡率，予定利率，および予定事業費率から計算されることになる。これらは，生命保険料率算定の基礎となるので基礎率と呼ばれる。

　ところで，これらはいずれも「予定」率である。したがって，たとえば予定死亡率が実際の死亡率を下回ると余剰が生じる。これを死差益という。実際の利回りが予定利率を上回る場合に生じる余剰は，利差益という。実際にかかる事業費が予定事業費より少ない場合を，費差益という。これらの剰余金は，それぞれ3つの異なる発生源から生じている。それら利源を三利源と呼ぶ。

　剰余金の扱い方については，いくつかのパターンがある。すべての剰余金を契約者に還元する場合を，有配当保険という。三利源から生じる剰余金のうち，利差益のみを還元する場合を，利差配当保険という。剰余金を契約者にまったく還元しない場合を，無配当保険という。これは死亡率と事業費を低く，利率を高く見積もるので，保険料だけを見ると，無配当保険が最も低く，有配当保険が最も高くなる。ただし，配当金を受け取る可能性があるから，保険料だけを比較して単純に優劣をつけることは適切ではない。

　剰余金は常に生み出されるわけではない。実利率が予定利率を上回るような場合もある。実際の死亡率が予定死亡率を上回る場合を死差損，実績が予定利率を下回る場合を利差損，予定事業費を実際の事業費が上回る場合を費差損と呼ぶ。剰余金が出る場合と損失が生じる場合をまとめて，それぞれ死差損益，

利差損益，費差損益と呼ばれる。

利差損が日本の生保企業に大きな打撃を与えた時期がある。2000年代に生命保険企業が何社も経営破綻に見舞われたが，その原因はもっぱら予定利率が高すぎたために巨額の利差損が生じたことにあった。予定利率の設定が非常に重要であることがわかる。

3.6 責任準備金と解約返戻金

このように，保険会社は将来の保険金支払いのため，保険料を積み立てておく必要がある。これを責任準備金という。生命保険会社の責任準備金は，保険料積立金と未経過保険料，危険準備金からなる。未経過保険料とは，保険契約の期間と事業年度が異なることから必要となる，事業年度をまたいだ残りの保険期間に対応する保険料である。危険準備金は，大地震の発生などにより，実際の事故件数が通常の予測を超える場合などの危険に備える準備金である。そして保険料積立金は，将来の保険金支払いのために蓄積保険料を積み立てたものであり，生命保険会社の責任準備金のほとんどを占めている（そのため，生命保険では保険料積立金自体を責任準備金と呼ぶことが多い）。なお，日本の保険業法では「標準責任準備金制度」が設けられ，後述する責任準備金の積立方式や基礎率が，監督官庁により定められている。

さて，保険料積立金は，将来の保険金支払いのために現在積み立てている準備金であるが，視点を変えると，これまでに過去から運用されて積み立てられてきた現在の準備金であるということもできる。将来の支払いのためと見る前者を将来法による責任準備金，後者を過去法による責任準備金という。理論的には両者は一致することになる。

保険料積立金の形成過程と大きさは，生命保険の種類によって異なる。定期保険の場合には，蓄積保険料を原資として運用されるため，保険期間の前半で積み立てられ，後半で取り崩されていくことになる。養老保険の場合には，死亡保険と生存保険の組み合わせであるから，保険期間満了時に生存保険金が支払われるよう毎年積み上げられていき，保険金を支払うだけの金額に達する。終身保険は死亡保険ではあるが，生命表の最終年齢に達するまでの養老保険と見なすことができるので，期間は違うものの，養老保険と同じく毎年積み上げられていく。このように保険種類により責任準備金の形成過程とその大きさは異なる（第6章参照）。

責任準備金（保険料積立金）の積立方式として重要なものに，平準純保険料式とチルメル式がある。平準純保険料式は，すでに説明したように，純保険料のうち蓄積保険料を積み立てていく方式である。それに対してチルメル式は，付加保険料に関係がある。平準保険料では，純保険料だけでなく，付加保険料も毎年同じ保険料となる。しかし実際には，保険期間を通じて毎年同額の経費がかかるわけではない。契約初年度には，契約締結のための契約書作成といったさまざまな手続きが必要であることから，以降の期間より多くの経費がかかる。そのため，初年度に支払われる付加保険料だけでは，初年度にかかる経費を十分に賄うことはできない。そこで，初年度の純保険料から足りない経費を賄っておき，次年度の付加保険料から積立金に戻していく方法がある。これをチルメル式という。この付加保険料から戻していく期間の違いから，5年で償却する5年チルメル，10年で償却する10年チルメル，保険期間全体を通じて賄う全期チルメルなどと区分される。

なお，生命保険は長期に及ぶため，中途で解約することがある。このとき保険契約者には解約返戻金（かいやくへんれいきん）が支払われる。もちろん，払い込んだ保険料がすべて返還されるわけではない。これまでに保障されてきた期間については，危険保険料がすでに他者の保険金の原資となっている。また，経費を賄う付加保険料も，すでに費消されている。払い戻される金額は，蓄積保険料に基づいて払い戻されるから，払い込んだ保険料よりも少なくなる。

3.7　損害保険の保険料

損害保険の保険料についても触れておこう。日本の損害保険会社は長年，主たる保険商品については，どの保険会社も同じ保険料率を使用してきた。損害保険料率算定会と自動車保険料率算定会という保険料率を算定する組織があり，日本で保険事業を営む会社には両算定会が算定した営業保険料を使用する義務が課せられていたからである。そのため，どの保険会社と契約しようと保険料率を比べる必要はなかった。その後，保険業法改正に続く日米保険協議の妥結以降，料率が自由化され，各社が異なる保険料率を決定できるようになっている。

もっとも，家計保険で大きなウェイトを占める火災保険・自動車保険・傷害保険・介護費用保険については，両算定会の後進である損害保険料率算出機構が純保険料を算出している。これを参考純率と呼び，同機構に加盟している各

社はこれを利用することができる。ただし，かつてのように使用する義務はない。付加保険料については各社が算出している。公共性が高いとされる自賠責保険と地震保険については，同機構が基準料率と呼ばれる営業保険料率を算出しており，これを各社が使用できる。この料率にも使用義務はない。

4 保険金の構造

4.1 損害保険

(1) 被保険利益

　損害保険において重要な概念に，**被保険利益**（insurable interest）がある。被保険利益がなければ，損害保険契約を締結できないのである。保険法では，「損害保険契約は，金銭に見積もることができる利益に限り，その目的とすることができる」と規定されている（第3条）。被保険利益とは何だろうか。たとえば，Aさんがある2階建ての住宅を所有する場合を例にとり考えてみよう。その住宅が火災に遭えば，もちろんAさん自身の損害になる。しかし，同じAさんが，たまたま通勤途中で見かけただけの建物に保険を付けることはできない。Aさんとその建物の間には何の「関係」もないため，焼失してもAさんの損害にはならないからである。前出の条文にあるように「利益」という言葉にこだわると理解するのが少し難しい。Aさんと所有する住宅のように，保険に付けることのできる人とモノ（これを保険の目的物という）との利害関係と捉えると理解しやすい。

　被保険利益には，いくつかの条件がある。まず，経済的なものでなければならない。たとえば，子どもが幼い頃に描いた絵は，親にとって大事な宝物である。しかし，親がその絵に対して抱く価値は，経済的に評価できるものではない。このような価値について保険を付けることはできない。また，適法なものでなければならない。禁止された麻薬を売買する際，麻薬を運送中に損傷を被った場合に備えて保険を手配することなどできはしない。さらに，確定したものでなければならない。単なる期待では被保険利益とはならない。こうした被保険利益のあることが，損害保険契約を締結する上で重要なのである。

　なお，図4-3には建物の所有者とその自宅の関係を描いているが，所有関係に限られるわけではない。たとえば賃借人は，家を焼失すると家主に返せなくなるから，やはり被保険利益はある。ほかに，家を担保として融資している銀

図 4-3　被保険利益の概念図

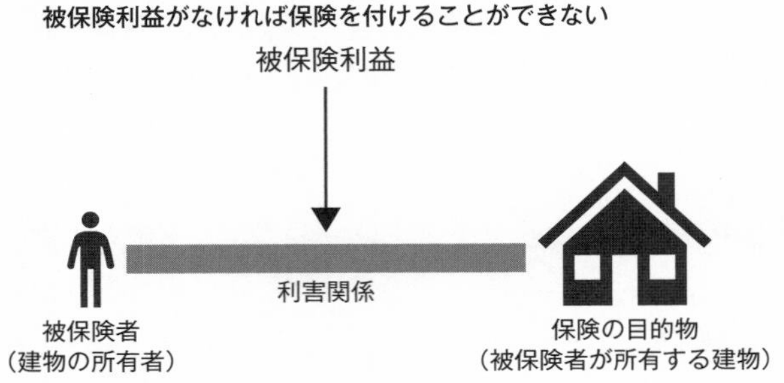

被保険利益がなければ保険を付けることができない

被保険利益

利害関係

被保険者
（建物の所有者）

保険の目的物
（被保険者が所有する建物）

（出所）　筆者作成。

行も，その家が焼失すると担保を失うことになるため，やはり被保険利益があるのである。

　被保険利益がない場合には，保険を付けることができない。そもそも損害保険が損害を填補するための保険であることは前述した。利得禁止の原則があり，保険で利得が生じることはありえない。仮に被保険利益がない場合に火災保険を付けることができたとするならば，それはある特定の住宅を対象として，それが焼失するかしないかに賭ける賭博にほかならなくなる。被保険利益は賭博と保険を区別する重要な概念なのである。

　生命保険における被保険利益について付言しておきたい。被保険利益は経済的に評価できるものでなければならないとするならば，人の生命をどう考えるのだろうか。もとより金額で評価することなどできない。生命保険における被保険利益をどのように理解するべきなのかは簡単な問題ではないのである。少なくとも損害保険と同じように被保険利益を捉えることはできない。実際，日本の保険法では，生命保険契約を締結する際に被保険利益は必要とされていない。もっとも，そのままでは無関係の人に死亡保険を付けることも起こりうるから，生命保険契約の当事者以外の者を被保険者とする死亡保険では，被保険者の同意が必要とされている（保険法第 38 条）。

(2)　損害額，保険価額，保険金額

　損害保険の中でも，火災保険や貨物保険などモノが損傷を被った場合に支払われる保険金は，損害額・保険価額・保険金額を用いて計算される。損害保険は損害を填補する保険であるから，損害保険の保険金を計算する際には，まず損害額を知らなければならない。次に**保険価額**とは，保険の目的物，つまり保

険の対象となった物の価額を意味する。建物でいえば，その時価が当該の金額になる。前述の被保険利益を金額に換算した額ともいえる。時価が2000万円なら，2000万円の損害を被ることになる。この2000万円が保険価額となり，損害の限度額となる。2000万円の建物が焼失したらそれ以上の損害額にはならないからである。

この保険価額に対して**保険金額**は，保険給付の限度額として契約で定められた金額である。つまり，保険者が責任を負う限度額である。

さて，保険者により支払われる保険金は，損害額を超えることも保険価額を超えることもない。損害額や保険価額（損害の限度額）以上を支払ってしまうと，被保険者に利得が生じることになるからである。このような状態を許せば，故意に事故を起こしたり，故意とまでいえなくても不注意になりかねない。保険加入によって事故を誘発することは許されない。だからこそ損害保険には利得禁止の原則があり，保険により被保険者が利得することは許されないのである。そのため，損害額を超えた金額が支払われることはない。なお，保険金は保険金額を超えることもない。前述したように，保険金額は保険者の責任限度額だからである。

なお，保険価額と保険金額は同額である場合だけではない。保険価額の一部である場合もあれば，反対に超過する場合もある。すなわち，この保険価額と保険金額の関係は，次の3つにまとめることができる。

まず，保険価額と保険金額が同額の場合を全部保険という。保険価額より保険金額が下回る場合を一部保険という。反対に，保険価額を保険金額が上回る場合を超過保険という。この3つの区分が重要となるのは，実際に支払われる保険金の額を決定するために必要となるからである。全部保険の場合に支払われる保険金は簡単に求められる。損害額がそのまま支払われるからである。

これもすでに述べたが，モノを対象とした保険だけが損害保険ではない。自動車の利用には，責任保険，すなわち事故を起こした場合に被る損害賠償責任を塡補する保険が欠かせない。自動車事故の中でも対人事故は，支払う義務を負う賠償責任に限度がなく，数千万円で済む場合もあれば，時に5億円を超えるようなことさえある。前もって損害の最高限度を定めることはできないのである。費用保険も同様である。事故により生じる費用を塡補する費用保険でも，あらかじめその限度を定めることができない。そのため，責任保険や費用保険に保険価額は存在しない。

表 4-3　一部保険の場合の保険金

	損害額	保険価額	保険金額	保険金
(1)	800 万円	1000 万円	500 万円	400 万円
(2)	300 万円	1000 万円	800 万円	240 万円
(3)	1000 万円	1000 万円	800 万円	800 万円

（出所）　筆者作成。

(3)　一部保険と比例填補の原則

　上に述べた全部保険の場合と比べ，一部保険の場合は少し複雑である。原則としては次式により求められる。

$$支払われる保険金 = 損害額 \times \frac{保険金額}{保険価額}$$

　このように保険金額に比例して保険金が支払われるので，**比例填補の原則**という。表4-3で具体例を確認しよう。

　さて，保険会社に支払う保険料は保険金額に比例するので，一部保険の場合に全部保険より支払われる保険金が少ないのは合理的である。保険料が低いのに支払われる保険金が同額であればおかしいだろう。

　また，次のようにも説明できる。

　一部保険の場合は，保険者と被保険者の両者で，保険の目的物のリスクを共同で引き受けていると見なすことができる。生じた損害はそれぞれ負担することになる。火事で建物が焼けた場合であれば，保険者と被保険者が共同でその損傷を負担することになるから，自己の負担部分を支払えばよい。保険者も損害額のうち自己の負担部分だけを支払えばよいことになる。このように考えても，比例填補の原則が正しいことがわかる。

(4)　原則の例外

　もっとも，比例填補の原則は，一般の消費者には理解するのが難しいものである。とくに表4-3の(2)のように，損害額が保険金額を下回っているにもかかわらず，損害額全額が支払われないことに対して強い不満を抱く人もいる。

　比例填補の原則を適用しない方式に，第一次危険保険というものがある。これは，一部保険ではあるが，保険金額までは損害額を全額填補する方式である。もちろん，比例填補の原則通りのときより保険料は高くなる。

　ほかにも，80％コインシュアランスという方式がある。これは，保険金額

表 4-4　80 ％コインシュアランス方式の場合の保険金

損害額	保険価額	保険金額	保険金
300 万円	1000 万円	700 万円	262.5 万円

（出所）　筆者作成。

が保険価額の 8 割（80 ％）に達していたら損害額全額を支払う方法である。8 割に達していない場合には，保険価額の 8 割を分母として支払う保険金を計算する。表 4-4 に示した例では，比例填補の原則通りであれば，支払われる保険金は 210 万円にとどまる。それが 80 ％コインシュアランス方式では 262 万 5000 円になり，支払われる保険金が多くなる。

　ところで，損害保険は損害を填補する保険であるから，損害額を超えて支払うことはできない。しかし，この原則を厳密に考えると，不都合なことも生じる。建物の保険価額を時価で評価した場合，経年劣化によりその価額は下がることになる。そのため，全部保険を付けていても，建物が火災で全損になった場合に支払われる金額が時価を限度とするとなると，同様の家屋を再び建て直すことはできない。

　この不都合を解消するために，日本の火災保険では，価額協定保険という特約が広く用いられている。この特約では，建物の評価について同等の建物を建て直す金額（これを再調達価額という）を基準に保険金額が決められるため，同様の建物を再建することができる。

（5）超過保険

　超過保険とは，一部保険とは反対に，保険金額が保険価額を超過している場合である。じつはこの場合に支払われる保険金は，全部保険と同額になる。損害額が保険価額を超過することはありえないからである。もっとも保険金は同額となるが，保険料は超過保険のほうが高くなる。保険金額が高いから当然ではあるが，うっかり超過保険としてしまうと無駄になってしまう。旧商法でも超過した場合は無効としていた。

　しかし，超過保険であっても，意味がない場合だけではない。物価の高騰などで建築物の価格が上昇している場合を考えよう。仮に，ある時点で建物の時価が 1000 万円だとしても，遠からず 1100 万円になると予想される場合を考えよう。保険契約締結時に全部保険であっても，保険金が支払われる段階では一部保険となる可能性がある。このときに，比例填補の原則が適用されると，損

害額を全額回収できなくなってしまう。そのため，損害額を全額填補してもらうために，あえて超過保険とすることも考えられる。このように超過保険は必ずしも無意味ではないので，日本の保険法では単純に無効とすることはせず，超過保険を締結する必要がある場合も視野に入れた規定となっている（保険法第9条）。

(6) 免責事由

実際の保険契約の内容は，それぞれの保険約款において詳細に定められている。損害保険であれば，火災保険なら火災の発生が，自動車事故なら自動車事故の発生が，保険金支払いの条件になることはいうまでもない。しかし，火災が発生した場合に必ず保険金が支払われるとは限らない。支払われない条件に該当すると支払われないのである。このような条件を免責事由といい，どの保険約款にも必ず定められている重要な事項である。

たとえば火災保険の場合，火災が発生してもその原因が地震だと，保険金は支払われない。地震は，短期的な予測がきわめて難しいだけでなく，いったん発生すると一時に大勢の保険契約者に多額の損害をもたらすことになるから，保険会社がすべての保険金を支払うことは不可能である。そのため，地震のような特殊な場合を保険金支払いの対象から外すことで，保険料を支払える水準に抑えているのである。

免責事由には，ほかにも，戦争による場合，故意の事故招致の場合などがある。保険が複雑である理由の1つに，この免責事由がある。

地震や戦争などの免責事由は，もし保険者が何らかの方法で引き受けても構わないと考えるならば，免責としなくてもよい。事実，地震だけを対象とした地震保険という制度がある。また，戦争のリスクを引き受ける場合もある。それに対して，保険金を目的とする放火などの故意の事故招致は，絶対に引き受けることができない。

(7) 小損害免責（控除）

免責と混同しやすいが，小損害免責と呼ばれる制度がある。本来支払うべき場合であっても，一定金額あるいは保険価額の一定割合を支払わないという制度である。たとえば自動車の車両保険には，免責金額としてこの制度が用いられている。10万円を免責金額として設定した場合に10万円以下の損害額であれば，保険金が支払われることはない。

このような制度が設けられている理由は次の通りである。まず，その少額の

損害を支払わないことにより保険料を低く抑えることができるという理由がある。少額の損害をもたらす小さな損傷は、大きな損傷に比べて発生頻度も高い。自動車の車両損害を考えると、自動車自体を廃車にしなければならないほどの大きな被害を被ることはめったにないが、かすり傷程度の損傷であれば経験していない人のほうがむしろ少ないくらいである。小さな損傷は、1件1件の損害額それ自体は小さいけれども件数が多くなるため、支払う保険金の合計額は無視できない。

　節約できるのは純保険料部分だけではない。損害保険は損害額を支払う保険であるから、当然、損害の実態を確認する必要がある。そうなると、損害調査費などの付加保険料部分にも影響がある。少額の損害を免責とすれば、付加保険料も低く抑えられるのである。

　また、事故防止に役立つ点も重要である。少額といえども、自ら負担することになるなら、全額を保険金で賄える場合に比べて、より事故防止に努力するようになることが期待できるであろう。たとえば10万円という金額は自動車の車両価格と比べるならば相対的に少額ではあるが、気軽に支払える金額ではない。そのため、小損害免責を設けることで事故防止に注意するようになることが期待できるのである。

　小損害免責には、2つの方法がある。1つはフランチャイズ（小損害免責をフランチャイズともいう）、もう1つはエクセスまたはディダクティブルと呼ばれる方式である。前者は、一定の小損害額あるいは割合に達するか超過すると、損害額が全額塡補される方式である。後者は、一定額に達しても、あるいは超過しても、常に一定額は支払われない方法である。この制度を設けられた理由を踏まえると、前者と後者のいずれが望ましいだろうか。事故防止の観点から見れば、後者のほうが望ましいと考えられる。なぜならば、仮に事故がまだ小さい時点で気づいた場合には、事故が拡大したほうが被保険者側の負担は小さくなるため、事故を見ないふりをしたり、場合によっては自ら損傷を拡大させることもありうるからである。

4.2 生命保険

　何度も述べているように、損害保険は損害を塡補する保険であるから、損害額自体を調べる必要がある（この業務を損害査定という）。損害額が決まっても、支払われる保険金を決定するために計算が必要となる場合もある。

それに対し，生命保険の場合は定額保険であるから，基本的に保険金額がそのまま支払われるだけである。保険金額が 1000 万円なら，支払われる保険金も 1000 万円である。もっとも，前述した免責事由に該当する場合に支払われないことはいうまでもない。

● 演習問題
1　保険金を 100 万円とした死亡保険の保険料を計算したい。保険期間を 1 年間とした場合，20 歳男性・50 歳男性・80 歳男性の死亡保険料を，それぞれ計算して比較しなさい。

2　住宅を対象とした火災保険において支払われる保険金を計算したい。保険価額を 1000 万円，保険金額 900 万円とした場合，損害額が 300 万円・500 万円・800万円のときに支払われる保険金を，それぞれ計算しなさい。さらに，本章の説明に基づき，損害額・保険金額・保険価額の大小関係に注意した上で，それぞれ任意の金額を設定して計算してみなさい。

3　現在では，いろいろな会社のさまざまな保険約款を手軽に入手することができる。自動車保険（対人賠償責任保険），住宅火災保険，生命保険（定期保険ないし終身保険）の保険約款を見て，それぞれ免責事由を確認してみよう。共通する点，異なる点を確認してみよう。

第 **5** 章

保険とリスク・マネジメント

● Introduction

　個人と企業は，日常生活や事業活動においてさまざまなリスクに直面している。リスクは，見たり触れたりできないものだが，いったん顕在化すると個人や企業に大きな経済的損失をもたらす可能性がある。そのため，リスクを適切に管理するリスク・マネジメントが，ますます重要になっている。

　保険は，リスク・マネジメントにおける主要なリスク・ファイナンス手法に位置づけられ，個人や企業がさまざまなリスクに対処する上で中心的な役割を果たしている。そこで本章では，リスクの意義，リスク・マネジメントの目的と機能，発展経緯，プロセス，リスク・ファイナンスを通して，リスク・マネジメントを体系的に学んだ上で，リスク・マネジメントにおける保険の機能と役割を理解することを目的とする。

1 リスクとは

1.1 リスクの意義と 3 つの要素

リスクは，元来，絶壁・ごつごつした岩という意味のギリシャ語に由来するラテン語 riscare または rischiare（絶壁またはごつごつした岩の間を航海する意味）から派生した用語で，「危険」を意味する。リスクの定義は 1 つでなく多義性を有しているが，伝統的には，損失発生に関する不確実性と定義されている。また，損失は事故発生の結果生じるため，損失発生の不確実性という定義は，事故発生の不確実性と言い換えることができる（近見・堀田・江澤 ［2016］）。

　リスクは，ペリル，ハザード，およびエクスポージャという，3 つの要素か

ら構成される。ペリルとは，損失発生の原因である。たとえば，自動車に損失をもたらす衝突事故は，ペリルである。ペリルは危険事故とも呼ばれる。ハザードは，損失が発生する確率や影響を増大させる環境要因である。たとえば，自動車で凍結した道路を走行することや脇見運転をすることは，衝突事故の可能性を高めて損失が発生する確率を増大させるが，これらの事情（危険事情という）はハザードである。エクスポージャとは損失が発生する客体であり，たとえば衝突事故により損失が発生する自動車はエクスポージャである。ペリル，ハザード，エクスポージャの3要素が複合的に作用した結果として，損失が発生する可能性がリスクである。

1.2　リスクの分類

　上述のようにリスクは多義性を有する用語であるため，リスクの分類にもさまざまな方法があるが，代表的なのは，純粋リスクと投機的リスクに分類するというものである。**純粋リスク**とは，損失の可能性のみを考慮したリスクであり，具体的には火災や自動車事故のリスクをあげることができる。これに対し，**投機的リスク**とは，損失の可能性だけでなく利益の可能性も考慮したリスクのことである。たとえば，為替レートや金利の変動は，損失をもたらす場合もあれば利益をもたらす場合もあるため，これらの変動リスクは投機的リスクといえる。

1.3　個人のリスクと企業のリスク

　リスクという用語は，個人の日常生活や企業の事業活動におけるさまざまな局面で用いられている。たとえば，私たちは日常生活において，病気にかかるリスク，けがを負うリスク，自動車事故に遭うリスク，家が火災で焼失するリスク，台風や地震によって家が損壊するリスク，他人の物を壊してしまい賠償責任を負担するリスクなど，さまざまなリスクに直面している。個人は，こうしたリスクが現実のものとなることで損失を被り，その結果として経済的な安定性が損なわれてしまう。したがって，個人の日常生活には種々の純粋リスクが存在するといえる。

　一方で企業も，その事業活動を遂行する中で多様なリスクに直面している。たとえば，企業の経営者・従業員が業務に関連してけがを負ったり，病気で休業を余儀なくされたり，死亡や老齢により退職するリスクは，企業の人身損失

リスクである。また，企業の所有する建物・工場や収容物などの物的資源が火災・風水災・地震等の災害によって損壊したり喪失したり修理や買い替えを余儀なくされることで企業が損失を被る財物損失リスク，および，企業の営業や工場の操業が休止または阻害されたために営業上の損失を被る休業損失リスクもある。さらに，企業が製造・販売した商品の欠陥により顧客にけがを負わせてしまった場合，企業がその顧客に対して賠償責任を負うことにより経済的損失を被るリスク，すなわち賠償責任損失リスクも存在する。

　人身損失リスク，財物損失リスク，休業損失リスク，および賠償責任損失リスクは，企業にとって「将来キャッシュフローの予期しない減少」を意味するリスクであり，企業に損失のみを発生させるリスクであることから，純粋リスクである（諏澤［2018]）。

　個人や企業が直面するリスクは，こうした純粋リスクに限られない。たとえば，個人が株式を購入した場合に，株価が上昇すれば利益を得る一方，株価が下落した場合には損失を被る。また，企業が商品・サービスを提供するために投入する原材料費や人件費等の価格が変動するリスク（商品価格リスク），国際取引における為替レートの変動によって引き起こされるリスク（為替リスク），資金の貸付や借入の際の金利水準の変動によって生じるリスク（金利リスク）は，企業に利益をもたらす場合もあれば損失を被らせる場合もある。これらのリスクは，投機的リスクに分類される。

2　リスク・マネジメントとは

2.1　リスク・マネジメントの意義

　個人のリスクであれ企業のリスクであれ，リスクを適切に管理すること（リスク・マネジメント）が重要なのはいうまでもない。個人はリスク・マネジメントの実施により経済的な安定を図り，その結果として自身の効用を高めることができる。

　一方，企業は収益を獲得するためにリスクをとらなければならない。すなわち，企業はリスクの適切かつ効率的な管理によって企業価値を向上させることを，ステイクホルダーから求められている。したがって，企業はより戦略的かつ体系的に，リスク・マネジメントを実施しているといえる。

2.2 リスク・マネジメント論の学問的位置づけ

保険は，リスク・マネジメントにおける主要なリスク処理手法の1つであり，主に純粋リスクに対処するリスク・ファイナンスである。後述するように，歴史的に，保険とリスク・マネジメントは一体のものとして発展してきた経緯がある。

同様に，リスク・マネジメント論は，保険学の理論と一体的に発展しており，両者は「表裏一体的な関係」にある。ただし，両者はそれぞれ固有の対象領域を形成している。まず，保険学は伝統的に，保険の供給者である保険者の理論として構築されてきたのに対し，リスク・マネジメント論は，保険の需要者である企業の理論として構築されてきた。これにより，対象とするリスクにも相違があり，保険学は主として，保険により対処可能な純粋リスクを対象とするのに対し，リスク・マネジメント論は，純粋リスクのみならず投機的リスクも含めたあらゆるリスクをその対象とする。また，保険学では，保険集団としてのリスク処理が念頭に置かれるのに対し，リスク・マネジメント論では，あくまでも企業という個別の経済主体が念頭に置かれ，当該企業にとって合理的なリスク処理手法が検討される。そのため，保険学が対象とする純粋リスクは，主として客観的確率に基づいて評価されるのに対し，リスク・マネジメント論では，個別主体が認識する主観的確率に基づいて，リスク処理上の判断がなされる場合が多いとされる（堀田［2021］）。

2.3 リスク・マネジメントの目的と機能

(1) リスク・マネジメントの目的

リスク・マネジメントの目的は，企業においては，リスク・コストを最小化しながらリスクによるマイナスの影響を低減し，同時にプラスの影響を増大させることによって，企業価値の最大化を図ることである。

ここで**リスク・コスト**とは，企業のリスク処理に関連する総コストであり，企業はリスク・コストを減少させることで収益を増大できる。リスク・コストには，保険料，保有される損失額，リスク・コントロール費用，外部のリスク・マネジメント・サービス費用，金融保証，内部管理費用，支払税額，その他の関連費用が含まれる（Rejda, McNamara and Rabel［2020］より邦訳の上，引用）。

(2) リスク・マネジメントの機能

リスク・マネジメントの機能は，大きくリスク・コントロール機能とリス

ク・ファイナンス機能に分けられる。**リスク・コントロール**機能とは，損失を回避または予防・縮小する機能であるのに対し，**リスク・ファイナンス**機能は，リスク・コントロールによって回避または縮小できない損失に対して，あらかじめ金銭的に備える機能である（リスク・コントロールとリスク・ファイナンスについては3.4項で説明する）。

またリスク・マネジメントは，広義には，企業の平常時のリスク管理に加えて，巨大自然災害やパンデミックといった異常時のリスク管理である危機管理（クライシス・マネジメント）を含む概念ということができる。したがって，企業のリスク・マネジメントにおいては，危機管理の1つである事業継続マネジメント（business continuity management: BCM）もまた，重要な構成要素をなすものである。

企業がBCMを実行するために策定する計画のことを，事業継続計画（business continuity plan: BCP）という。BCPは「大地震等の自然災害，感染症のまん延，テロ等の事件，大事故，サプライチェーン（供給網）の途絶，突発的な経営環境の変化など不測の事態が発生しても，重要な業務を中断させない，または中断しても可能な限り短い期間で復旧させるための方針，体制，手順等を

図5-1　BCPの概念図

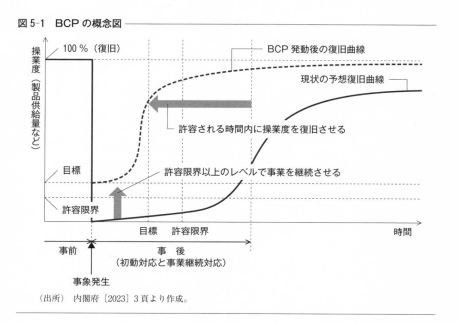

（出所）　内閣府［2023］3頁より作成。

示した計画」と定義されている（内閣府 [2023]）。BCP の概念を図示すると，図 5-1 のようになる。

　BCM および BCP は，まさに国を挙げて推進されている事業継続の取り組みであり，企業はもとより国家・社会全体のレジリエンス（復元力）を強化するリスク・マネジメントの機能ということができる。

2.4　リスク・マネジメントの発展

　リスク・マネジメントは，20 世紀以降，アメリカ企業における保険管理として発展してきた。1929 年に世界大恐慌が起こって不況に陥ると，アメリカの企業は経済の合理化を迫られることになったため，企業の保険部門は，保険料の削減や保険の補償範囲の見直しといった保険管理を行うようになった。こうした企業における保険管理が，リスク・マネジメントの萌芽である。

　第二次世界大戦後になると，企業の大規模化や経営の複雑化・高度化が進展する中で，個別の保険管理だけでは限界が見られるようになり，損失予防や損失縮小といったリスク・コントロールの手法が取り入れられるようになった。とくにアメリカでは，1970 年代半ばと 1980 年代半ばの 2 度にわたって保険危機という状況に陥り，保険に加入することや購入の条件が著しく制限されて社会的な問題となった。こうした保険の利用可能性や購入可能性の問題を受けて，企業は，自家保険やキャプティブなどのリスク保有を行うようになった。また 1970 年代には，投機的リスクをヘッジする手法としてデリバティブが登場してデリバティブ市場が拡大し，さらに 1990 年代には自然災害が多発して保険会社や再保険会社の引受能力（キャパシティ）が不十分になると，資本市場にリスクを移転して投資家がリスクを引き受ける大災害債（CAT ボンド）が現れ，これら保険以外のリスク移転の方法である**代替的リスク移転**（alternative risk transfer: **ART**）が利用されるようになった。これにより，リスク・マネジメントが対象とするリスクの範囲が拡大し，保険管理にとどまらないリスク・マネジメントの理論や実務が確立されていったといえる。

　1990 年代半ばには，全社的な観点から統合的にリスクを管理する新しいタイプの企業リスク・マネジメントとして，全社的リスク・マネジメント（enterprise risk management: ERM）が現れて注目を集めるようになる。従来の伝統的なリスク・マネジメントは組織内の部門・担当別に実施される「サイロ型アプローチ」であり，主に純粋リスクを対象としたのに対し，ERM は組織全体で

部門や担当を横断して実施される「全社的アプローチ」であり，純粋リスクの
みならず投機的リスクも含めたあらゆるリスクを統合的に管理しようとするも
のである。ERM は，アメリカ企業の保険管理から発展した伝統的なリスク・
マネジメントに対して，現代的リスク・マネジメントと呼ばれることもある。

2000 年代初頭には，エンロンやワールドコムなど巨大企業による不祥事が
相次いだことを受けて，世界的にコーポレート・ガバナンス改革が注目を集め
ることとなった。こうしたコーポレート・ガバナンス改革の取り組みの1つと
して，アメリカでは 2002 年にサーベインズ・オクスリー法（SOX 法）が制定
された。SOX 法によって，企業はより厳格に財務報告における情報の正確性
や報告手続きの有効性を確保することを求められるようになり，内部統制が重
視されるようになったのである。これら一連の出来事を通して，企業リスク・
マネジメントとコーポレート・ガバナンスとの密接な関係が，改めて認識され
るようになったといえる。

その後，2004 年にアメリカのトレッドウェイ委員会組織委員会（Committee
of Sponsoring Organizations of Treadway Commission: COSO）が，企業リスク・マ
ネジメントの普遍的なガイドラインである「全社的リスクマネジメント――統
合的フレームワーク」（COSO ERM フレームワーク）を発行した。COSO は 2017
年に，COSO ERM フレームワークの改訂版である「全社的リスクマネジメン
ト――戦略およびパフォーマンスとの統合」を公表し，その中で ERM を「組
織が価値を創造し，維持し，および実現する過程において，リスクを管理する
ために依拠する，戦略策定ならびにパフォーマンスと統合されたカルチャー，
能力，実務」と定義している。COSO の ERM フレームワークの公表・改訂に
より，ERM は企業リスク・マネジメントの実務に広く浸透することとなり，
ERM に対する社会的な関心がさらに高まったといえる。

3 リスク・マネジメントのプロセス

3.1 リスク・マネジメントの4つのステップ
リスク・マネジメントは，企業がさらされているリスクを認識し，最適なリ
スク処理手法を選択する，一連のプロセスを指している。リスク・マネジメン
トのプロセスは，大きく4つのステップ（リスクの認識，リスクの評価と分析，適
切なリスク処理手法の選択，リスク処理手法の実行とモニタリング）から構成される。

3.2 リスクの認識

　リスク・マネジメントの最初のステップは，企業が直面するすべてのリスクを認識することである。企業の事業活動に伴う主なリスクには，企業が所有する建物や機械設備等の財物損失リスク，欠陥製品の製造・販売や情報漏洩等に起因する賠償責任損失リスク，事業の中断による休業損失リスク，役職員の死亡・障害や業務上の災害等の人身損失リスク，風評損害や知的財産の侵害等の無形財産損失リスク，コンプライアンス上の損失リスク，などがある。

　企業は，これらのリスクを，たとえばリスク分析に関する質問表やチェックリスト，実地調査，フローチャート，財務諸表，過去の事故データ等を通して情報を入手することにより，または同業他社を含む業界全体の動向や市場動向に関する情報を活用することによって，認識することができる。

3.3 リスクの評価と分析

　リスク・マネジメントの第2のステップは，リスクを評価して分析することである。リスクの評価は大きく，損失の発生頻度と強度の評価に分けられる。

　企業は，損失の発生頻度と強度による評価を通して，さまざまなリスクをその相対的な重要度に応じて格付けでき，この格付けをもとにそれぞれのリスクを処理するのに適した手法を選択できる。

　また，損失の強度に関して，大規模自然災害のように1回の発生が壊滅的な損失をもたらす可能性がある事象については，起こりうると予想される最大の損失額である予想最大損失額（probable maximum loss: PML）を見積もる場合がある。

　さらに企業は，認識されたリスクによる損失の影響を量的に把握するために，以下に述べる損失の期待値や分散・標準偏差，バリュー・アット・リスクを測定して，定量化を図ることができる。

(1) 損失の期待値の測定

　期待値とは，ある事象の発生の結果として起こりうる値について，それぞれの発生確率で重み付けし，さらにその結果を総和したものである。期待値は，平均的に起こりうる値（平均値）であり，$\overset{\text{ミュー}}{\mu}$ で表されることもある。損失の期待値は，期待損失と言い換えることもできる。損失の期待値は，起こりうる損失の値を $x_1, x_2, \cdots\cdots, x_n$，それぞれの発生確率を $p_1, p_2, \cdots\cdots, p_n$ とした場合に，以下の算式で表すことができる。

表 5-1　2 つの工場に火災が発生した場合の損失の確率分布（例）

A 工場の損失額	200 万円	500 万円	800 万円
確　率	0.25	0.50	0.25
B 工場の損失額	0 円	500 万円	1000 万円
確　率	0.25	0.50	0.25

（出所）　筆者作成。

$$\mu = x_1 p_1 + x_2 p_2 + \cdots\cdots + x_n p_n = \sum_{i=1}^{n} x_i p_i$$

　損失の期待値は，特定の確率分布が与えられた場合に，その確率分布の特徴を把握するために利用される。以下では，具体的な数値をあてはめた確率分布を使って，損失の期待値の計算方法を見ていくこととする。

　ある企業が所有する 2 つの工場（A 工場と B 工場）が，火災の発生によって被る損失の額とその確率を組み合わせた確率分布が，表 5-1 のように与えられたとする。

　このとき，A 工場および B 工場の損失の期待値（E(A)および E(B)）は，以下の通りとなる。

$$E(\text{A}) = 200 \times 0.25 + 500 \times 0.50 + 800 \times 0.25 = 500 \text{ 万円}$$
$$E(\text{B}) = 0 \times 0.25 + 500 \times 0.50 + 1000 \times 0.25 = 500 \text{ 万円}$$

　ここから，A 工場と B 工場の損失の期待値は，いずれも 500 万円で等しいことがわかる。

(2)　分散および標準偏差

　表 5-1 で A 工場と B 工場の確率分布を見ると，A 工場において起こりうる損失額の範囲（200 万〜800 万円）と比べ，B 工場における損失額の範囲（0〜1000 万円）は広く，結果のばらつき具合が大きいといえる。

　こうした確率分布のばらつき具合を表す指標に，分散または標準偏差がある。

　分散は，起こりうる結果が期待値の付近に集まっているのか，それとも遠くまで散らばっているのか，その散らばりの程度を数値化したものである。

　期待値を μ として，起こりうる結果の値を $x_1, x_2, x_3, \cdots\cdots$，それぞれの結果が起こる確率を $p_1, p_2, p_3, \cdots\cdots$ とした場合に，分散（V）は，以下の算式で求められる。

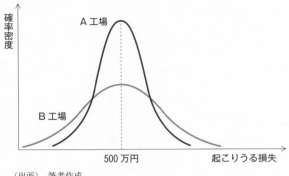

図5-2　分散が異なる確率分布の形状

確率密度

A工場

B工場

500万円　　　　　　起こりうる損失

(出所)　筆者作成。

$$V = (x_1 - \mu)^2 \times p_1 + (x_2 - \mu)^2 \times p_2 + \cdots\cdots + (x_n - \mu)^2 \times p_n = \sum_{i=1}^{n}(x_i - \mu)^2 \times p_i$$

　中辺の$(x_i - \mu)^2$は，起こりうる結果の値から期待値を差し引いた値（偏差という）の2乗である。偏差は，期待値からの散らばりの程度を表す値である。偏差を2乗するのは，偏差は正と負の両方の符号をとりうるため，2乗してすべての項が正の値となるようにし，それぞれの結果を確率で加重した上で累計しているのである。

　上記A工場とB工場のケースでは，それぞれの分散（$V(\mathrm{A})$，$V(\mathrm{B})$）は，以下の通り計算される。

$$\begin{aligned}
V(\mathrm{A}) &= (200-500)^2 \times 0.25 + (500-500)^2 \times 0.50 + (800-500)^2 \times 0.25 \\
&= 4億5000万円 \\
V(\mathrm{B}) &= (0-500)^2 \times 0.25 + (500-500)^2 \times 0.50 + (1000-500)^2 \times 0.25 \\
&= 12億5000万円
\end{aligned}$$

　なお，分散の算式では偏差を2乗して加重平均しているため，単位をもとに戻すために分散の平方根をとったものが，標準偏差である。標準偏差はσ（シグマ）と表されることがあり，以下の算式により求められる。

$$\sigma = \sqrt{\sum_{i=1}^{n}(x_i - \mu)^2 \times p_i}$$

　ここから，A工場とB工場の標準偏差をそれぞれσ_Aとσ_Bとすれば，σ_Aは約212万円，σ_Bは約354万円となる。したがって，A工場よりもB工場のほ

うが，分散と標準偏差がともに高く，期待値からの変動性，すなわち結果のば
らつき・散らばりの程度がより大きいといえる。A工場とB工場の確率分布
を図示すると，図5-2のようになる。

(3) バリュー・アット・リスク

バリュー・アット・リスク（value at risk: VaR）は，企業リスクの定量化に
おいて一般的に使用される指標であり，企業が一定期間，通常の市場環境にお
いて，ある一定の確率（信頼水準）で被る可能性がある損失の最大値を示して
いる。VaRは，前述したPMLに近い概念であるが，PMLが個々のリスク・
エクスポージャに発生しうる損失の分布に焦点を当てているのに対し，VaR
は，企業が保有する資産ポートフォリオに起こりうる価値の低下に注目してい
る点が異なる。

たとえば，ある企業の保有資産ポートフォリオについて，保有期間1カ月当
たりのVaRが99％の信頼水準で5000万円である場合，保有資産ポートフォ
リオの価値は，1％の確率で1カ月当たり5000万円を超えて低下する可能性
があることを意味する。

VaRは，図5-3のような確率密度関数の形状と信頼水準の設定（上記の例で
は99％）によって決まるため，仮に同じ形状の確率密度関数で信頼水準をより
高い99.5％に設定した場合には，VaRの数値も大きくなる。

図5-3　VaRの例

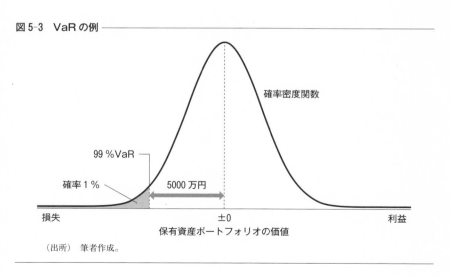

（出所）　筆者作成。

3.4 適切なリスク処理手法の選択

　リスク・マネジメントの第3ステップは，認識し評価・分析したリスクを処理する，適切な手法を選択することである。リスク処理手法は，大きくリスク・コントロールとリスク・ファイナンスに分けられる。

(1) リスク・コントロール

　リスク・コントロールは，損失の頻度もしくは強度またはその両方を低減する手法である。リスク・コントロール手法には，回避・損失予防，損失縮小，分散・分離・複製がある（Rejda, McNamara and Rabel［2020］より邦訳の上，引用）。

① 回避・損失予防

　回避は，特定のリスクを受け入れないか，現存するリスクを排除することにより，損失の発生可能性をゼロに近づける手法である。たとえば，自動車メーカーは，新しい工場を高台に建設することにより，洪水による損失を回避できるし，製薬メーカーは，危険な副作用を伴うとされる薬の製造・販売を中止することにより賠償責任の負担による損失を回避できるかもしれない。

　ただし，企業は必ずしもすべてのリスクを回避できるわけではなく，また，リスクを回避することで，収益獲得の機会も逃してしまう可能性がある。したがって，回避を選択することにはデメリットも伴うといえる。

　一方，損失予防は，特定の損失について，その発生頻度を低減する手法である。たとえば企業が，保有する車両の事故による損失を予防するために，運転手を訓練したり，アルコールや薬物の摂取を取り締まったり，厳格な安全運転ルールを課すことが考えられる。

② 損 失 縮 小

　損失縮小は，損失発生後に，その規模（損失額）を低減する手法である。たとえば，建物にスプリンクラーを設置することは，火災発生後の迅速な消火を可能にして，火災による損失額を低減する。

③ 分散・分離・複製

　分散は，リスクを複数の当事者や取引等に分配することで，損失の可能性を低減させる手法である。たとえばメーカーは，複数のサプライヤーと部品の供給契約を結ぶことにより，あるサプライヤーが部品を供給できない事態が発生した場合でも，別のサプライヤーから部品の供給を受けて，製品の製造を継続することができる。

分離は，特定の事象による損失発生の可能性にさらされている資産（エクスポージャ）を切り離すことで，損失の規模を低減させる手法である。たとえばメーカーは，工場内の製造エリアをコンクリートで複数のエリアに区分することにより，あるエリアで発生した火災による損失の影響が他のエリアに及ぶのを防ぐことができる。

　複製は，損失発生に備えて重要な書類や財物のバックアップやコピーをとっておくことである。事業上重要なデータが紛失または毀損されてしまう状況に備えてバックアップをとっておくことや，工場の製造ラインの一部が故障してしまう事態に備えて代替のラインを準備しておくことは，複製の一例である。

(2)　リスク・ファイナンス

　リスク・ファイナンスは，リスク・コントロールを実行してもなお発生する損失に対して，その損失を補填するために資金を提供する方法である。リスク・ファイナンスは，大きくリスク保有とリスク移転に分けられる。

①　リスク保有

　リスク保有とは，企業がリスクの顕在化によって被る可能性がある損失の一部または全部を，自社内で負担することである。リスク保有は，あらかじめリスクを認識して意識的にそれを負担することを決定する積極的リスク保有と，リスクを認識しないまま意図せずに負担している状況である消極的リスク保有とに分けられる。

　積極的リスク保有はさらに，内部資金によるリスク保有と，外部資金によるリスク保有に分類することができる（詳細は 4.2 項を参照）。

②　リスク移転

　リスク移転とは，企業がリスクの顕在化による金銭的負担を保険会社等の第三者へ転嫁することである。保険はリスク移転の主要な方法であるが，保険以外にデリバティブや ART 等が利用される場合もある（詳細は 4.3 項を参照）。

3.5　リスク処理手法の選択

　適切なリスク処理手法を選択するために，リスク・マップと呼ばれるマトリクス図が一般的に利用されている。リスク・マップは，損失の発生頻度と強度によって区分したマトリクス上にリスクをプロットしていくことにより，それぞれのリスクに適したリスク処理手法を選択する判断基準となりうるものである。リスク・マップの例は，図 5-4 に示す通りである。

図 5-4　リスク・マップの例

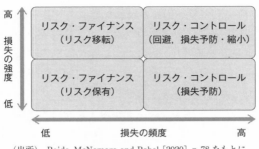

（出所）　Rejda, McNamara and Rabel［2020］p. 78 をもとに
筆者作成。

3.6　リスク処理手法の実行とモニタリング

　リスク・マネジメント・プロセスにおける第 4 のステップは，選択したリスク処理手法を実行し，その実施状況をモニタリングすることである。企業は，いったん策定したリスク・マネジメントの計画を定期的に評価・見直すことによって，その効果を発揮させ，また，目的の達成に向けた意思決定をできるようになる。

4　リスク・ファイナンス

4.1　リスク・ファイナンスの全体像

　リスク・ファイナンスは，大きくリスク保有とリスク移転に分けられる。このうち，リスク保有はさらに内部資金によるリスク保有と外部資金によるリスク保有に分類され，リスク移転は，保険によるリスク移転と保険以外のリスク移転に分けられる。

　リスク・ファイナンスの全体像を図示すると，図 5-5 のようになる。

4.2　リスク保有

　リスク保有が選択されると，企業は損失が発生した場合にそれを補塡する資金を準備しなければならない。そのような資金は，内部資金または外部資金によって準備される。

図5-5　リスク・ファイナンスの全体像

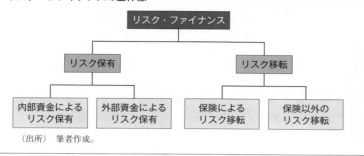

（出所）　筆者作成。

（1）　内部資金によるリスク保有

　内部資金によるリスク保有は，企業がその事業活動から生み出されるキャッシュフローを将来の損失発生に備えて引当金や準備金等で積み立て，内部留保資金として保有するほか，より計画的かつ組織的に資金を積み立てる自家保険や，自家保険をさらに発展させたキャプティブを使って実施される場合がある。

　①　自 家 保 険

　自家保険は，特定のリスクによる損失の一部または全部を企業が負担する方法であり，計画的に実行されるリスク保有の一形態である。自家保険は，リスク・コストを節約する観点から，相対的に発生頻度が高くかつ損失の規模が小さいリスクに対するリスク・ファイナンス手法として有用である。

　自家保険では，企業は自社内のリスクにより被る可能性がある損失の期待値をあらかじめ予測して計算し，この期待値に基づいて算出した自家保険料を内部資金として留保する。実際に損失が発生した場合，企業はその留保された資金によって損失を補塡する。

　②　キャプティブ

　キャプティブは，自家保険を発展させたものであり，グループ形態によって国際的に事業活動を展開する大規模な企業が，自社やグループ内のリスクを専門的に引き受ける子会社（キャプティブ保険会社）を設立して，リスク保有を行う方法である。

　キャプティブ保険会社には，さまざまな形態がある。たとえば，親会社によって所有され，親会社またはグループ内のリスクのみを引き受けるシングル・ペアレント・キャプティブ（純粋キャプティブ）のほか，複数の企業によって所有され，それら企業のリスクを引き受けるグループ・キャプティブがある。さ

らに，独自にキャプティブを運営するために必要とされる十分な数のエクスポージャを有していない中小企業が，別のグループのキャプティブ保険会社にプレミアムを支払って自らのリスクを移転する，レンタ・キャプティブと呼ばれる形態もある。

キャプティブ保険会社は，バミューダやバージン諸島，ケイマン諸島等の，ドミサイルと呼ばれるキャプティブを誘致している地域にしばしば設立される。それは，これらの地域では，他の法域に比べて規制による制限が少なく，また，税制上の取り扱いも有利な場合が多く，キャプティブ保険会社の設立と運営にかかる費用を節減できるためである。このため，キャプティブ保険会社のプレミアムは，国内の厳格な規制のもとに置かれて設立・事業運営に多くの費用を負担しなければならず，それらの費用の一部が付加保険料に反映される保険会社に支払う保険料よりも低額である場合が多い（諏澤［2018］）。

キャプティブ保険会社を設立するメリットは，こうした規制上の制限の少なさやコスト負担の低さに加え，親会社が特定のリスクに対する保険を保険会社から入手できない場合や希望する条件で購入できない場合に適切なカバーを獲得できること，再保険市場へアクセスしやすくなること，グループ内のリスク・コントロールの促進につながること，さらには，親会社以外のリスクも引き受けることでキャプティブ保険会社が利益の源泉となることがあげられる（第9章参照）。

(2) 外部資金によるリスク保有

外部資金によるリスク保有には，銀行からの借入や社債の発行など，損失発生後にそれを補填するため外部資金を調達する方法も含まれる。ただし，損失発生後に新たに外部資金を調達する場合は通常，資金調達コストが高くつくことになる。たとえば，ある企業が，大規模な火災により建物や工場に被害を受け，その復旧のために外部資金を調達する場合，銀行は当該企業の信用リスクが高まっているとして融資を断るか，または融資を行うとしてもより高い金利の支払いを求めるかもしれない。また，企業が，損失発生後に証券を発行して資金を調達する場合には，証券手続きに必要な手数料等の費用負担に加え，証券の過小評価の費用も負担しなければならないかもしれない。証券の過小評価の費用とは，被災した企業が発行する証券価値を投資家が低く評価することに伴って発生するリスク・コストである（諏澤・柳瀬・内藤［2022］）。

企業がこうした外部資金調達に伴う問題に対処するために利用するようにな

ったのが，コミットメント・ラインである。コミットメント・ラインとは，企業と銀行等の金融機関が，事前に計画的に損失発生時の融資を受けることを約する「融資枠契約」であり，合意に基づいて融資枠・契約期間・金利等の融資条件があらかじめ設定される。企業は契約期間中，金融機関に対して手数料を支払うことで融資枠が維持され，金融機関に融資要請をすると，その都度信用リスクの審査なしに貸付資金の提供を受けることができる（諏澤［2018］）。

4.3 リスク移転

リスク移転は，保険を利用して実施されるほか，以下に取り上げる保険以外のさまざまな方法を使って行われる。

(1) デリバティブ

デリバティブとは，農作物や商品，債券，株式，通貨，金利などの原資産（取引の対象となる資産）の価値に依存して，その価格が決定される契約のことをいう。デリバティブには，先渡契約，先物契約，オプション等がある（柳瀬・石坂・山﨑［2018］）。

企業は，商品価格，為替レート，または金利の変動といった投機的リスクについて，保険で対処することが難しいため，デリバティブを利用することによりリスクをヘッジし，これによって将来的なキャッシュフローの変動性を縮小している。

① 先渡契約

先渡契約とは，対象となる原資産を，あらかじめ定めた将来の一定時点（満期）に，あらかじめ定めた価格（先渡価格）と数量で取引する契約である。先渡契約は，もともと農作物のように天候により価格が変動する商品について，その商品価格リスクをヘッジする手法として考案されたものである。たとえば，小麦を生産する農家が，小麦を販売する商店との間で，あらかじめ将来（収穫時）の小麦の売買価格を確定する契約を結ぶことが考えられる。収穫時の小麦の売買価格を決定しておくことで，農家は収穫時に豊作によって小麦の価格が下落して収益が減少するリスクを，商店は自然災害等の影響で不作となり小麦の価格が上昇して収益が減少するリスクを，それぞれヘッジすることができる。

② 先物契約

先物契約は，対象となる原資産を，あらかじめ定めた将来の一時点（満期）に，あらかじめ定めた価格（先物価格）と数量で取引する契約である点は，先

渡契約と同じである。

　ただし，先渡契約が，原資産の販売者と購入者の2者間で取引を行う相対取引であり，かつ，満期時には直接原資産の受け渡しが行われる現物取引であるのに対し，先物契約は，企業から委託を受けた証券会社などを介して取引所で行う取引であり，かつ，満期時に企業は直接原資産の受け渡しを行うことはなく，委託した証券会社等との間で原資産の売買により生じた損益（差額）の受け渡しのみが行われる清算取引である点が異なる。

　また，先物契約では，満期までの取引期間内であればいつでも原資産の売買ができ，その時点で売買により生じた損益（差額）が決済されることになる。

　③　オプション

　オプションは，対象となる原資産を，あらかじめ定めた将来の一時点（満期）や一定期間内に，あらかじめ定めた価格（権利行使価格）で売買する権利を取引する契約である。オプションには，原資産を売る権利（プット・オプション）と買う権利（コール・オプション）の，2つの種類がある。

　先物契約は，原資産の売買の予約取引であったのに対し，オプションは約定の期日に原資産を約定の価格で売買する権利の取引であるため，権利の購入者は権利を行使するか，または権利を放棄するかを選択することができる。

　オプション契約では，価格リスクを移転しようとする当事者が，プット・オプションまたはコール・オプションの権利を，リスクを引き受ける当事者から購入するが，その際，リスク移転者である権利の購入者はリスクの引受者に対し，リスクを負担してもらう対価としてオプション・プレミアム（オプション料）を支払う。オプション契約におけるオプション料は，保険契約における保険料に相当し，リスク・プレミアムの一形態である。

　リスク移転者（権利の購入者）は，オプション料を支払った上で，原資産の時価が現物取引において損失を被る水準になった場合に，約定価格で売買する権利を行使し，反対に，原資産の時価が現物取引において利益を得る水準となった場合には，その権利を放棄すればよい。これにより，リスク移転者は，原資産の価格にかかわらず，オプション料を超える費用を負担しなくて済むわけである（諏澤［2018］）。

⑵　ART

　ART は，証券化やデリバティブの仕組みを応用することにより，伝統的な保険では対処することが困難なリスクを，保険会社や再保険会社以外の第三者

（投資家など）へ移転する，保険に代替するリスク移転の方法である。

　以下では，代表的な ART として，大災害債（CAT ボンド）と保険デリバティブを取り上げる。

① CAT ボンド

　CAT ボンドは，大規模自然災害リスクのように，リスクの発生頻度は低いものの，いったん発生した場合の損失の規模が甚大となる大災害（カタストロフィ）のリスクを，証券化のスキームを利用して資本市場へ移転する仕組みである。

　こうした大災害のリスクは，伝統的な保険市場では，国際的な再保険スキームを利用してリスク分散が図られてきたが，近年，世界中で大規模な自然災害が多発してその被害も甚大化しており，自然災害リスクを引き受ける保険会社や再保険会社の支払いが増大する中で，再保険市場のキャパシティが低下することとなった。そこで，再保険市場を含む保険市場よりもキャパシティが大きい資本市場へ大災害リスクを移転する方法として登場したのが，CAT ボンドである（第 9 章参照）。

　CAT ボンドは一般的に，企業や保険会社が発行主体となり，特別目的会社（special purpose company：SPC）を設立してこれにリスクを移転し，リスク・プレミアムを支払う。SPC は引き受けたリスクを小口に分割して債券を発行し，多数の投資家から資金を調達して，安全資産で運用する。

　債券が満期になるまでに，あらかじめ定められた大災害リスクが顕在化しなければ，つまり平常時には，投資家は約定の金利とともに元本の償還を受けることができる。これに対し，満期までに約定の大災害リスクが顕在化した場合には，発行主体は SPC から資金を得ることで損失をカバーすることができる一方，投資家には発行主体に支払われた金額を控除した残額が償還されるため，元利金の減額が生じることになる。

　CAT ボンドは，投資家が大規模な自然災害リスクを最終的に引き受けていることに対するリスク・プレミアムを反映して，通常，他の債券よりも高い金利が設定される。CAT ボンドの仕組みを図示すると，図 5-6 のようになる。

② 保険デリバティブ

　保険デリバティブは，デリバティブであるオプションの仕組みを利用して，天候・気象，地震，風水害等の保険関連リスクを資本市場へ移転する，リスク・ファイナンス手法である。企業は，保険デリバティブを通して，たとえば

図 5-6　CAT ボンドの仕組み

(a)　平　常　時

(b)　リスク顕在化時

（出所）　柳瀬・石坂・山﨑［2018］96 頁より作成。

天候不順や異常気象により収益の減少（売上の減少や費用の増加）という損失を被った場合に，その減少分を補塡して損失をカバーすることができる。冷夏や暖冬，長雨，降雪量の過少等の極端な天候事象に伴う企業の収益減少のリスクに対して，そのリスクの顕在化による損失をカバーするためにヘッジする方法のことを，天候デリバティブという。

　天候デリバティブは，保険デリバティブの 1 つである。企業は，事前に一定の契約料（プレミアム）を保険会社に支払うことで，平均気温や降雨日数等の気象データがあらかじめ決められた水準に達した場合に，想定データの上下に応じて補償金を受け取ることができる（柳瀬・石坂・山﨑［2018］）。

　保険デリバティブは，2 つの点で保険とは異なっている。1 つ目は支払要件である。保険では，損害の発生に加えて，その損害と発生原因との因果関係を証明することが保険金の支払要件となるため，支払保険金の算定にあたっては損害の調査を実施する必要がある。これに対し保険デリバティブでは，因果関係の有無にかかわらず，保険関連リスクに連動する指標変動等により，契約締結時にあらかじめ取り決めた条件が満たされれば，直ちに補償金が支払われる。

　2 つ目は「ベーシス・リスク」の存在である。保険デリバティブでは，契約

時に取り決めた条件が満たされて補償金が支払われた場合であっても，補償金が実損額を下回ることがある。この実損額との乖離のことを，ベーシス・リスクという。保険では，実損額に基づき契約条件によって支払保険金の額が決定されることから，ベーシス・リスクは発生しないか小さいといえる（柳瀬・石坂・山﨑［2018］）。

4.4 リスク保有とリスク移転の組み合わせ

(1) リスク保有とリスク移転の選択基準

　リスク・ファイナンスにおいて，リスクの保有または移転の選択は，対象となるリスクの性質，保険等のリスク移転の利用可能性，リスク・コストの節約，損失予防のインセンティブなどを判断基準として，より効率的かつ合理的なリスク・ファイナンス手法を選択するという観点からなされなければならない。その際，リスク保有かリスク移転かの二者択一というよりもむしろ，リスク保有とリスク移転の補完性・代替性を勘案して，その最適な組み合わせが検討されるべきである。

　対象となるリスクの性質をめぐり，仮に損失が発生してもそれほど重大な損失額にはならないと想定されるリスク（たとえば企業が所有する自動車の事故）や過去の経験に基づいて損失の発生頻度や強度をある程度正確に見積もることができるリスク（たとえば労災事故や店舗での盗難）については，リスク移転よりもリスク保有が選択される場合がある。反対に，損失の発生頻度は低いものの，いったん発生すると重大な損失をもたらすと想定されるリスク（たとえば大規模な火災や製造物責任）については，保険等のリスク移転が選択されるであろう。

　また，リスク保有は，保険やその他のリスク移転方法が利用できない場合の残された手段として選択される場合もある。それは，あらゆる純粋リスクが保険として商品化（保険化）されているわけではなく，保険可能性の観点から保険化が難しいリスク（たとえばパンデミック・リスク）もあるためである。さらに，仮に保険化されていても保険料が高額でリスク移転コストが高くつくような場合には，保険以外の方法によるリスク移転やリスク保有が検討されることになる。

　リスク・コスト節約の観点からは，リスク保有を選択することにより，企業は保険会社に支払う保険料等のコスト負担を免れてリスク・コストを節約でき，結果としてキャッシュフローが増加する可能性がある。一方で，深刻な損失が

発生した場合，企業が負担しなければならない損失額が，保険会社にリスク移転しないことで節約できた保険料の負担額を超える可能性があり，結果的にリスク・コストが高くつく可能性もある。

　なお，企業はリスクを保有することで損失予防のインセンティブを高めることができるが，仮に企業が保険によりリスクを移転した場合であっても，後述する保険に組み込まれたリスク・シェアリングの仕組みを通して，損失予防のインセンティブを持ち，進んでリスク・コントロールに努力を払うことが期待できる。

(2)　保険におけるリスク・シェアリング

　保険はリスク移転の方法であるが，保険に免責金額やコインシュアランスのようなリスク保有の仕組みが組み入れられることにより，保険契約者や被保険者は進んで損失予防や損失縮小といったリスク・コントロールに努力を払い，その結果として損失の期待値も低下する可能性がある。

　免責金額は，発生した損失額のうち被保険者が負担すべき金額としてあらかじめ定められた額であるのに対し，コインシュアランスは，発生した損失額のうち被保険者が一定割合を負担することを想定して定められる割合のことである（第4章参照）。これら免責金額やコインシュアランスは，保険におけるリスク・シェアリングの仕組みであり，リスク・ファイナンス手法である保険に，リスク・コントロールの機能を付与するものといえる。

　さらに，保険に免責金額やコインシュアランスが組み込まれることで，保険会社は，少額の損害に対する保険金請求を免れることから，損害の調査や保険金支払いのコストが節減され，結果として保険契約者の保険料のうち付加保険料部分の負担が軽減されるというメリットもある。

5　リスク・マネジメントにおける保険の機能と役割

5.1　リスクと保険

(1)　純粋リスクと保険可能性

　保険は，純粋リスクに対処する主要な方法であるが，あらゆる純粋リスクに対処できるわけではなく，理論的には保険可能性を満たしていることが前提条件となる。実際の保険商品の開発や引受においても，こうした保険可能性を考慮することは重要であり，たとえば保険会社は，自らのキャパシティを超える

リスクについて，再保険取引を通じて出再することによりリスク分散を図り，保険可能性を高めている。また近年では，大規模自然災害の発生などにより再保険市場のキャパシティが低下して保険の利用可能性が低下する可能性があることから，再保険市場以外へリスクを分散するために，CAT ボンドといった ART も利用されている。

さらに，保険商品については，個別のリスク実態に適応した保険料の設定や保険プログラムの提供，リスク・シェアリングの仕組みおよびリスク・コントロール・サービスの提供を通じたモラル・ハザードへの対応など，保険可能性を高めるためのさまざまな取り組み・工夫がなされている。

(2) 純粋リスクの特性と保険

保険は，純粋リスクの中でも，大規模自然災害や火災事故のように滅多に起こらないがひとたび発生すれば大規模な損害額につながるリスク，つまり発生頻度が低くて1事故当たりの損害額の規模が大きいリスクへの対応に適したリスク・ファイナンス手法である。

一方で，発生する頻度が高くて1事故当たりの損害額の規模が小さいリスク（たとえば少額な備品の盗難リスクや破損・汚損リスク），すなわち小損害多発リスクについては，損失予防により事故の発生頻度を低減させるリスク・コントロールを行うことが重要であり，その上でリスク・シェアリングの仕組みを導入して限定的に保険による移転が行われることが合理的である。

なお，発生頻度と損害額の規模がともに大きいリスクは，大数の法則が働かず，保険料の算定や引受条件の設定がきわめて難しいか，保険で引き受けるとすれば非常に高額な保険料となるため，保険による対応には適さないリスクである。したがって，このようなリスクについては，回避するか，または損失予防による発生頻度の低減や，損失縮小による損失額の低減を通して，リスク・コントロールが図られる。

5.2 保険の機能

(1) 保険のリスク移転機能

個人や企業は，保険加入を通して純粋リスクを保険者へ移転することにより，リスクの顕在化によって被る経済的損失の負担を免れるか，または軽減することができる。純粋リスクは多種多様であるが，大きく，人身損失リスク，財物損失リスク，休業損失リスク，および賠償責任損失リスクに分けることができ

る。

　人身損失リスクは，個人が日常生活においてさらされる死亡・生存・けが・病気・介護等のパーソナル・リスクであり，民間保険の領域では主に，人の死亡・生存のリスクに対処する生命保険や，人のけがのリスクに対処する傷害保険，病気のリスクに対処する医療保険，介護のリスクに対処する介護保険などの，いわゆる第三分野の保険によって損失がカバーされる。

　なお，企業向けの生命保険や第三分野の保険には，企業等の団体を保険契約者，その従業員等を被保険者として契約を締結する，団体保険がある。団体保険は，企業が従業員に支払う死亡退職金・弔慰金の財源確保や，従業員のけがや病気の治療にかかる費用の保障など，企業の福利厚生の一環として重要な役割を担っている。

　一方，財物損失リスク・休業損失リスク・賠償責任損失リスクは，損害保険によって損失がカバーされる。財物損失リスクは，個人・企業が所有する建物およびその収容物等の財産が，火災や風水災等の事故によって損壊・喪失するなどの損害を被るリスクであり，火災保険や企業財物保険によって対処される。なお，地震リスクも財物損失リスクに含まれるが，火災保険では補償の対象外とされているため，別途，家計向けや企業向けの地震保険に加入して対処する必要がある。

　休業損失リスクは，企業の物的財産が損害を被った結果として事業活動が中断され，本来であれば得られたであろう収益が失われることによる営業上の損失や，復旧のために追加的な費用の支出を余儀なくされることによる費用損害を被るリスクである。こうした休業損失リスクによる損害は，利益保険によって填補される。

　賠償責任損失リスクには，たとえば個人が日常生活の中で，他人にけがをさせるか，または他人の物を壊してしまった場合に，その被害を受けた他人の損害について法律上の損害賠償責任を負うことにより経済的損失を被るリスクがあげられる。また，企業が製造・販売した商品の欠陥が原因で，商品を購入した消費者にけがをさせてしまった場合に，その被害者に対して法律上の損害賠償責任を負うことにより，損害賠償金の支払いなどの経済的損失を被るリスクもまた，賠償責任損失リスクである。賠償責任損失リスクは，個人向けおよび企業向けの賠償責任保険によって対処することが可能である。

　以上を踏まえて，純粋リスクと，それに対処する保険の分類，および主な保

表 5-2　純粋リスクと保険商品の例

純粋リスク	保険の分類	主な保険商品
人身損失リスク（パーソナル・リスク）	生命保険	定期保険，終身保険，養老保険，個人年金保険，団体生命保険，団体年金保険
	傷害疾病保険（第三分野の保険）	医療保険，がん保険，傷害保険，介護保障保険・介護費用保険，就業不能保障保険・所得補償保険，医療保障保険（団体型）
財物損失リスク	損害保険	火災保険，企業財物保険，地震保険
休業損失リスク		利益保険
賠償責任損失リスク		個人賠償責任保険，自転車保険(注)，企業向け各種賠償責任保険（施設賠償責任保険，生産物賠償責任保険，会社役員賠償責任保険等）

（注）　自転車保険は一般的に，個人賠償責任保険と傷害保険を組み合わせた商品構成となっている。
（出所）　筆者作成。

険商品をまとめると，表 5-2 のようになる。

(2)　保険のリスク・コントロール機能

　保険は，リスク移転機能を有すると同時にリスク・コントロール機能も有している。たとえば，保険会社は保険契約者（被保険者）に対し，事故の防止・軽減のため，各種リスク・コンサルティング・サービスや各分野の専門家による相談サービス・事故処理サービスを提供しているが，これらは保険に組み込まれたリスク・コントロール・サービスといえる。

　こうした保険会社によるリスク・コントロール・サービスの提供は，4.4 項(2)で述べたリスク・シェアリングの仕組みとともに，保険が有するリスク・コントロール機能である。保険にリスク・コントロール機能が組み込まれることは，保険契約者（被保険者）に対して，自ら進んで損失の予防・縮小といったリスク・コントロールに取り組むインセンティブを与えることとなる。その結果として保険契約者は，損失の期待値が低下して保険料負担が軽減されるというメリットを享受できるのである。

5.3　リスク・マネジメントにおける保険の役割

　リスク・マネジメントにおける保険の役割は，大きく 3 つあると考えられる。第 1 に，保険は，そのリスク移転機能により，個人には経済的な安定を確保させて安心感を与え，企業にはキャッシュフローの減少分を補塡して収益を安定

化させることで企業価値の増大に貢献する。

　第2に，保険が有するリスク・コントロール機能を通して，個人や企業はリスクによる損失を予防・軽減するインセンティブを有することになり，リスクそのもの（期待損失）を減少させることができる。保険のリスク・コントロール機能は，リスク・コストの低減にも役立つものである。

　第3に，保険は，個人が新たなライフステージへ進むことや，企業が新規事業へ進出することを，後押しする役割も果たしている。とくに企業は，収益獲得のためにリスクをとることが必要であるため，保険によってさまざまなリスクに対処できることは，新規事業に乗り出す上で有用といえる。

　個人や企業は，リスク・マネジメントにおいて保険が果たす役割を理解した上で，保険を有効に活用していくことが重要である。

● **演 習 問 題**

1　リスクの3つの要素とはどのようなものか。それぞれ具体的な例をあげて説明しなさい。

2　リスク・ファイナンスにおいて，保険はどのように位置づけられるか。リスク・ファイナンスの全体像を示しながら，わかりやすく説明しなさい。

3　リスク・マネジメントにおける保険の機能とはどのようなものか。また，リスク・マネジメントにおいて保険が果たすべき役割は何であるか，考えてみよう。

第 6 章

保険金融と金融リスク管理

● Introduction

　保険の経済的保障機能と金融機能は，保険会社が営む保険引受業務と資産運用業務を通じて社会的に果たされる。資産運用業務は，保険会社の利益確保・経営安定化のために，保険引受業務とともに重要な業務である。保険会社は，自社の全リスクを統合的に管理すること（統合的リスク管理）によって収益性・健全性・効率性のバランスをとりながら企業価値の向上を図るとともに，環境・社会・ガバナンスの視点に基づく投資（ESG 投資）を求められる時代を迎えている。

1　保険の機能と保険金融

　第 1 章で説明したように，保険の機能（主要機能）は，**経済的保障機能**と**金融機能**である。経済的保障機能は，保険の本来的機能である。他方，金融機能は，経済的保障機能から派生したという点において派生的機能である。

　保険の機能は，主に保険会社が営む業務を通じて社会的に果たされる。保険会社による業務の大半は，**保険引受業務**と**資産運用業務**である。つまり，経済的保障機能と金融機能は，保険会社が営む保険引受業務と資産運用業務を通じて社会的に果たされる。

　保険引受業務によって，保険会社には巨額の資金（保険資金）が形成される。保険会社は，保険資金を主に金融・資本市場で運用しており，したがって保険会社の資産の多くは金融資産である。つまり，保険会社の資産運用業務によって，主に金融・資本市場を通じて経済社会に巨額の資金が供給されている。

図 6-1　直接金融と間接金融

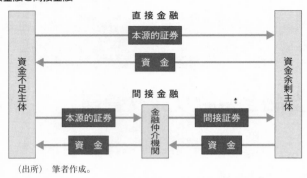

（出所）　筆者作成。

2　金融仲介機関としての保険会社

2.1　直接金融と間接金融

　金融とは，金銭（資金）を融通することである。資金は，それが余っている経済主体から足りない経済主体に移転される。資金が余っている経済主体を資金余剰主体，資金が足りない経済主体を資金不足主体という。

　資金余剰主体から資金不足主体に資金が移転される方式によって，金融は直接金融と間接金融に分類することができる。直接金融は，資金余剰主体から資金不足主体に資金が直接的に移転される方式である。それに対して間接金融は，資金余剰主体と資金不足主体の間に金融仲介機関が介在する方式である（図6-1）。

　資金不足主体は，証券を発行して資金を調達する。資金不足主体が発行する証券を，本源的証券という。本源的証券には，国が発行する国債，地方公共団体が発行する地方債，企業が発行する借入証書や社債や株式などがある。直接金融では，資金余剰主体は資金を資金不足主体に供給し，本源的証券を取得する。

　資金不足主体が発行する本源的証券に対して，金融仲介機関が発行する証券を間接証券という。間接証券には，銀行が発行する預金証書や金融債，証券投資信託委託会社が発行する受益証券，保険会社が発行する保険証券などがある。間接金融では，金融仲介機関は間接証券を発行して資金余剰主体から資金を受け取り，それを資金不足主体に供給して本源的証券を取得する。

図6-2　間接金融と保険会社

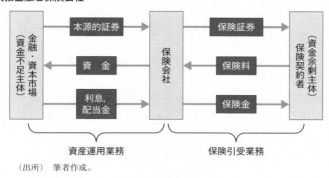

（出所）　筆者作成。

2.2　間接金融と保険会社

　保険会社も金融仲介機関に位置づけられる。図6-2は，図6-1における間接金融の図式を，金融仲介機関として保険会社のみを取り上げて示したものである。保険会社にとっては，前項で述べた資金余剰主体は保険契約者である。保険会社は，保険契約者と保険契約を締結し，保険を引き受ける対価として保険契約者から保険料を受け取り，保険契約者に保険証券を交付する。その一方で，保険会社は，保険契約者から受け取った保険料を資金にして，主に金融・資本市場で貸付を行ったり，国債・社債・株式などの有価証券に投資したりしている。

　保険会社が取り扱うことのできる業務は保険業法で定められており，固有業務（同法第97条），付随業務（第98条），法定他業（第99条）に分けられる。固有業務とは保険引受業務（第97条1項）と資産運用業務（第97条2項）であり，保険会社の業務の大宗を占める。

　図6-2の右側には，保険会社と保険契約者の間における保険証券（間接証券）と保険料（資金）の授受とともに，保険金の授受も記載している。保険金は，第4章で説明したように，損害保険では被保険者に支払われ，生命保険と第三分野保険では保険金受取人に支払われる。保険料の受け取りと保険金の支払いは，保険会社の保険引受業務に該当する。

　また，図6-2の左側には，保険会社と資金不足主体の間で行われる本源的証券と資金の授受とともに，利息と配当金の授受も記載している。保険会社は，貸付と有価証券投資によって利息と配当金を得る。貸付と有価証券投資および

利息と配当金の取得は，保険会社の資産運用業務に該当する。

3　保険資金の形成と特徴

3.1　保険資金の形成

保険資金の源泉の大部分は保険料である。第4章で説明したように，保険契約者が保険者（保険会社）に支払う保険料は，営業保険料または総保険料と呼ばれる。営業保険料は純保険料と付加保険料から構成されている。ここでは，保険資金の源泉として純保険料を取り上げよう。

保険資金の源泉は純保険料なので，純保険料が多くなると保険資金が増える。純保険料は，契約件数（保険契約者数）が多くなると，また1契約当たり（保険契約者1人当たり）の純保険料が高くなると，多くなる。契約件数（保険契約者数）を一定とすると，たとえば保険契約者1000人の純保険料の総額が2000万円よりも3000万円のほうが，保険資金は多くなる。こうした純保険料の総額は，どのような要因によって決まるのだろうか。

純保険料は，第3章で説明したように，収支相等の原則と給付・反対給付均等の原則に従って計算される。収支相等の原則を示す $nP = rZ$ の等式から，右辺の保険金の総額が大きくなると，左辺の純保険料の総額も大きくなる。保険金の総額は，r（保険金を受け取る者の数）と Z（保険金の額）によって決まる。収支相等の原則から保険資金を考えるならば，保険金を受け取る者の数が多くなると，また保険金の額が大きくなると，保険資金は多くなる。他方，給付・反対給付均等の原則を示す $P = \omega Z$ の等式から，P（1人当たり純保険料）は，ω（$= r/n$，保険事故発生の確率）と Z（保険金の額）によって決まる。給付・反対給付均等の原則から保険資金を考えるならば，保険事故発生の確率が高くなると，また保険金の額が大きくなると，保険資金は多くなる。

保険会社に保険資金が形成されるのは，保険会社は先に純保険料を受け取り，後から保険金を支払うためである。つまり，純保険料の受取時点と保険金の支払時点にタイム・ラグがあるためである。保険会社は，受け取った純保険料を保険金として支払うまでの間，純保険料を運用する。したがって，タイム・ラグが大きくなると，保険資金の運用期間は長くなる。

タイム・ラグの大きさは，純保険料の受取時点と保険金の支払時点によって決まる。純保険料の受取時点は，保険料払込方法によって異なる。保険料払込

方法には，分割払い（年払い，半年払い，月払いなど）と，一時払いがある。一時払いとは，保険期間に対応する保険料を一時に（保険契約締結時に）全額払い込む方法である。

　分割払いと一時払いを比較すると，一時払いのほうがタイム・ラグは大きくなる。また，分割払いの年払いと月払いを比較すると，年払いのほうがタイム・ラグは大きくなる。一時払いでは，保険期間が長くなるほど，タイム・ラグは大きくなる。

　他方，保険金の支払時点は，保険期間中の保険事故の発生時期によって決まる。保険期間が長期で保険事故が保険期間の後半に比較的多く発生する生命保険では，タイム・ラグが大きくなる。たとえば終身保険では，保険事故（被保険者の死亡）は保険期間の経過するに従って多く発生するようになる。養老保険では，保険事故（被保険者の保険期間中の死亡と保険期間満了時の生存）は保険期間満了時に多く発生する。

　以上のように，保険資金は2つの点から考えることができる。1つは，純保険料の総額である。純保険料の総額が大きくなると，保険資金は多くなる。契約件数（保険契約者数）を一定とすると，純保険料の総額は保険事故発生の確率（保険金を受け取る者の数）と保険金の額によって決まる。もう1つは，純保険料の受取時点と保険金の支払時点のタイム・ラグである。タイム・ラグが大きくなると，保険資金の運用期間は長くなる。

3.2 損保資金の特徴

　本項では損害保険会社に形成される保険資金（損保資金）の特徴について，次項では生命保険会社に形成される保険資金（生保資金）の特徴について説明しよう。

　損害保険会社は，主に保険期間が短期（一般に1年）で貯蓄性のない保険を引き受けている。保険期間が短期の保険の保険料払込方法は一般に一時払いなので，損害保険会社は保険契約締結時に保険契約者から純保険料を受け取る（保険資金が形成される）。そして，保険期間中に保険事故が発生した場合，被保険者に保険金を支払う。保険期間が短期なので，純保険料は短期間のうちに保険金として流出する。

　なお，近年ではわずかになってきているが，保険期間が長期（一般に3〜6年）で貯蓄性のある保険（積立保険または積立型保険という）を引き受けている損

害保険会社もある。積立保険は従来の補償機能に貯蓄機能を加えた保険であり，主に傷害保険に設定されている。積立保険の営業保険料は，純保険料・付加保険料と積立保険料から構成されており，積立保険料が営業保険料の大部分を占めている。

積立保険料は予定利率で割り引かれている。損害保険会社は積立保険料を保険期間中に運用し，保険期間満了時に満期返戻金を支払う。つまり，満期返戻金には，予定利率分の運用益が含まれている。予定利率を上回って運用した場合，予定利率分の運用益を上回る分は，契約者配当金として支払われる。

保険期間が短期で貯蓄性のない保険を多く引き受けている損害保険会社の保険資金は，次項で説明する生命保険会社の保険資金と比較すると，短期的・流動的な特徴を有しているといえる。

3.3　生保資金の特徴

生命保険には，損害保険と同様に，保険期間が短期の保険もある。しかし，生命保険会社が引き受けている生命保険のほとんどは，保険期間が長期である。また，保険期間が長期であっても，定期保険のように貯蓄性のない保険もあれば，養老保険や終身保険のように貯蓄性のある保険もある。

保険期間が長期の生命保険では，平準保険料方式が採用されている。自然保険料と平準保険料を比較すると，保険期間の前半では平準保険料が自然保険料を上回り，保険期間の後半では自然保険料が平準保険料を上回る。したがって平準保険料方式の場合，平準保険料が自然保険料を上回る年度には，純保険料に残余が生じる。純保険料の残余は，責任準備金（保険料積立金）として積み立てられる。

生命保険における保険事故発生の確率は予定死亡率である。日本アクチュアリー会が作成した「生保標準生命表 2018（死亡保険用）（男）」（表 4-2）によると，30 歳男性（ちょうど 30 歳になった男性）の生存数は 9 万 8850 人であり，40 歳男性（ちょうど 40 歳になった男性）の生存数は 9 万 8052 人である。したがって，30 歳から 40 歳までの 10 年間の死亡数は 798 人である。

そこで，30 歳男性（被保険者）が，保険期間 10 年の定期保険と養老保険に加入する場合を考えてみよう。定期保険では，被保険者 9 万 8850 人のうち 798 人が保険期間中に死亡する見込みであることから，生命保険会社は 798 人分の保険金を支払う予定となる。それに対して養老保険では，9 万 8850 人分

の保険金（798人分の死亡保険金と9万8052人分の満期保険金）を支払う予定となる。定期保険と養老保険では，保険事故発生の確率（保険金を受け取る者の数）が大きく異なっている。

　保険期間10年の養老保険では，30歳男性の被保険者9万8850人のうち9万8052人が保険期間満了時に生存している見込みである（保険期間満了時に生存している被保険者の割合は99.2％）。同様に表4-2によると，60歳男性（ちょうど60歳になった男性）の生存数は9万2339人である。したがって保険期間30年の養老保険であれば，9万2339人が保険期間満了時に生存している見込みである（保険期間満了時に生存している被保険者の割合は93.4％）。30歳男性が加入する場合，保険期間が30年であっても，保険期間満了時に被保険者の大部分は生存している。

　養老保険では，保険料払込方法が分割払いの場合，生命保険会社は各年度に保険契約者から純保険料を受け取る（保険資金が形成される）。他方，生命保険会社は各年度に保険事故（被保険者の死亡）が発生した場合，死亡保険金を支払う。また，保険期間満了時に保険事故（被保険者の生存）が発生した場合，満期保険金を支払う。保険金の大部分は満期保険金であるため，生命保険会社が各年度に受け取る純保険料の大部分（貯蓄保険料）は，責任準備金（保険料積立金）として積み立てられていく。

　他方，終身保険は，保険期間が生涯続く死亡保険である。したがって，保険事故はすべての被保険者に発生する。ここでも，30歳男性（被保険者）が養老保険（保険期間は30年）と終身保険に加入する場合を考えてみよう。60歳男性（ちょうど60歳になった男性）の生存数は9万2339人である。したがって養老保険では，生命保険会社は保険期間満了時に9万2339分の満期保険金を支払う予定となる。それに対して終身保険では，9万2339人に保険事故はまだ発生していない。9万2339人に保険事故が発生し，生命保険会社が保険金を支払うのはもっと先になる。

　養老保険と終身保険では，保険事故はすべての被保険者に発生する。しかし，純保険料の受取時点と保険金の支払時点のタイム・ラグは，養老保険よりも終身保険のほうが大きくなる。生命保険会社が各年度に受け取る純保険料の大部分（貯蓄保険料）は，責任準備金（保険料積立金）として積み立てられていく。保険期間が長期であり，しかも貯蓄性のある保険を引き受けている生命保険会社の保険資金は，長期的・固定的な特徴を有しているといえる。

4 保険会社の資産運用と利益

4.1 資産運用の重要性

保険会社の業務の大半を占める固有業務のうち，保険引受業務は，保険会社の本来的業務である。資産運用業務は，保険引受業務において保険契約者から受け取る純保険料を運用することによって生じる。つまり資産運用業務は，保険引受業務から生じる業務であるという点において，派生的業務である。しかし，派生的業務であっても，保険会社にとって資産運用業務は，保険引受業務とともに重要な業務である。資産運用業務から得られる利益（**資産運用利益**）は，保険引受業務から得られる利益（**保険引受利益**）とともに，保険会社の利益を構成している。

4.2 損害保険会社の保険引受利益と資産運用利益

損害保険会社の経常損益は，保険引受損益，資産運用損益，その他損益から構成されている。経常損益のほとんどすべては保険引受損益と資産運用損益であり，その他損益はわずかである。つまり，損害保険会社の主要な利益は，保険引受利益と資産運用利益である。

図6-3は，過去10年間（2013～2022年度）における損害保険会社（日本損害保険協会会員会社）の保険引受損益と資産運用損益を示したものである（プラスの金額は利益を，マイナスの金額は損失を表す）。なお，経常損益に占めるその他損益の割合は，たとえば2022年度の場合2.5％である。

保険引受損益は，日本損害保険協会「決算概況」（2017年度以前は「損益状況の対前期比較」）に記載されている「保険引受利益（損失）」であり，次の式で求めている。

保険引受損益＝保険引受収益－保険引受費用
　　　　　　　－保険引受に係る営業費及び一般管理費
　　　　　　　±その他収支（自動車損害賠償責任保険等に係る法人税相当額等）

保険引受収益には，正味収入保険料，収入積立保険料，積立保険料等運用益などが含まれる。保険引受費用には，正味支払保険金，損害調査費，諸手数料および集金費，満期返戻金，責任準備金繰入額などが含まれる。

図6-3　損害保険会社の保険引受利益と資産運用利益

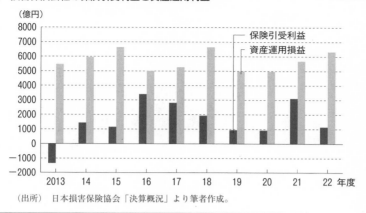

（出所）　日本損害保険協会「決算概況」より筆者作成。

　他方，資産運用損益は，日本損害保険協会の上記資料に掲載されている「経常利益（損失）」「保険引受利益（損失）」「その他経常損益」を用いて，以下の式で求めている。

　　資産運用損益＝経常利益（損失）−保険引受利益（損失）−その他経常損益

　資産運用収益には，利息及び配当金収入，有価証券売却益，有価証券償還益，為替差益などが含まれる。資産運用費用には，有価証券売却損，有価証券評価損，有価証券償還損，為替差損などがある。

　図6-3を見ると，保険引受損益については，2013年度に損失が生じたのみで，2014年度以降は利益を計上している。他方，資産運用損益は，すべての年度で利益が生じている。なお，保険引受損失を計上した2013年度は，資産運用利益の額が保険引受損失の額を大きく上回ったことで，経常利益が生じた。保険引受利益に転じた2014年度以降も，総じて資産運用利益の額は，保険引受利益の額を大きく上回っている。

　損害保険会社にとって保険引受業務だけでなく資産運用業務も重要であり，それから得られる資産運用利益が経営安定化に寄与していることがわかる。

4.3　生命保険会社の保険引受利益と資産運用利益

　生命保険会社の主要な利益も，保険引受利益と資産運用利益である。図6-4は，過去10年間（2012〜2021年度）における生命保険会社（生命保険協会会員会

4　保険会社の資産運用と利益　　**117**

図6-4　生命保険会社の保険引受利益と資産運用利益

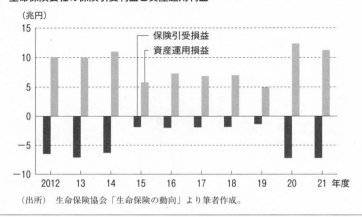

（出所）　生命保険協会「生命保険の動向」より筆者作成。

社）の保険引受損益と資産運用損益を示したものである（プラスの金額は利益を，マイナスの金額は損失を表す）。

　保険引受損益と資産運用損益は，生命保険協会「生命保険の動向」に掲載されているデータを用いて，次の式で求めている。

　　　保険引受損益＝保険料等収入－保険金等支払金－責任準備金等繰入額
　　　資産運用損益＝資産運用収益－資産運用費用

　資産運用収益には，利息・配当金等収入，有価証券売却益，為替差益などが含まれる。他方，資産運用費用には，支払利息，有価証券売却損，有価証券評価損，為替差損などが含まれる。なお，保険引受損益と資産運用損益を求める際，事業費（保険引受に係る事業費，保険引受以外に係る事業費）は控除されていない。

　図6-4を見ると，保険引受損益については，すべての年度で損失が，資産運用損益については，すべての年度で利益が生じている。しかも，すべての年度において，資産運用利益の額は保険引受損失の額を上回っている。

　生命保険と第三分野保険の純保険料は予定利率で割り引かれているために，生命保険会社は純保険料を予定利率以上で運用しなければならない。つまり，生命保険会社にとって資産運用業務は不可欠であり，生命保険会社の保険引受業務と資産運用業務は密接に結びついている。生命保険会社にとっても，保険引受業務だけでなく資産運用業務も重要であり，それから得られる資産運用利

益が経営安定化に寄与していることがわかる。

5 資産運用の原則と規制

5.1 資産運用の原則

　保険会社は，本項で説明する資産運用の原則に基づいて，次項で説明する資産運用の規制に従い，次々項で説明する金融リスク（資産運用リスク）を管理しながら，資産を運用している。保険会社の資産運用の原則には，以下のものがある。

(1) 安全性の原則

　保険会社の負債の大部分は，保険契約上の債務を履行する（将来に保険金や給付金や返戻金を支払う）ために積み立てている責任準備金である（第7章参照）。そのために，保険会社は安全性に配慮し，金融リスクの低い資産で運用する必要がある。

(2) 収益性の原則

　生命保険と第三分野保険の純保険料は，予定利率で割り引かれている。したがって，生命保険会社は純保険料を予定利率以上で運用しなければならない。有配当保険では，予定利率を上回って運用した場合，利差益の多くは契約者配当金として支払われる。契約者配当金は保険契約者の実質的な保険料負担を軽減させる。そのために，保険会社は収益性も考慮し，安全性と収益性のバランスを図りながら資産を運用する（金融リスクを管理し，許容されるリスクの範囲内で資産配分を行う）必要がある。

(3) 流動性の原則

　流動性とは，資産を適正な価格で現金化できる可能性の度合いをいう。そして，その度合いが大きいことを「流動性が高い」という。保険会社は，保険金を迅速に支払うことができるように，流動性の高い資産もある程度，保有しておく必要がある。

　損害保険では，自然災害によって多額の保険金を短期間に支払うことが生じうる。また，前節で説明したように，損保資金は短期的・流動的な特徴を有している。これらのために，流動性の原則の重要性は，損害保険会社のほうが高いといえる。

(4) 公共性の原則

損害保険も生命保険も大半は家計保険であり，したがって保険料の大半は全国に散在する多数の加入者が支払った保険料である。保険会社は，保険業の公共性を踏まえて資産を運用する（公共債などにも投資する）ことが求められる。

(5) ESG 視点の原則

保険会社の資産運用の原則として，一般に上記4つの原則が取り上げられてきた。しかし近年は，ESG の視点に配慮した投資が，機関投資家である保険会社にも求められるようになってきている。

ESG とは，environment（環境），social（社会），governance（ガバナンス）の頭文字をとった言葉である。これらに配慮している企業に対して投資することを，ESG 投資という（次節でも取り上げる）。ここでは，保険会社の ESG 投資を，公共性の原則に含めずに新たな原則として並列させたが，公共性の原則を ESG 視点の原則に置き換える考え方もありうるだろう。いずれにせよ，保険会社は，上述した安全性の原則および収益性の原則と，どう整合的に ESG 投資をするかという，難しい判断を求められることになる。

5.2 資産運用の規制

保険会社の資産運用に対する主要な規制には，資産の運用方法を制限するものと，資産の運用額を制限するものがある。これらは，保険業法と保険業法施行規則（内閣府令）で定められている。

(1) 資産の運用方法の制限

保険会社は，保険料として収受した金銭その他の資産の運用を行うには，有価証券の取得その他の内閣府令で定める方法によらなければならない（保険業法第97条2項）。保険会社の資産の運用方法は，以下の方法に制限されている（保険業法施行規則第47条）。

① 有価証券（金融商品取引法第2条1項に規定する有価証券および同条2項の規定により有価証券と見なされるもの）の取得（下記の③④⑧⑩⑪を除く）

② 不動産の取得

③ 金銭債権の取得

④ 短期社債等（保険業法第98条6項に規定する短期社債等）の取得

⑤ 金地金の取得

⑥ 金銭の貸付（コール・ローンを含む）

⑦ 有価証券の貸付

⑧ 民法第 667 条 1 項に規定する組合契約または商法第 535 条に規定する匿名組合契約にかかる出資

⑨ 預金または貯金

⑩ 金銭，金銭債権，有価証券または不動産等の信託

⑪ 金融商品取引法第 28 条 8 項 6 号に規定する有価証券関連デリバティブ取引

⑫ 金融商品取引法第 2 条 20 項に規定するデリバティブ取引

⑬ 保険業法第 98 条 1 項 8 号に規定する金融等デリバティブ取引

⑭ 先物外国為替取引

⑮ 前各号に掲げる方法に準じる方法

(2) 資産の運用額の制限

保険会社の財務の健全性を確保するために，保険会社は資産の運用額を制限されている。これを，同一人与信規制という。

同一人与信規制とは，同一人（同一の会社や個人など）に対する保険会社の信用供与（与信）の集中を規制するものである。同一人には，同一人自身の子会社や親会社なども含まれる。

5.3 保険会社のリスクの種類

保険会社のリスクには，大別して，保険引受リスク，流動性リスク，資産運用リスク，オペレーショナル・リスクがある。うち**資産運用リスク**には，市場リスク，信用リスク，不動産投資リスクがある。

市場リスクは，金利リスク，価格変動リスク，為替リスクに細分化される。市場リスクは，金利，有価証券の価格，為替レートといった市場のリスク・ファクターの変動によって資産価値が変動し，損失を被るリスクである。信用リスクは，信用供与先の財務状況の悪化などによって資産価値が減少または消滅し，損失を被るリスクである。不動産投資リスクは，賃貸料の変動などによって不動産収益が減少し，または市況の悪化などによって不動産価格が下落し，損失を被るリスクである。一般的に，不動産投資は 1 件当たりの投資金額が大きく，流動性が低いなどの特徴がある。

なお，流動性リスクは，資金繰りリスクと市場流動性リスクに区分される。資金繰りリスクは，保険料収入の減少や保険金支払いの増加などによって資金

繰りが悪化し，資金を確保するために通常よりも著しく低い価格で資産を売却しなければならなかったり，著しく高い金利で資金を調達しなければならなかったりすることによって損失を被るリスクである。市場流動性リスクは，市場の混乱などによって市場で取引ができなかったり，通常よりも著しく不利な価格で取引をしなければならなかったりすることによって損失を被るリスクである。市場流動性リスクは，資産運用リスクに含めて考えることもできる。

6 現代の金融リスク管理と資産運用

6.1 現代の金融リスク管理

(1) 資産・負債総合管理

　金融リスク（資産運用リスク）は，経済のグローバル化，金融の自由化・国際化，金融機関の競争激化，金融市場（金利や株価）の変動，金融技術の進歩などによって，高度化・複雑化・多様化している。そのために，保険会社のリスク管理（とくに金融リスク管理）の必要性はいっそう高まっている。

　保険会社が資産運用を行う際，そのベースとなるのが**資産・負債総合管理**（asset and liability management: ALM）である。資産・負債総合管理とは，リスク（前節で説明した資産運用リスクだけでなく，保険引受リスクと流動性リスクも含めたリスク）を管理し，安定的な収益を確保するために，資産と負債を総合的に管理するものである。

　資産・負債総合管理の基本的役割は2つある。1つは，保険会社の負債の特性（純保険料の受け取りと保険金の支払いのキャッシュフローであり，第3節で説明した保険資金の特徴）に応じて資産を運用することである。もう1つは，資産運用の環境を商品設計や販売戦略などに反映させることである。

　資産・負債総合管理の2つの基本的役割の事例として，保険期間10年の一時払養老保険を取り上げてみよう。まず，第1の点について，保険料払込方法は一時払いなので，保険料の全額が保険契約締結時に払い込まれる。他方，被保険者が非高齢者の場合，被保険者のほとんどは保険期間満了時に生存しているので，保険金のほとんどは保険期間満了時に支払われる。こうした負債の特性に応じて，生命保険会社は10年満期の債券を中心に資産運用を行っている。次に，第2の点について，10年満期の債券の価格は，資産運用の環境（市場金利の変動など）に応じて変動する。それを商品設計に反映させるために，生命

保険会社は一時払養老保険の新契約に適用する予定利率を定期的に変更している。

　資産・負債総合管理を行う際に一般的に導入されているのが，区分経理（セグメンテーション）である。区分経理とは，負債（責任準備金）をいくつかのセグメントに区分し，それぞれのセグメントの特性（保険資金の特徴）に応じて資産を運用し，損益を経理するものである。

(2)　統合的リスク管理

　前章で説明したように，近年，保険会社を含め企業は，統合的リスク管理（全社的リスク・マネジメント）を行うようになってきている。

　保険会社の統合的リスク管理は，前節で説明した種類別リスク（保険引受リスクや資産運用リスクなど）を統合的に管理することによって，収益性（リスクに対するリターン）と健全性（資本に対するリスク）と効率性（資本に対するリターン）のバランスをとりながら，企業価値の向上を図る経営管理手法である。

6.2　現代の資産運用

　近年，環境問題や人権問題など，世界的規模で取り組むべき課題が顕在化している。企業は，長期的成長を目指し，企業価値を向上させるために，環境分野（二酸化炭素排出量の削減や再生可能エネルギーの使用など），社会分野（雇用確保や人材育成，地域社会への貢献など），ガバナンス分野（リスク管理体制の整備や社外取締役の登用，企業情報の積極的開示など）に配慮した経営を行うことが求められている。

　保険会社には，機関投資家として環境・社会・ガバナンスの視点に基づく投資（ESG投資）が求められている。つまり**ESG投資**とは，投資先企業を，従来の財務情報（業績や財務状況）だけでなく，環境・社会・ガバナンスへの取り組みにも基づいて決定するものである。

　ESG投資の手法には，ESGインテグレーション（企業の財務情報とESG情報を総合的に判断して投資先を決定するもの），ネガティブ・スクリーニング（ESGの視点に反する事業〔たとえば，たばこや化石燃料など〕を営んでいる企業を投資対象から除外するもの），ポジティブ・スクリーニング（ネガティブ・スクリーニングとは反対に，ESGへ積極的に取り組んでいる企業に投資するもの）などがある。

　前述の通り保険会社は，資産運用の原則である安全性の原則および収益性の原則と，どう整合的にESG投資を行うかという，難しい判断を迫られている

のである。

● 演 習 問 題

1 金融と保険会社について述べた以下の文中の（　）にあてはまる用語を答えなさい。なお，同一番号の（　）には同一用語が入る。

　　金融は，資金余剰主体から資金不足主体に資金が移転される方式によって（ ① ）金融と（ ② ）金融に分類される。（ ② ）金融は，資金余剰主体と資金不足主体の間に金融仲介機関が介在する方式である。そして，資金不足主体が発行する証券を（ ③ ）証券，金融仲介機関が発行する証券を（ ④ ）証券という。

　　金融仲介機関が保険会社の場合，資金余剰主体は（ ⑤ ）である。保険会社は保険を引き受ける対価として（ ⑤ ）から（ ⑥ ）を受け取り，（ ⑤ ）に（ ⑦ ）を交付している。他方，保険会社は（ ⑥ ）が源泉の資金を主に金融・資本市場に供給し，（ ③ ）証券を取得している。

　　保険会社が営むことのできる業務は保険業法で定められている。それには，（ ⑧ ）業務，付随業務，法定他業がある。（ ⑧ ）業務は，（ ⑨ ）業務と（ ⑩ ）業務に区分され，保険会社の業務の大半を占めている。保険会社が資金余剰主体と行う取引は（ ⑨ ）業務に，資金不足主体と行う取引は（ ⑩ ）業務に該当する。

2 生命保険会社の保険資金の特徴を説明しなさい。

3 保険会社の資産運用リスクを3つあげ，それぞれのリスクの意味を説明しなさい。

第 7 章

保険と会計

● Introduction

　保険会社に関連する経営成績および財政状態に関する情報（以下，財務情報という）は，一般に公開されており，その情報は誰でも入手できる。会計の仕組みを通じて，財務情報は一覧の表にまとめられている。保険会社は一般事業会社とは異なる事業形態をとっているために，財務情報を読み取る際に留意すべき点が多い。売上収益が必ずしも毎期の収益を表しているわけではないこと，負債割合の高さは必ずしも健全性の低さを意味せず，負債の構成要素に注目する必要があること，などに留意する必要がある。

1　会計と財務情報の仕組みを知ろう

1.1　財務会計と管理会計

　会計は，財務情報をまとめ，それを利害関係者に伝達するための仕組みである。財務会計と管理会計の2種類に大別され，前者は企業外部の利害関係者（株主・債権者等）に向けて情報を提供し，後者は企業内部の関係者（経営者・従業員等）に向けて情報を提供する。本章では，保険会社に関する財務会計と財務情報の基本的な仕組みを学ぶ。以下では，とくに断りがない場合，会計とは財務会計を指すこととする。したがって管理会計には触れないが，管理会計は保険会社の中核である全社的リスク・マネジメント（ERM）と結びついており，財務会計と併せて一体的に考えることが重要である。

1.2 財務情報の大枠

　財務会計によって提供される財務情報の大枠は，以下のようである。財務情報は，**損益計算書**（profits and losses: P/L）・**貸借対照表**（balance sheet: B/S）・キャッシュフロー計算書などの各表にまとめられており，それらを補完する注記情報がある。これらの表を総称して，財務諸表という。「財務諸表＝財務情報」といってもよい。なお近年は，財務諸表の範疇には収まりきらない，企業の抱えているリスク，社会的な取り組み，ガバナンスに関する情報なども，提供されるようになってきている。これらの情報を，財務情報と区別して，非財務情報と呼ぶことも多い。また，親会社だけでなく，子会社などのグループ企業を一体としてまとめた連結財務諸表が，主要な財務情報として開示されるようになっている。連結会計の仕組みには本章は触れないが，実際に財務情報を見る際は，「連結」と書いてある情報に注目してもらいたい。以下の解説でも，連結財務諸表の構成を前提とするが，補足的に企業単体（以下，単体）の B/S の構成に触れることがある。

　保険会社が，株式上場（以下，上場）している場合は，毎年度発行が義務づけられている有価証券報告書に，財務情報が記載される。非上場の保険会社（相互会社）においても，保険業法第 111 条に基づき，業務および財産の状況に関する説明書類の作成と開示が義務づけられており，ディスクロージャー誌の中でも財務情報が開示される。

　最近では，財務情報と非財務情報が一体になった統合報告書に，ディスクロージャー誌の内容を含めている保険会社も多い。前章でも取り上げた ESG 投資への関心の高まりにより，非財務情報のニーズも相対的に高まっている。改めて ESG 投資とは，環境（environment）・社会（society）・企業統治（governance）を重視している企業を評価して投資を行う手法である。GSIA（Global Sustainable Investment Alliance，世界持続可能投資連合）が 2 年ごとに発行している「グローバル・サステナブル・インベストメント・レビュー」が 2021 年 7 月に発表したデータによると，2020 年に世界の ESG を含むサステナブル投資は主要 5 市場で 35.3 兆ドルに達し，過去 2 年間（2018〜2020 年）で 15 ％増加した。

　保険会社は，ESG 投資の対象となるだけでなく，機関投資家として投資対象を判断する役割を担っている。つまり，保険会社は，ESG 投資対象として適切な企業行動をとっているかだけでなく，機関投資家として適切な投資判断

を行っているかも評価される存在になったといえる。

1.3　財務諸表の基本——P/L と B/S

　まずは P/L と B/S の仕組みについて説明しよう。毎期の経営成績は P/L に，期末の財政状態は B/S に記載される。具体的には，P/L には毎期の収益・費用が，B/S には期末の資産・負債および純資産が，それぞれ記載されている。図 7-1 に，P/L と B/S の関係を表す。なお，会計の基本的なルールとして，表の左側を借方，右側を貸方という。P/L では，費用項目を借方に，収益項目を貸方に，B/S では，資産項目を借方に，負債項目および純資産項目を貸方に記載する。

　P/L と B/S は，左右（借方・貸方）で等しくなるようになっており，「収益 − 費用」および「期末資産 − 期末負債 − 期首純資産」の額が，今期の「儲け」である当期純利益（負の値の場合は当期純損失）となる。その不均衡は P/L と B/S で左右反対に表れるが，P/L と B/S を組み合わせると，その合計額は一致する。企業の資本取引（新規株式募集，減資など）や，外部の利害関係者への配分額を考慮しなければ，「期末資産 ＝ 期末負債 ＋ 期末純資産（期首純資産 ＋ 当期純利益）」となり，当期純利益は純資産を増額させる。反対に費用が収益を上回っていれば，差額の当期純損失は，純資産を減らす要因となる。

　さて，保険会社における P/L と B/S に共通して重要なのは，責任準備金関連の項目である。B/S は，負債総額の大半が責任準備金で占められている。P/L では毎期，責任準備金等繰入額（費用への算入），および責任準備金等戻入額（収益への算入）が発生している。責任準備金は，将来発生する保険事故に

図 7-1　P/L と B/S の関係

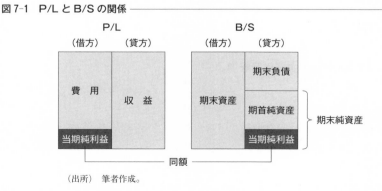

（出所）　筆者作成。

備えて積み立てる負債である。負債を積み立てる際に，毎期の積立額をP/L
上の費用に責任準備金等繰入額という項目で計上する。その際の仕訳を示すと，
以下のようになる。

（借方）責任準備金等繰入額　10億円　｜　（貸方）責任準備金　10億円
　　　　　　　　（費用発生）　　　　　　　　　　　　　　　　　（負債増加）

　費用が借方（左側），負債が貸方（右側）として計上され，P/LとB/Sがつな
がっていることがわかる。費用の発生は負債を増加させる。責任準備金は毎期
必要な金額が再計算されるため，必要な積立額を下回った場合は，次のように
責任準備金等戻入額という形で負債が減少し，結果として収益が計上される。

（借方）責任準備金　10億円　｜　（貸方）責任準備金等戻入額　10億円
　　　　　（負債減少）　　　　　　　　　　　　　　　　　（収益増加）

　責任準備金の取崩額が，事業活動の結果として生み出されたわけでないにも
かかわらず収益となる点に，違和感を持つ読者も多いであろう。責任準備金等
の積立に際しては，保険契約者の保護ならびに保険会社の健全性確保という観
点から，保険業法上，安全割増（マージン）が設けられている。そのため，安
全割増部分は，不要となった時点で順次取り崩されていく。このマージンは，
保険会社にとってのバッファー（余剰部分）であり，かつ，将来利益の源泉で
もある。なお，相互会社においては，利益は剰余金と称され，純資産の主要項
目である資本は基金という（第8章参照）。こうしたことも踏まえつつ，保険会
社のP/LとB/Sの仕組みを具体的に見ていこう。

2 損益計算書（P/L）の構成

2.1 収益と費用の主要項目を学ぶ

　前節でも説明したように，P/Lでは毎期発生した収益と費用が一覧になって
いる。図7-2に，保険会社のP/Lにおける経常利益までの算定過程を示した。
経常利益は，企業の恒常的な活動の結果，生じた利益額である。生保事業と損
保事業では項目名が異なっている。保険料収入のことを，生命保険では保険料
等収入といい，損害保険では正味収入保険料という。また，保険金支払額のこ
とを，生命保険では保険金等支払金といい，損害保険では正味支払保険料とい

う。

　保険事業の主要な収益は保険料であり，主要な費用は保険金支払額である。保険事業は，受け取った保険料を元手として運用していく構造になっているため，さらに資産運用関連の収益と費用が発生する。これらに加えて，関連する事業費，積立が求められている責任準備金等への繰入・戻入が発生する。

　一般企業との違いは，売上収益の考え方にある。保険会社においては，各期に契約者から払い込まれた保険料が，そのまま収益となる。つまり，「既契約＋新契約」から発生した保険料が，当期の売上収益として計上されている。同じく保険金支払額も，実際に保険金等の支払いが発生した際に計上される。このことは，P/L において，保険契約に関するその期の成果（収益）と犠牲（費用）との対応関係がないことを意味している。とりわけ単年度契約ではなく，20〜30 年以上の長期契約を保有している生命保険会社では，各保険契約における収益と費用の発生時期のズレは大きくなる。

　保険料は，保険金の支払いにあてられる純保険料と，事業運営に必要な付加保険料で構成されている。多くの生命保険において採用されている平準純保険料方式では，初年度から契約最終年度まで，保険料に占める純保険料と付加保険料の割合を変更しない。新規の生命保険契約は，事務的な費用も含めて契約初期に保険料収入を上回る多額の費用が保険会社側に発生し，その後の保険期間で得られる保険料収入で回収していく仕組みになっている。そのため，新規参入した生命保険会社では，獲得した保険契約に対応した責任準備金の繰入が発生し，諸費用（新契約費）もかかるため，当期純損失（赤字）が計上される。一方で，事業を開始してから相当年度経過した生命保険会社においては，新規の保険契約の獲得を控えた場合，対応した責任準備金の繰入も必要なく，諸費用も発生せず，当期純利益が増加する。

　このことを事例で確認してみよう。新規参入企業であるライフネット生命は，2018 年 3 月期〜2022 年 3 月期の 5 年間で保険料等収入を増加させて規模が拡

図 7-2　保険会社の P/L
―――経常利益の算定過程―――

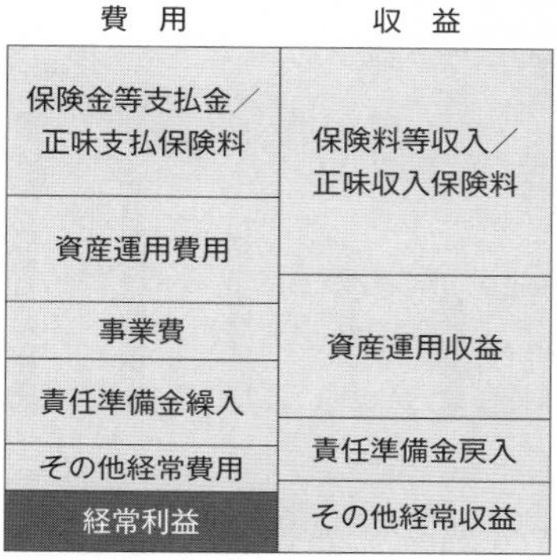

費　用	収　益
保険金等支払金／正味支払保険料	保険料等収入／正味収入保険料
資産運用費用	
事業費	資産運用収益
責任準備金繰入	
その他経常費用	責任準備金戻入
経常利益	その他経常収益

（出所）　筆者作成。

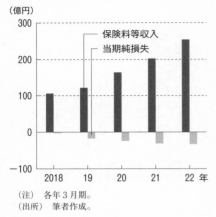

図7-3 ライフネット生命の
保険料等収入と当期純損失

（億円）

（注）各年3月期。
（出所）筆者作成。

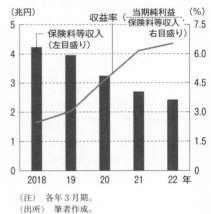

図7-4 かんぽ生命の
保険料等収入と収益率

（兆円）　　　　　収益率（当期純利益／保険料等収入）（％）

（注）各年3月期。
（出所）筆者作成。

大したが，その間，一貫して当期純損失を計上している（図7-3）。同社は，2012年3月に上場してから10年間，当期純損失を計上し続けている。これは，新契約に対応して責任準備金等繰入額が求められることに起因している。

　一方，かんぽ生命は，不適切な保険契約の勧誘に伴い保険商品の販売を控えていた2020年3月期・2021年3月期の両期において，保険料等収入が急減し，販売を再開した2022年3月期もその減少が止まっていない（図7-4）。にもかかわらず，収益率（当期純利益/保険料等収入）は増加傾向にある。新規の保険契約に関連する諸費用が発生せず，既契約からもたらされる収益により当期純利益は押し上げられ，結果として当期の収益率が高くなっている。ただ，もちろん既契約が満期を迎えていけば，いずれ収益率は低下していくことになる。

　表7-1は，保険会社における経常利益から当期純利益までの算定過程である。経常利益から，非恒常的な損益である特別損益，契約者配当準備金繰入額（生保のみ）などが差し引かれ，税引前当期純利益が求められる。さらに，法人税等を調整し，最終的な当期純利益を求める。特別損益に入る項目とし

表7-1　保険会社における経常利益から
当期純利益の算定過程

経常利益
特別利益
特別損失
契約者配当準備金繰入額
税引前当期純利益
法人税等
当期純利益

（出所）筆者作成。

ては，たとえば，固定資産の処分に伴う損益や，固定資産の価値が帳簿に記載されている評価額（以下，帳簿価額）と比較して著しく下がった場合に強制的に回収可能価額（資金の回収が可能と考えられる額）まで評価減を行う減損損失などがある。

契約者配当準備金繰入額は，保険契約者に対して将来支払う配当金をあらかじめ繰り入れておく際に発生する費用である。契約者配当がない保険会社においては，当項目は設けられていない。株式配当は当期純利益が確定した後，株主総会で利益処分の手続きを経て決定され費用とはならない一方で，契約者配当は費用として扱われる。

2.2 損害保険事業と生命保険事業の収益指標

P/L を見ているだけでは，保険会社が事業で収益を得ているかどうかはわかりにくい。そこで，損害保険事業と生命保険事業には，それぞれ独自の指標が設けられている。この指標の意味するところを理解できれば，保険会社が開示している財務情報を読み取りやすくなる。

損害保険事業を営む企業は，**コンバインド・レシオ**と，その内訳である損害率・事業費率を，P/L 本体とは別に開示している。各指標は次のような式で求められる。

コンバインド・レシオ（％）＝損害率＋事業費率

$$損害率（％）＝\frac{正味支払保険金＋損害調査費}{正味収入保険料}×100$$

$$事業費率（％）＝\frac{諸手数料及び集金費＋保険引受に係る営業費及び一般管理費}{正味収入保険料}×100$$

損害率は，受け取った保険料に対する支払った保険金と損害調査費との合計額の割合を表し，この数値が高くなると支払いが過大になっていることを意味する。保険事故が大量に発生する大災害時には，この指標が上昇する。事業費率は，効率的な運営ができているかを知るための指標であり，受け取った保険料に対する事業に関連する一般管理費の割合を示す。コンバインド・レシオは，損害率と事業費率を合算したものである。仮に 100 ％以下であれば，保険料の収入が支出を上回って収益を上げており，100 ％を超えていれば，支出が収入を上回って損失が発生していることを意味する。図 7-5 は，損害保険会社各社のコンバインド・レシオと，その内訳である。2019 年 3 月期と 2022 年 3 月期

図 7-5　損害保険事業のコンバインド・レシオ（損害率・事業費率）

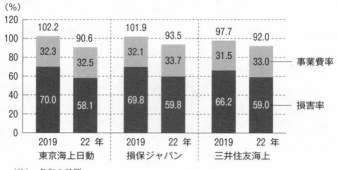

(注)　各年 3 月期。
(出所)　筆者作成。

の損害率・事業費率を表す。2019 年 3 月期の実績では，東京海上と損保ジャパンが 100 ％を超え，三井住友海上も 98 ％近くに迫っていた。2018 年は台風 21 号により近畿地方を中心に甚大な被害がもたらされた。その結果として保険金支払額が増大し，各社のコンバインド・レシオは上昇した。一方，2022 年 3 月期は，2021 年に大きな災害がなかったため，各社のコンバインド・レシオは 90～94 ％の値に収まった。損害保険事業は，その特性上，当期に発生した自然災害に左右され，財務数値も変動することがわかる。

　他方，生命保険事業に独自の指標として，**基礎利益**がある。基礎利益は，保険事業に関連する損益と資産運用の損益で構成される。基礎利益は P/L 上の項目だけでは知ることができず，別途，経営状況を示す指標として開示されている。基礎利益は次の式で求められる。

基礎利益＝経常利益－キャピタル損益－臨時損益

　基礎利益は，有価証券の売却損益等により発生したキャピタル損益と，非恒常的な項目である臨時損益を除いて算出される。臨時損益とは，事業ではなく保険契約に関する非恒常的な収益と費用を指し，P/L 上では経常損益に含まれる項目である。再保険収入，危険準備金戻入額などが臨時収益，再保険料，危険準備金繰入額などが臨時費用とされている。

　基礎利益は，利差益（損），費差益（損），危険（死）差益（損）の 3 要素に分解することもできる。予定利率により見込んでいる運用収益を実際の運用収支

表 7-2　生命保険事業の基礎利益（経常利益・キャピタル損益・臨時損益，2022 年 3 月期）──────

（単位：百万円）

	日本生命	第一生命	住友生命	明治安田生命
経常利益	493,205	378,920	145,962	248,377
キャピタル損益	297,359	68,539	32,550	−143,538
臨時損益	−600,808	−186,027	−247,750	−210,075
基礎利益	796,654	496,407	361,162	601,991

（出所）　筆者作成。

が上回る状態を「順ざや」，下回る状態を「逆ざや」という。順ざやは利差益，逆ざやは利差損が，それぞれ発生している状態である。危険（死）差とは，保険料算出時に想定した保険事故発生率により計算された保険金・給付金等支払予定額と，実際の保険金・給付金等支払額との差額である。費差は，当初想定した事業費と実際の事業費支出額との差額である。基礎利益を構成する三利源は，利益の内訳を知る上で有効ではあるが，基礎利益の内訳を詳細に開示していない場合もあるため，各社の比較は困難である。

　表 7-2 は，2022 年 3 月期における生命保険会社各社の基礎利益である。各社ともグループで運営されている企業だが，同表に示しているのはグループ合計額ではなく，単体の数値である。基礎利益を見ると，日本生命が一番大きく，次いで明治安田生命，第一生命，住友生命の順となる。ただし，経常利益は，日本生命，第一生命，明治安田生命，住友生命の順になっている。明治安田生命の基礎利益が大きいのは，キャピタル損益と臨時損益のマイナス分が足し合わされていることが作用している。その結果として，明治安田生命の基礎利益が第一生命を上回ることとなった。

　表の数値を見てわかることは，全社で臨時損益がマイナスになっていることであろう。臨時損益の内訳は，各社とも，危険準備金と追加的な責任準備金で，そのほとんどが占められている。基礎利益は，保険会社の本業の収益力を表していると説明されることも多い。ただし，キャピタル損益も運用収益に含めて考えるという見方もあり，かつ，臨時損益とされている各種の償却費・引当金も，事業活動により発生した収益および費用と考えることもできる。基礎利益は，収益力を表す指標の 1 つと理解し，その内訳に留意しながら，経常利益や当期純利益などの利益も併せて見ておく必要がある。

図7-6　保険会社のB/Sの主要要素

資　産	負債・純資産	
現金・預金	支払備金	保険契約準備金
有価証券	責任準備金	
	契約者配当準備金	
	社　債	
	その他の負債	
貸付金	株主資本（基金）	純資産
有形固定資産		
その他資産	その他の包括利益累計額	

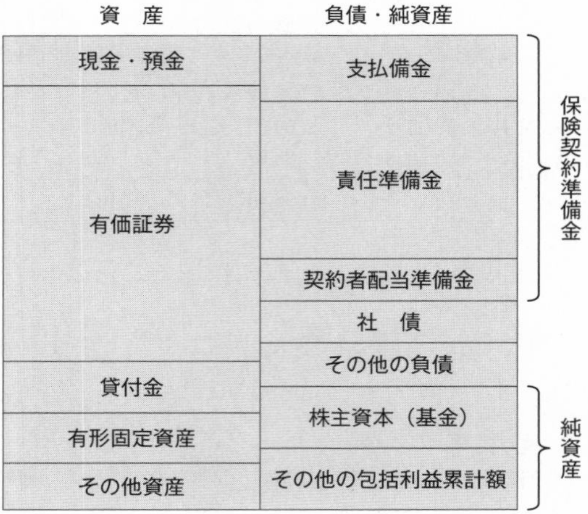

（出所）　筆者作成。

3　貸借対照表（B/S）の構成

3.1　B/Sの主要項目を学ぶ

　保険事業は，保険契約者と保険契約を約定し，リスクを請け負うことで成り立っている。生命保険事業には超長期の契約が多く，損害保険事業は比較的短期で契約が更新されていく。このように，生命保険事業と損害保険事業は請け負っているリスクの性質が異なるが，リスクを見誤れば多額の保険金支払いを求められ，事業の運営そのものが危うくなる点は共通している。不確実な事象に対し，どのように備えているかが問われているのである。B/Sの構成要素は，第10章で解説するソルベンシー・マージンの算定にもつながる。図7-6に保険会社のB/Sの主要要素を示した。

　保険事業を主として営む企業は，負債の大半（80％以上）が保険契約準備金（責任準備金，支払備金，契約者配当準備金）で構成されている。支払備金は，支払いが発生している保険金，返戻金等のうち，期末時点で未払いとなっている額である。**責任準備金**とは異なり，すでに支払いが確定している。契約者配当準備金は，2.1項で解説した契約者配当準備金繰入額を通じて積み立てられた総額である。資産側の大半は，有価証券で構成されている。保険事業は，保険

契約を引き受けた対価として将来のリスクを引き受け，その対価として受け取った保険料を資産運用に回すことで成り立っていることが，B/S から読み取れる。

3.2 保険会社の収益構造とリスクへの備え

企業のビジネスの主目的は，利益（キャッシュフロー）の獲得にある。保険会社も，その点では変わらない。しかし，保険会社と一般事業会社で利益の源泉は，まったく異なる。一般事業会社の利益の源泉は，資産にある。企業は資産を購入し，それを有効に活用することで，利益を獲得する。製造業であれば，生産のための工場や組立のための部品・機械が必要になるであろう。そうした資産を有効に活用し，利益を獲得し，事業を拡大していく。ところが，保険業のビジネスモデルでは，利益の源泉は資産ではなく，反対側の負債にある。

図 7-7 に，負債から利益・純資産への振り替えのイメージを示した。保険業では，保険契約を引き受けた時点で，保険会社側が負うべき義務（保険負債）が発生する。その対価として，保険料を契約期間内に継続して受け取る。受け取った保険料は，請け負ったリスクを保障するために積み立てられ，資産運用される。保険契約終了時に保険金の支払いが発生しなかった部分が，保険会社の利益（取り分）として確定し，純資産として振り替えられる。保険金の支払いが想定以上に発生した場合は，マージン部分から補填される。

以上から，保険契約者から受け取る保険料は，多すぎず少なすぎず，起こり

図 7-7 **負債から利益・純資産への振り替え（イメージ図）**

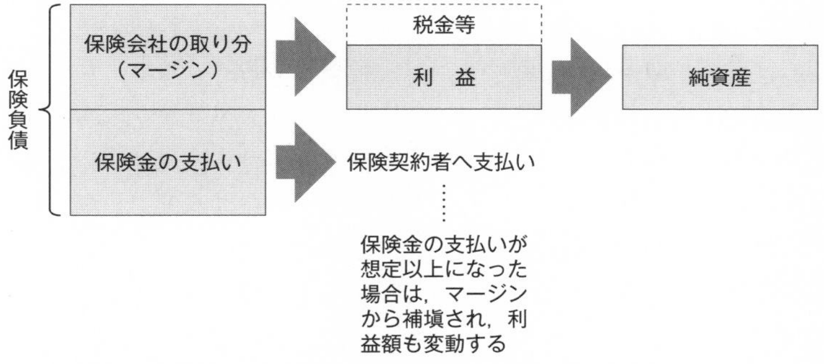

（注）　実際には，利益から純資産へ振り替える前に，配当等が差し引かれる。
（出所）　筆者作成。

3 貸借対照表（B/S）の構成　**135**

表 7-3 準備金の種類と詳細

危険準備金	将来の保険金支払いに対する準備金。実際の死亡率が予定死亡率を上回る保険リスク，予定利率を確保できない予定利率リスク，変額保険・変額年金保険の最低保証にかかわる最低保証リスクに対応する
異常危険準備金	地震・大火・台風などによる保険金支払いに対応した準備金
価格変動準備金	株式・債券などの資産の価格変動による損失に対応した準備金

（出所）　筆者作成。

　うる保険事故を算定して適切に見積もることが必要になる。つまり，多く保険料を受け取れば，マージン部分が拡大し，将来利益は大きくなるものの，保険商品の原価が上がってしまう。かといって，保険料を安くすれば，マージン部分が縮小し，想定以上の支払いが発生した場合に原価割れを起こしてしまう。現在約束した保険事故が発生するのは将来であるため，正確にその発生確率を予測することが必要になる。裏を返せば，予測可能な保険事故でなければ保険商品とすることは難しい。

　負債側の大半を占める責任準備金は，企業会計基準の規則ではなく，保険業法上の定めに基づいて算定される。日本において，責任準備金の算定は，算定要素に関する諸仮定や前提条件を，契約後には変更しない「ロック・イン方式」で行われている。さらに，保険業法施行規則では，想定外のリスクに対応するための準備金として**危険準備金**を積み立てることが求められ，それとは別に資産側のリスクに対応する価格変動準備金の積立も求められている。保険業法で定められている準備金をまとめると，表 7-3 のようになる。

　各種準備金の積立・取り崩しは，保険業法で定められている。対応するリスクの発現時に取り崩しが認められているほか，積立基準を超過した場合にも，その超過分が取り崩される。対応するリスク事象が頻繁に発生する場合には，準備金が枯渇することもある。たとえば近年，台風・水害等の自然災害が続いた際には，異常危険準備金の枯渇や取り崩しがニュースになった。準備金の積立は費用として計上されるため，繰入相当額だけ利益は減少するが，準備金の取崩時には反対に利益となるため，その分だけ利益が増加する。保険事故発生時に保険会社の損失が拡大するのを防ぐ役割を，準備金が果たしているのである。

　価格変動準備金は，運用資産に対応する準備金であり，独立の負債項目として記載されている。一方，異常危険準備金・危険準備金は責任準備金に組み入

れられているため，各準備金の額を確認するためには，財務諸表に記載されている注記事項（責任準備金明細表）か，ソルベンシー・マージン総額の内訳を見る必要がある。

3.3 有価証券の評価

B/S の資産側の構成の大半を占める有価証券には，株式・社債・国債・外国証券など，さまざまな種類が存在する。ただし，現行の日本の会計実務では，表 7-4 に示したように，種類別ではなく保有目的別による評価方法が適用されている。有価証券に限らず，保有する固定資産は毎期，時価評価を行い，その評価損益を計上するか否かで，P/L に与える影響が異なる。また，項目によっては P/L を経由せず，B/S の純資産「その他の包括利益累計額」（単体の B/S における評価・換算差額等）に評価差額が計上される。以下で，その詳細を説明しよう。

売買目的有価証券とは，トレーディング目的で保有している有価証券のことである。毎期，時価評価され，損益は P/L に計上される。

時価評価されないのが，満期保有目的債券である。ここでいう債券には，社債・国債・地方債などが該当する。満期保有目的債券は，償還時まで保有することを目的とする有価証券であるため，時価評価せず，償却原価法により評価する。なお，原則，いったん満期保有目的に分類された債券を他の分類に変更することは認められていない。

償却原価法とは，債券の取得時の価格と額面金額との差額を，償還時までに徐々に認識していく手法である。取得原価（取得時の価格を帳簿価格として固定する）に近い考え方であり，時価評価とは異なって，帳簿価額が急激に変動することはない。表 7-5 に，償却原価法（定額法）による会計処理方法を示した。

表 7-4　有価証券の分類と評価方法

有価証券の保有目的	評価方法
売買目的有価証券	時価評価（損益は P/L 計上）
満期保有目的債券	償却原価法
子会社・関連会社株式	取得原価
その他有価証券	時価評価（評価差額は「その他の包括利益」計上）
責任準備金対応債券	償却原価法

（出所）　筆者作成。

表7-5　償却原価法（定額法）による会計処理方法

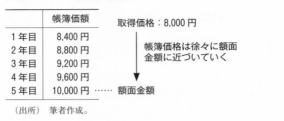

	帳簿価額
1年目	8,400 円
2年目	8,800 円
3年目	9,200 円
4年目	9,600 円
5年目	10,000 円

取得価格：8,000 円

帳簿価格は徐々に額面金額に近づいていく

…… 額面金額

（出所）　筆者作成。

取得価格 8000 円・額面金額 1 万円の社債を保有し，満期までの期間は 5 年であったとする（単純化のため，クーポン〔表面〕利子率は考慮しない）。額面金額とは，発行元が破綻しない限り，満期時に支払われる額である。満期までの 5 年という期間を通じて，帳簿価額が額面金額に近づいていっていることがわかる。このように償却原価法の場合，取得価額と額面金額の差額を実質的な利息と見なし，上の場合であれば毎期 400 円ずつ帳簿価額を増やしていって，満期時には帳簿価額が額面金額と一致するよう会計処理を行う。

　子会社・関連会社株式は，当該企業の子会社または関連会社の株式のことである。子会社・関連会社株式は，取得原価で評価される。

　他の分類に該当しなかった有価証券は，その他有価証券に分類される。その他有価証券は，評価差額を純資産の部（その他の包括利益）に直接計上し，当期純利益に影響しない形で会計処理される。

　責任準備金対応債券とは，先に述べた 4 つの区分とは別に，保険会社のみに認められた 5 つ目の区分である。責任準備金対応債券については，満期保有目的債券と同様に，償却原価による処理が認められている。責任準備金対応債券と満期保有目的債券の違いは，売買に制約がないことにある。長期固定金利の負債の金利変動リスクを相殺するために保有している債券が，責任準備金対応債券に区分される。

3.4　純資産（基金）の主要項目

　株式会社と相互会社は，基本的な考え方は共通しているものの，純資産の構成に異なる点がある。まず，株式会社の純資産の項目から見てみよう。純資産は主に株主資本とその他の包括利益累計額で構成され，これらを併せて自己資本とも呼ぶ。なお株主資本は，以下のように求められる。

$$\text{株主資本} = \text{資本金} + \text{資本剰余金} + \text{利益剰余金} - \text{自己株式}$$

資本金は，株主が株式会社に対して払い込んだ額である。資本剰余金は株式発行等の資本取引を行った結果として生じる剰余金，利益剰余金は毎期発生した当期純利益のうち利益処分を経て留保された剰余金である。株主資本は，これらの合計から，保有している自己株式分を差し引いて求められる。

その他の包括利益累計額は，単体のB/Sでは，評価・換算差額金等と表記される。この項目には，繰延ヘッジ損益やその他有価証券評価差額金といった，P/Lを経由せずに資本の直接の増減項目（資本直入）となる項目が含まれている。

その他有価証券評価差額金は，前項で説明した「その他有価証券」の評価差額金の累計額であり，増減額が大きくなる傾向にある。その他有価証券評価差額金は，運用環境がよい場合にはプラスとなって，純資産の増加要因となる一方で，運用環境が悪化するとマイナスになって，純資産の減少要因となる。その他有価証券の保有割合が大きければ，その分だけ純資産に与える影響が大きくなるため，注意して見ておく必要がある。

相互会社における純資産の主要項目は，表7-6のようになっている。実質的に，株式会社における株主資本に該当するのが，基金である。相互会社は，出資ではなく，保険引受に伴う外部からの資金提供により成り立っていると位置づけられ，資金を借りている状態と意味づけられている。保険業法第56条では，基金の償還に備え，基金償却積立金の積立が求められている。資本増強の手段として相互会社は，基金への出資を募集することで，基金および基金償却積立金を増額させることができる。

ここまでの説明では割愛したが，連結グループを構成している子会社における他者の持分額を表す非支配持分，将来の持分付与の約束をしている新株予約権も，純資産の構成項目である。極端に額が大きい場合は留意する必要があるものの，多くの企業においては額が小さいため，純資産≒自己資本と捉えても差し支えないであろう。

表7-6　相互会社における純資産の主要項目

基金等合計額
基　金
基金償却積立金
剰余金
その他の包括利益累計額

（出所）　筆者作成。

4 国際的な動向と IFRS （国際財務報告基準）

4.1 経済価値ベースによる純資産の算定

　前節まで，国内の保険会社における会計ならびに財務情報に関する基本的な枠組みを解説してきた。最後に本節で，国際的な動向に触れておこう。前述したように，日本の保険負債（責任準備金）は，諸仮定や計算要素を変更しない**ロック・イン方式**で算定されている。その一方で，経済状況（割引率，運用利回り）や保険事故の発生確率は契約当初から変化するため，それを算定に反映するのが望ましいという考え方もある。この考え方が，**ロック・フリー方式**とも呼ばれる，経済価値ベースの評価である。経済価値ベースの評価は，主に規制上で用いられている語であるが，会計における時価評価とほぼ同義に捉えて差し支えない。

　経済価値ベースで保険負債を算定することは国際的なトレンドになっており，日本の保険会社もその影響を受け，多くが IR（investor relations，自発的な開示）を通じて，ロック・フリー方式の **EV**（embedded value，潜在価値）や **ESR**（economic solvency ratio，経済価値ベースのソルベンシー比率）を算定し，結果を自発的に開示するようになってきている。

　ESR 規制は，2016 年に EU でソルベンシーⅡとして導入されている。日本の ESR 規制は，2026 年 3 月期（2025 年 4 月以降適用）に予定され，現在は規制の設定に向けた検討が進められ，2024 年春頃には全容が明らかになる見込みである。国際的に活動する保険グループ（Internationally Active Insurance Group: IAIG）を対象とした保険資本基準（Insurance Capital Standards: ICS）に準拠したものになると見込まれている。現在，EV・ESR などの時価情報を保険会社が自主的に開示するのは，こうした国際的な動向を踏まえたものである。EV と ESR は，以下のような構成要素から求められる。

$$EV = 修正純資産 + 保有契約価値$$

$$ESR = \frac{適格資本}{所要資本}（\%）$$

　EV は，B/S の純資産の部に資産の含み益・危険準備金・価格変動準備金を加算して求められた修正純資産に，保有契約価値を合計して求められる。保有契約価値は，計算時点の各種前提に基づき，将来見込まれる利益を含んで計算

図 7-8　ESR における所要資本と適格資本の求め方

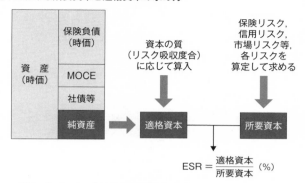

(注)　「のれん」は資産に含めず算定する。
(出所)　金融庁（2020）に基づき筆者作成。

されている。EV は，修正純資産の算定においては企業会計上の数値も援用しながら，経済価値ベースで見積もった保有契約価値を加算しているのが特徴である。

　一方で ESR は，基本的に企業会計とは別建てで算定し，経済価値ベースに基づいて見積もられた適格資本をリスク量（所要資本）で割ることで，必要資本を保有しているかを算定する。図 7-8 に，ESR における所要資本と適格資本の求め方を示した。ESR を算定する際，まず，保有する資産および負債を時価評価し，純資産額を求める。さらに，その純資産額から，適格資本を計算する。普通株式や内部留保等といった制約のない純資産をリスク吸収度の高い資本として Tire 1，劣後債や有価証券含み益等で構成される純資産を Tier 2 と区分する。適格資本として，Tire 2 は Tire 1 よりも算入に制限が課せられる。つまり，より質の高い（リスク吸収度の高い）資本を多く保有する保険会社ほど，ESR が高くなる仕組みとなっている。この考え方は，銀行規制に対するバーゼルⅢに準ずるものである。保険会社の大宗（80〜90 % 以上）を占めるのは，資産側では有価証券，負債側では保険負債（保険契約準備金）である。起こりうる時価の変動に合わせて，資産・負債側をマッチングさせながら運用しなければ，適格資本が減少することになる。

　また，所要資本について，関連する各リスクは計算日時点で再計算される。そのため，経済的な情勢によって特定のリスクが高まった場合，所要資本額は増加し，ESR の値は低下する。加えて，現在の推計に加えて認識する上乗せ

するマージンである MOCE（margin over current estimate）を算定しなければならないのも，ESR の特徴である。危険準備金・価格変動準備金のような準備金は保険業法上の規定に従って積み立てられてきたが，ESR は，その必要額を各社が計算して見積もる必要がある。

4.2 IFRS 17 と IFRS 9

財務会計の国際的な基準においても，保険負債を時価評価する **IFRS 17**「保険契約」が完成し，2023 年 1 月より適用されている。IFRS は International Financial Reporting Standards（国際財務報告基準）の略称で，IFRS 財団の International Accounting Standards Board（IASB，国際財務報告基準審議会）によって設定された会計基準の総称である。IFRS は，2005 年 1 月から EU 域内に上場する企業に対する連結財務諸表に適用が強制され，140 以上の国で採用されている。日本では 2010 年 3 月期以降，IFRS を連結財務諸表に任意で適用することが認められ，ソニーグループが 2021 年度から，ライフネット生命が 2023 年度から，それぞれ適用を開始した。

IFRS 17 は，保険負債を見積もるための評価モデルとして，図 7-9 に示すような 4 つの基本的な要素（building block）を示している。IFRS 17 の特徴は，保険負債を，契約上のサービス・マージン，非金融リスクのリスク調整，将来キャッシュフローの見積もり，貨幣の時間価値（割引率）という 4 つの要素で構成されると定義し，保険契約の履行を前提とした履行キャッシュフローの概念を新しく取り入れた点にある。

保険契約の将来利益に相当するのは，契約上のサービス・マージン（contractual service margin: CSM）である。CSM は，保険契約の提供期間に毎期利益に計上されていく。仮に，当初予定していた通りに保険契約が進まず不利な契約となった場合（保険者が損をする場合），CSM は減額され，減額幅が CSM の残額を超過した場合には，その超過額が直ちに P/L に計上される。また，不確実性に対応する金銭的な負担は，保険契約者に請求され，保険料総額に含まれているものと考え，その相当額を非金融リスクのリスク調整として計上する。このリスク調整額は，保険契約の履行過程に応じて，順次収益として認識されていく。このように，従来切り分けられていなかったマージンを，将来利益とリスク調整に分類しているのが，IFRS 17 の最大の特徴である。

将来キャッシュフローの見積もりと貨幣の時間価値とを合算したものが，将

図7-9 保険負債を構成する4つの基本的な要素

契約上のサービス・マージン（CSM） ━━━━━━━━━➤ 将来利益

非金融リスクのリスク調整

将来キャッシュフローの見積もり ┐
　　　　　　　　　　　　　　　├ 将来の保険金支払額 ┐
貨幣の時間価値 ┘　　　　　　　　　　　　　　├ 履行キャッシュフロー

（出所）　筆者作成。

来の保険金支払額に相等する。この見積もりは，起こりうる保険事故の期待値
により求められる（確率加重平均）。これらを非金融リスクのリスク調整と合算
したものが，履行キャッシュフローと位置づけられる。

　なお，保険会社がIFRSを適用すると，IFRS 17と併せて，IFRS 9「金融商
品」も適用されることになる。IFRS 9は，金融商品の分類を以下の3つに定
め，金融商品における契約上の特性（キャッシュフローの特性）と保有する企業
の事業モデルとに基づいた区分を求めている。

① 公正価値で評価し，純損益に計上する区分（時価評価し，損益をP/L計上）
② 公正価値で評価し，評価差額を「その他の包括利益」に計上する区分
③ 償却原価法を適用する区分

　公正価値（fair value）は，IFRSでいうところの時価の概念に相当する。
IFRS 9の特徴は，資産をすべて公正価値で評価するオプションが用意されて
いることにある。計上される損益をP/Lに計上するか，「その他の包括利益」
に計上するかも，事業モデルに応じて選択する。ここでいう事業モデルとは，
金融商品を管理する目的ならびにその管理体制のことである。自社の事業モデ
ルにとっては，どういった評価を行うのが妥当かを判断し，あらかじめ評価方
法を決定する。

　保険会社においては，ALMの考え方に基づいて資産と負債が時価評価され，
リスク管理されている（第6章参照）。資産と負債の評価方法と整合性を持たせ
るためには，IFRS適用時に資産をすべて公正価値で評価することを選択する
のが妥当であると考えられる。したがって，IFRS 17適用時に保険各社は，
IFRS 9におけるすべての金融資産を公正価値で評価するようになると想定さ
れる。

4 国際的な動向とIFRS（国際財務報告基準）　**143**

5 「習うより慣れよ」が大事

保険会社の会計は，一般事業会社の会計と異なる点があり，読み取り方にコツがいる。本章では，保険業全般を意識して，生命保険業と損害保険業をほとんど区別せずに説明してきた。最近は，損害保険業を主とする保険会社が生命保険業の子会社を保有していることもあり，両方の知識が求められる。保険業の財務諸表を各社のウェブサイトから入手し，実際の数値を分析してみてほしい。会計の数値分析は，基本的な知識を習得した後は，まずは「習うより慣れよ」の精神で事例を見てみるとよい。各種基準や規制の動向によっても，会計の枠組みは変化しうる。そのため，関連するニュースなどにも注目してみてもらいたい。

● 演習問題

1　上場している保険会社の有価証券報告書をチェックして，自社の経営状態がどのように説明されているかを見てみよう。「（検索したい会社名）有価証券報告書」で検索すればデータを入手できる。やってみよう。

2　損害保険会社を2社以上選び，両社のコンバインド・レシオ，損害率，事業費率を調べ，5年分の推移を比較してみよう。

3　生命保険会社を2社以上選び，両社の5年間の基礎利益を調べ，推移を比較してみよう。

第 **8** 章

保険事業と保険経営

● Introduction

近年，保険経営を取り巻く環境は大きく変化している。変化に伴い保険会社には，より効率的なビジネスモデルの採用や新たな顧客ニーズへの対応が求められるようになっている。本章では，保険事業を展開する保険経営に関し，その特徴やビジネスモデルについて考察する。まず，保険事業の特性を把握することで，保険業界の独自の要素について洞察を深める。次に，生命保険や損害保険の主力チャネルの特徴を踏まえながら，保険販売チャネルの変遷と多様化について掘り下げていく。加えて，保険事業の企業形態を解説し，保険業界を取り巻く社会経済の変化について考察する。

1　保険事業の特性

保険事業は，金融市場において証券会社や銀行とも異なる事業を展開し，その業務内容は多岐にわたる。総じて，保険事業の業務は，①保険商品の設計と料率設定，②アンダーライティングと保険販売，③リスクの保有と再保険などの手段によるリスク分散，④保険契約の保全と保険サービスの提供，⑤資産運用と投資，という 5 つに分類することができる。

1.1　保険商品の設計と料率設定

保険のニーズは，外部環境の影響を受けやすく，時代の変化とともに多様化している。そのため保険会社は，消費者のライフスタイルやライフステージの変化から生まれる新たなニーズに応えるべく商品開発を行うが，近年はそのサイクルが短くなっている。開発にあたってはターゲットを明確にすることも経

営戦略上重要であり，販売対象が若年層か高齢者か，個人か団体かなどによって商品設計の方向性は異なってくる。

また，保険商品は「価値転倒財」であるため，原価が確定するのは保険の契約終了後となる。したがって，保険商品の料率設定を楽観的に行うと，保険収支が赤字になる可能性がある。とはいえ，保険料は保険消費者が受け入れられる範囲内で設定する必要がある。保険料の設定は，専門職であるアクチュアリー（保険計理人）が担当する。保険商品の特性からいって，アクチュアリーは保険の価格設定に必要不可欠な存在である。

保険会社は，保険商品の設計にあたって，既存商品からヒントを得たり新たなニーズを見出したりしてアイデアを構想するだけでなく，主な顧客層や市場規模まで考慮する必要がある。また，保険需要を喚起するために，商品設計の段階から具体的な販売のシナリオを考えておくことも重要である。こうしたプロセスからわかるように，保険商品は全体的なデザインを確定するまでに時間がかかるのみならず関連部署の連携が求められる。デザインが固まると，保険商品の基礎書類が作成される。基礎書類には，定款のほか，事業方法書，普通保険約款，保険料および責任準備金算出方法書が含まれる。とくに約款は，保険契約者との取引の際に示すものであり，慎重な作成が求められる。

いずれにせよ保険会社が提供する保険商品は，消費者にとって保障ニーズに適した商品であると同時に，適正な価格設定がなされていることが重要である。

1.2　アンダーライティングと保険販売

アンダーライティングとは，保険引受のことであり，契約時に保険会社が保険契約者に対して引き受けるか否かを判断し，引受の諸条件（保険料率・保険期間・保険金額など）を決める，一連の保険業務である。生命保険会社のアンダーライターは，保険加入に際して個々人が持つリスクの程度を審査し引受の可否を判断するため専門的知識とスキルが要求され，医学・法律・財務などに関する幅広い知識を持ち併せなければならない。言い換えれば，生命保険契約の入口においてはアンダーライターがリスク管理を担っているといえる。また，アンダーライティングを通じて保険契約者との信頼関係を構築し，顧客満足度を向上させれば，契約の継続あるいは新規契約の獲得も期待できる。ただ，一連の業務に関しては効率化が重要な課題となっており，査定プロセスと関連するシステムとの整合性を図っていく必要性が指摘されている。

保険販売は，アンダーライティングと同時進行で行われる。保険商品の販売は，アンダーライティングを通じて保険契約者に認知されることによって完成する。したがって，アンダーライティングと保険の販売は表裏一体の関係にあり，保険業務の順調な展開にとってきわめて重要な一環を構成している。

1.3　リスク保有とリスク分散

　ここでいう**リスク**とは，保険会社が引き受けた保険契約のことを指す。保険会社は，引き受けたリスクをすべて保有するかどうか，自社の財務健全性と支払余力に基づいて判断しなければならない。リスク保有のキャパシティを超える部分については通常，再保険などの手段によってリスク分散が図られる（第9章参照）。

　とくに損害保険分野において，航空機や巨大タンカーなど高額の保険契約を引き受けている場合，1回の事故で多額の保険金支払いが発生するリスクが伴う。あるいは，地震や台風など自然災害の発生により，保険金支払いが予想以上の高額になる可能性もある。損害保険会社の経営は，このような事業業績を不安定にする要素を常に抱えている。経営の安定化と引受リスクのコントロールを図るためには，**再保険**スキームを活用することが，損害保険事業領域において合理的であるといえよう。

　生命保険と損害保険では，引き受けるリスクの性質が異なることから，リスク分散の仕組みも異なっている。生命保険会社は，引き受けた保険契約の中でもとくに高額の契約については，リスク分散を図るためにしばしば，国内・国外の再保険引受会社と再保険契約を締結する。

　このように，再保険が機能することで，保険会社は保険事故の発生に伴う保険金支払余力を確保できる。それによって，安定的かつ持続的な保険事業の運営が可能になっている。

1.4　保険契約の保全と保険サービスの提供

　保険契約が締結された後，保険期間が継続している間は，保険会社が保険契約の**保全業務**を行う。具体的には，保険契約の保障内容の見直し，保険契約の失効・解約の防止，名義変更・住所変更などの諸手続き，そして保険給付や保険金支払いなど契約の出口にかかる業務があげられる。すなわち保全業務は，保険契約者の契約内容の変更や追加から，解約，さらには保険金の支払いまで，

多岐にわたっている。なお，損害保険においては，保険契約の出口（契約の終了時）における損害査定がアンダーライティングの最重要な業務と位置づけられている。保険契約者が被った実際の損害を査定し，迅速に保険金を支払うことによって，保険の保障（補償）機能が果たされるからである。

保全業務は，業務内容が複雑であるため，システムの統一が難しいとされるが，今後は現在以上にペーパーレス化が進んでいくことが予想される。多くの保険会社は，業務委託や外部コンサルティングによる効率化を図ることで，全体的な営業コストの削減に努めている。また，保険市場には異業種からの参入も増えており，たとえば巨大IT企業が参入して新たな保険サービスを提供することなども期待されている。保険契約が継続される限り，保全業務はなくならないが，その中で種々の保険サービスを提供することで顧客との信頼関係を構築できれば，顧客満足度向上にもつながるだろう。

1.5 資産運用と投資

何度か述べてきているように，保険会社は経済的保障機能とともに金融機能を担っている。保険会社は**機関投資家**であり，保有資産の蓄積によって，金融市場で大きな影響を有する。とくに生命保険では，20〜40年の長期契約が多いため，保険契約者から徴収した保険料は長期間蓄積され，保険給付までの間に資産運用が行われる。有配当保険では，運用実績に応じて保険契約者に配当が行われる。無配当保険であっても，生命保険料の設定時にあらかじめ定めた**予定利率**で資産運用を行うため，利子がゼロの銀行預金とは異なる。

一方，損害保険では，保険契約が基本的に1年と短く，実際に生じた保険損害に応じて保険金を支払う。損害保険会社の収益力を表す指標に，**コンバインド・レシオ**がある。コンバインド・レシオは損害率と事業費率の合計で，それが低ければ低いほど損害保険会社の収益力が高いことを示す。また，「1−コンバインド・レシオ」で，損害保険会社の営業利益率を示すことができる（第7章参照）。

保険会社は，機関投資家としての側面を強めてきた結果，本業よりも金融機能を活かした資産運用収益を増大させている。そうした中で，環境（E）・社会（S）・企業統治（G）を考慮した**ESG投資**が重視されるようになってきており（第6章参照），SDGs（持続可能な開発目標）の視点に配慮しつつ，保険事業の「サステナビリティ経営」が注目されている。大手保険会社は金融グループ会

社あるいは巨大コングロマリットを形成し，単なる保険ビジネスにとどまらない多岐にわたる事業を展開している。経営の安全性と健全性を追求するために，保険引受業務のみならず資産運用業務においてもコンプライアンスの重視が求められているのである。

2 保険の販売とビジネスモデル

2.1 生命保険経営における営業職員の位置づけ

営業職員は，生命保険販売の主力チャネルである。保険募集人の資格を有する者しか保険の販売には従事できないため，営業職員は業界共通の教育制度（生命保険協会の業界共通教育課程と継続教育制度）を通じて生命保険全般に関する知識を習得する。

営業職員は，大正末期から昭和初期にかけての時期に登場した。それまでは生命保険会社の幹部職員が富裕層である地元名士や有力者を対象に「トップ・セールス」を行っていた。しかし，その後，資本主義市場経済の発展に伴う都市化・工業化によって労働者階級が形成・拡大したことが，営業職員が導入される背景となった。つまり，不特定多数の人に生命保険を販売するには，営業職員というチャネルが効率的だったのである。戦後復興期においては，戦争未亡人が保険販売の主力を担った。身近な人々から徐々にターゲットを広げていった戦略は，「義理・人情・プレゼント」による保険募集であり，それぞれの頭文字をとって「GNP」と呼ばれた。

さらに，戦後は護送船団行政のもとで画一政策がとられていたため，生命保険各社がとにかく販売に注力した結果，大量の営業職員採用と大量脱落が生じ，また大量採用が行われるという悪循環に陥った。これがいわゆる「ターンオーバー」問題であり，それによって生命保険募集は高コスト体質になったともいえる。

高度経済成長期に入ると，各社間の販売競争が激化し，無理募集などの消費者トラブルが深刻化したため，1963年に共通試験による営業職員制度が創設され，1974年度から業界共通教育制度が開始された。

1990年代は営業職員の最盛期で約45万人が在籍していたが，現在は20万人規模にまで減少している。それでも営業職員は依然として生命保険販売の主力チャネルであり，顧客との信頼関係構築やニーズに合った保険商品の提案を

通じて，保険会社の成長と顧客満足度向上への貢献が期待できる。

　営業職員の強みとして，対面販売による丁寧な対応があげられる。1人1人の保険ニーズに合わせた商品の提案が可能となり，保険契約者のライフステージの変化に応じて保険サービスを提供することによって，継続的な信頼関係を構築できる。そのため，通信販売やネット完結型の保険購入と比較しても，営業職員は競争優位性を維持してきた。

　しかしながら，近年になってその位置づけは大きく変わろうとしている。大きな要因は，情報社会の進展により，能動的な保険消費者が急増していることである。保険の必要性を感じると，潜在的保険消費者はまず自分なりの比較を試み，インターネットでさまざまな保険商品を検索する。しかし，保険商品は種類が多く，特約も含めると商品比較が容易にできないという壁にぶつかる。その結果，保険ショップに足を運ぶことが選択肢の上位に現れる。駅中やショッピングモールなどに点在する保険ショップは，無料で相談できるため，商品の比較・説明を求める保険消費者に必要とされる販売チャネルとなっている。ただし，必ずしもそこで保険に加入するとは限らない。関連知識を吸収した保険消費者は，安さを求めてネット完結型の保険販売チャネルを選ぶかもしれない。あるいは，保険アフターサービスなどの要因を総合的に考えた末，最終的にやはり営業職員チャネルで保険に加入する可能性もある。要するに，従来の「保険は売られるものである」という捉え方に変化が生じており，保険会社も対面販売だけでなく，非対面販売も組み合わせた試みを始めている。

2.2　損害保険経営における代理店の位置づけ

　損害保険は，物や責任のリスクを対象とする保険であり，発生した損失に応じて保険金を支払うことが大前提となる。この特徴に合わせた効果的な販売手法として，**代理店**が主力チャネルとなっている。1996年度末，代理店は最多の62万3714店舗に達したが，保険自由化後の競争激化に伴って統廃合が進み，2016年には20万店を下回り，さらに2022年度末の代理店総数は15万6152店舗（前年比4722店減）となった。

　代理店は，保険会社を代行して保険契約を締結したり保険料を受領する権限を有している。代理店には乗合代理店と専属代理店の2種類がある（表8-1）。物を対象とする損害保険は，対象物の特徴に応じた販売が合理的である。たとえば，自動車を販売するディーラーが，副業で乗合代理店として保険ビジネス

表 8-1　代理店の分類と比較 ─────────────────

	取り扱う保険商品	規模	経営形態	専業・副業による分類
乗合代理店	複数の保険会社の商品	大	会社組織が一般的	専業・乗合代理店
				副業・乗合代理店
専属代理店	一社のみの商品	小	個人経営が主流	専業・専属代理店
				副業・専属代理店

（出所）　筆者作成。

図 8-1　代理店数の内訳（2022 年度末）─────────────────

専業
27,773 店
(17.8 %)

副業
128,379 店
(82.2 %)

乗合
36,440 店
(23.3 %)

専属
119,712 店
(76.7 %)

個人
63,180 店
(40.5 %)

法人
92,972 店
(59.5 %)

（出所）　日本損害保険協会［2023］より作成。

を展開すれば，車を購入した顧客に対して自動車保険を容易に勧めることができる。また火災保険は，住宅メーカーや不動産仲介業者が代理店となる形で販売されることが多い。こうしたことで，顧客の利便性と満足度が高まっている。

　なお，保険代理店には副業／専業という分類もあり，したがって，専業・乗合代理店，副業・乗合代理店，専業・専属代理店，副業・専属代理店という4つのタイプに分けられる。専業・乗合代理店は，経営規模が大きく，複数の保険会社の商品を取り扱っているプロの代理店で，独立性が高い。副業・乗合代理店は，自動車関連業（自動車販売店，自動車整備工場）を中心に，本業の延長で複数保険会社の保険商品を取り扱うところが多い。専業・専属代理店は，一社専属のプロ代理店であるため個人営業が主で，経営規模も小さい。副業・専属代理店は，特定の保険会社と委託契約を結んで副業的に保険販売を営む代理店であることが多く，不動産業が販売している火災保険が該当する。これらの代理店はそれぞれ特色を持ち，保険会社と消費者との橋渡し役として重要な役割を果たしている。

　代理店の内訳を見ると，副業代理店のシェアが圧倒的に高く，また専属代理

表 8-2　専業と副業代理店の店数（2022 年度）

損害保険契約ができる店・場所の種類		店　数（店）	構成比（%）
専業代理店		27,838	17.8
副業代理店	自動車関連業（自動車販売店，自動車整備工場）	85,521	54.8
	不動産業（賃貸住宅取扱会社，住宅販売会社）	14,719	9.4
	卸売・小売業（自動車関連業を除く）	5,472	3.5
	公認会計士，税理士，社会保険労務士等	3,091	2.0
	建築・建設業	2,936	1.9
	旅行業（旅行会社，旅行代理店）	1,602	1.0
	金融業（銀行等，銀行等の子会社，生保会社，消費者金融） 　うち銀行等（銀行，信用金庫，信用組合，農協）	1,572 (1,000)	1.0 (0.6)
	運輸・通信業	1,374	0.9
	その他（製造業，サービス業等）	12,027	7.7

（注）　専業／副業代理店数が図 8-1 右と本表とで異なっているのは，損害保険と生命保険の両方
　　　を販売している代理店の計上方法（専業または副業の区分）が違うことによる。
（出所）　日本損害保険協会［2023］より一部修正。

店の割合が高いことがわかる（図 8-1）。そして，表 8-2 に示されるように，副業代理店の種類は非常に多く，多岐にわたっている。中でも自動車販売店と自動車整備工場が約 55 ％という圧倒的な販売シェアを占めていることは，損害保険の主力商品が自動車保険であることを反映している。今後，能動的な保険消費者が増加するにつれ，乗合代理店の需要が高まっていく可能性がある。

2.3　保険販売チャネルの多様化

　保険商品の販売手法は，対面販売と非対面販売（ダイレクト販売）の 2 つに分けることができる。対面販売に関しては，生命保険では営業職員，損害保険では代理店が主力チャネルとなる。非対面販売では，生命保険・損害保険の両方が通販型やネット販売に注力している。

　1996 年以降の保険自由化と競争激化，さらに 2000 年代以降のインターネットの普及により，保険販売のあり方は大きく変化した。2020 年に発生した新型コロナウイルスのパンデミックも，社会生活の様式に大きな影響を与えた。多くの国がロックダウン措置をとり，人々は自宅でのリモートワークを余儀なくされた。そうした結果，オンラインでの保険相談や販売が徐々に受け入れら

れるようになってきた。保険会社はこの動向に対応するため，対面販売と非対面販売を組み合わせたアプローチを本格的に導入し始めている。

　ここでは，銀行窓口販売，ネット保険，来店型保険ショップを取り上げ，さらに近年の情報通信技術の発展による保険業界の進化を概観する。

(1)　銀行窓口販売

　銀行窓口販売は，2001 年 4 月から長期火災保険や信用生命保険などの販売が段階的に解禁され，2007 年 12 月に全面解禁された。これにより，あらゆる保険商品が銀行窓口で販売可能となった。銀行は，金融サービスとの親和性の高い個人年金保険や終身保険など，貯蓄性の高い保険を主力商品として提供している。各保険会社も，銀行窓口での販売に適した保険商品の開発に力を注いでいる。たとえば**変額年金保険**は，その典型例である。変額年金保険とは，一時払いで集めた保険料を株式や債券といった金融商品を投資対象とする特別勘定（ファンド）で運用し，その実績に応じて最終的に受け取る年金額が増減するという商品である。すなわち，個人年金保険に投資信託を組み込んだ保険である。銀行窓口では，保険と投資の両方に関心を抱く顧客に対し，こうした商品を容易に提案することができる。しかしながら，顧客への圧力販売やミスリーディングな行為を防ぐため，「弊害防止措置」が設けられている。防止措置の規制内容には，保険販売全般および銀行の融資先顧客への販売に関するものが含まれる。

　銀行窓口販売は，銀行にとって，顧客の資産形成に貯蓄・保険・投資のトータル・サービスを提供できるという大きなメリットがある。のみならず，保険会社からは代理販売の手数料収入を見込むことができる。

　しかしながら，銀行窓口販売は以下の課題に直面している。第 1 に，差別化である。銀行窓口販売は，他の販売チャネルと競合しており，独自性を打ち出すことが求められている。他の販売チャネルと比較したときの特徴やメリットを明確に示し，顧客に差別化された価値を提供する必要があるのである。第 2 に，顧客ニーズの多様化への対応である。多様化する顧客のニーズや要望に，迅速かつ適切に対応しなければならない。顧客の個別の要求に合わせてカスタマイズされた商品・サービスを提供し，顧客満足度を向上させることが重要である。また，オンライン・サービスやモバイル・アプリといった新たな販売手法を積極的に取り入れることも求められる。

　さらに，銀行窓口販売には二重のリスク管理問題が存在する。1 つは，銀行

側のリスク管理である。銀行窓口販売では，顧客の資産や個人情報などの重要なデータを扱うため，情報セキュリティやプライバシー保護の観点から，高いリスク管理が求められる。もう1つのリスク管理責任は，保険会社に帰属する。保険会社は，販売される保険商品の適切性や適合性の評価，商品の情報開示，クレーム処理などの対応を適切に行うことで，銀行と連携しながら，共同でリスク管理の取り組みを進めることが重要である。

(2) ネット保険

2008年に開業したライフネット生命保険は，インターネットで完結する保険販売を特徴としている。それまでにも通信販売の保険商品は存在していたが，全プロセス，つまり保険の検討から契約そしてアフターサービスまでがネットで完了するビジネスモデルは，保険業界に衝撃を与えた。

ただし，アンダーライティングとリスク選択が難しいため，ライフネット生命は主力商品を安価かつわかりやすい設定にし，また健康体の20代から40代をターゲットにした販売戦略を展開した。創業以来，新規契約者数を順調に伸ばしているが，既存の中堅保険会社と比較すると，依然として市場占有率は低い。ネット保険では，消費者が自ら積極的に商品内容を確認し，契約するかを決定する必要がある。そのため同社は，知名度の高い俳優や漫才師を起用するなど，広告宣伝に力を入れている。

このように，インターネットの普及は保険アクセスの利便性を高めたものの，保険募集から販売，そしてアフターサービスまでのすべてをネット上で完結させることには困難が伴う。保険は複雑で理解しづらい上に比較が難しく，募集から販売までは能動的な消費者を引きつけるコンテンツづくりが重要となる。また，アンダーライティングにおいてはリスク選択を慎重に行う必要がある。さらに，保険加入後のアフターサービスでは，保険契約者の多様な要望にネット上で適切に対応するための体制構築が不可欠である。これらの各点に関し，ネット完結型保険販売の限界が露呈している。

また損害保険分野では，近年，ダイレクト・チャネルが注目を集めている。ダイレクト・チャネルは，従来の通販型チャネルがネット販売に特化する形で進化し，付加保険料を低く抑えることで比較的安価な保険商品の提供を可能にした。とくに自動車保険分野では，損害保険各社がダイレクト・チャネルと代理店チャネルをハイブリッド化させる戦略にシフトし，契約獲得競争がいっそう激しくなっている。

(3) 来店型保険ショップ

来店型保険ショップは，2000 年に「ほけんの窓口」グループが横浜で第1号店を開店して以来その認知度が徐々に上昇し，保険の新たな販売チャネルとして確立されてきた。近年，駅の構内や近辺，オフィスビルやショッピングセンターなどに数多くの来店型保険ショップが設置され，消費者のニーズに合わせて保険商品の比較検討や詳細な説明を受ける機会を提供している。大手保険ショップとしては，「ほけんの窓口」に加えて「保険見直し本舗」「保険クリニック」「保険市場」「保険ほっとライン」などがあげられる。

来店型保険ショップは，保険契約が成立すると保険会社から支払われる代理店手数料を，利益の源泉としている。そのため，手数料の高い保険商品を顧客に勧めるインセンティブが働く。このことに社会的関心が集まる中，2016 年に施行された改正保険業法により，保険募集人は顧客への保険募集における意向把握義務・情報提供義務・意向確認義務を課されることとなった。顧客の保護と適切な販売プロセスの確保が求められるようになったのである。

来店型保険ショップは，従来の「保険は売られるものである」という販売思想とは異なる販売スタイルを示し，保険業界に大きな転換点をもたらした。このような変化が，業界全体の成長と競争力の向上に寄与することが期待される。保険会社は，営業職員チャネルや代理店チャネルとの共存を図りつつ，チャネル間の競合を避けるような仕組みの構築を求められている。販売チャネルは保険会社にとってコストを伴うツールであり，経営の合理性からも，バランスのとれた販売システムの構築が重要である。また，来店型保険ショップはネット完結型の弱点を補完でき，消費者にとって使い分けのメリットがある。

なお，保険自由化に伴って導入された保険ブローカー（保険仲立人）は，今のところ日本の個人保険分野では定着していない。保険ブローカーは顧客の立場に立って最適な保険を提案し，その対価として顧客から手数料収入を得る。保険ブローカーの役割と存在感を高めるためには，独立性や中立性，専門知識の提供といったことの価値を顧客に示す必要がある。保険会社との連携や協力関係の構築も重要である。保険業界は，保険ブローカーの潜在的利点を活かしつつ，顧客にとってよりよい保険商品やサービスの選択肢を増やすことに注力していく必要があるだろう。

(4) IoT の浸透と保険販売の進化

2000 年以降，インターネットの急速な発達と普及により，消費者の情報収

集能力は格段に向上した。とりわけ保険商品の比較に関しては，複数の比較検討を同時に行うことで，消費者は保険販売の前段階である程度の知識を備えて意思決定することが可能になった。利便性を考慮すると，将来的には生命保険と損害保険をワンストップで販売できるチャネルが主流になっていくであろう。さらに，IoT の浸透によって新たな勢力が保険市場に参入しやすくなり，また新たなリスクが顕在化することでも，保険販売は進化を求められていくだろう（第 10 章参照）。

2.4　保険サービスの進化

　上述のような時代の転換点に直面している保険会社は，従来の販売とアフターサービスだけでは消費者の満足度向上を実現できない。そのため，医療保険では健康増進サービス，損害保険では安全・防災サービスやリスク・コンサルティング・サービスなどに取り組んでいる。

(1)　健康増進サービス

　近年，保険会社は健康増進サービスの提供を強化している。これは，スマートフォンの普及と通信速度の向上によって実現された新たな試みである。とくに医療保険分野では，保険会社がアプリケーション（アプリ）開発に力を入れ，既存の契約者はアプリの使用によって保険料の割引を受けられる。保険契約者のアプリ活用を通じて健康データを収集することで，ビッグ・データ分析に基づいた保険商品の開発や保険サービスの向上が期待されているのである。同様の取り組みは年金保険や生命保険についても可能であり，生命保険会社が健康増進サービスを保険販売の一環に位置づける傾向は強まっていくだろう。

(2)　安全・防災サービス

　損害保険の場合，たとえば自動車保険では加入者が保険料の支払いから保険サービスまで一連の手続きを容易に確認できるアプリが提供されている。自動車事故が発生した際にも，アプリの位置情報から保険会社の迅速な対応が可能になり，利便性が高まる。災害などに関しても，最新の情報を受け取れるため，安全・防災サービスは事故対応や避難などにも役立つだろう。すなわち，損害保険会社は保険契約者に迅速なサポートや安心・安全な生活環境を提供する幅が広がっているが，プライバシーやセキュリティ保護の側面を適切に管理することは常に求められる課題である。

(3) リスク・コンサルティング・サービス

このような進化に伴い，保険事業は単なるリスク引受を主とするビジネスにとどまらず，個人には総合的な生活保障事業を，企業には全社的リスク・マネジメントの支援事業を提供していくことが期待されている。

リスク・コンサルティングでは，顧客の保険加入状況だけでなく，それぞれが抱える諸リスクの現状把握に始まり，リスク分析を行いながらトータル・コストを評価する。次に，個人の場合は家計，企業の場合は業種固有のリスクを洗い出し，それぞれに対処する提案をする。保険の見直しにとどまらず，企業の場合は社内規定などの見直しを提案することでリスクの最適化を図るリスク・コンサルティング・サービスを提供する。さらに，個人にはライフコーチのようなサービスを提供し，企業には社員教育や事業継続プランのサポートなど幅広い対応が可能である。

しかしながら，保険サービスの進化にはいくつかの課題が存在する。第1に，プライバシーとデータ・セキュリティの保護である。保険会社は大量の個人情報を収集することになるため，サイバー・リスクや情報漏洩のリスクに備えた適切な管理とセキュリティ対策が求められる。第2に，人材の確保である。技術の進化に追いつくためには，迅速な技術導入と人材育成が必要である。第3に，顧客体験の向上と顧客教育である。保険会社は，多岐にわたるカスタマイズ可能なサービスを提供するだけでなく，保険商品やサービスに関する正しい知識を簡潔でわかりやすく情報提供し，顧客の意思決定をサポートする必要がある。

3 保険事業の企業形態

3.1 個人経営の形態──ロイズ

ロイズとは，被保険者を代表するロイズ・ブローカーと，ネーム（保険引受会員）のシンジケートを代表してリスクを引き受けるアンダーライターの間で，保険取引を行う市場である。ロイズは，世界最古かつ最大の保険市場である。その歴史は古く，1688年頃ロンドンのテムズ川沿いに位置したコーヒー店（Lloyd's Coffee House）の創業にまで遡る。ロイズ・コーヒー店は当時，海運業者や貿易商人の交流の場として，情報の集まる場所になっていた。店主のエドワード・ロイドが，海運業者向けに情報ボードを設置して船舶の出港・到着情

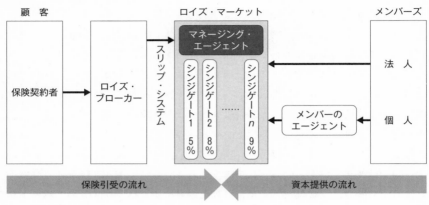

図 8-2　ロイズ取引の仕組み

顧　客　　　　　　　　　　　　　ロイズ・マーケット　　　　　　　　　メンバーズ

マネージング・エージェント

シンジケート1　5%
シンジケート2　8%
……
シンジケート n　9%

保険契約者　→　ロイズ・ブローカー　→　スリップ・システム

法　人

個　人

メンバーのエージェント

保険引受の流れ　　　　　　　　　　　　　　　　　資本提供の流れ

（出所）　筆者作成。

報などを提供したことで，次第に海運業者が船舶や海上保険に関する情報を交換する場所として知られるようになり，近代的海上保険の発展に大きく貢献した（第2章参照）。

　ロイズでは，保険商品を購入したい者が直接ロイズと取引の交渉をすることはできず，ロイズ・ブローカーに依頼する必要がある。保険引受人は，保険を引き受ける際，ロイズ・ブローカーが顧客の要望を記したスリップと呼ばれる書面に自分の名前をサインすることから，「アンダーライター」と呼ばれる。保険を引き受ける個人（現在は法人も可）は，その前にシンジケートを結成する。ロイズの最も特徴的な点は，個人が保険を引き受けることであり，引受業者は無限責任で保険金の支払義務を負うことである。この特徴からもわかるように，保険引受人には社会的信用と経済力の両方が求められ，アンダーライターは実質的に投資家である。またシンジケートは，保険引受等の日常的な業務を担うマネージング・エージェントを通じて，スリップ・システムを機能させている（図8-2）。

　約330年間にわたってロイズは，柔軟な保険取引のノウハウを活かして海上保険市場で主要なプレーヤーとなり，後に再保険市場でも重要な位置を占めるようになった。しかし，1990年代にロイズ危機と呼ばれる経営難に陥り，その対応として一連の抜本的な改革が進められたことで，はじめて法人による参加やネームの有限責任が認められた。この経営転換による法人メンバーの増加

に伴って引受キャパシティが拡大し，ロイズは再び国際競争力を高めるに至った。現在，ロイズの資本の大半は，世界の大手保険会社や再保険会社など有限責任の法人によって提供されている。ロイズは，保険事業の進化を語る上で欠かせない存在であり，これからも独自の役割を果たし続けるだろう。

　ちなみに，日本においてロイズは，1996年9月に免許特定法人（特定損害保険事業免許）として，ロイズ・ジャパン株式会社を設立した。同社はロイズが100％出資した完全子会社であり，主に火災保険，海上保険，運送保険，賠償責任保険，信用保険，機械保険，原子力保険，動産総合保険，費用・利益保険の引受を行っている。ただし，自動車保険や傷害保険といった損害保険会社の主力商品は取り扱っていない。

3.2　法人経営の形態——相互会社と株式会社

　保険会社には，法人経営の方式として相互会社組織と株式会社組織という2つの形態が存在する。保険業法第2条5項で，**相互会社**は，「保険業を行うことを目的として，この法律に基づき設立された保険契約者をその社員とする社団をいう」と定められている。つまり，相互会社は保険事業に特化した組織形態であり，その最大の特徴は「保険契約者から構成される，個人でも法人でもない組織」であることである。

(1)　株式会社と相互会社の比較

　株式会社と相互会社は，法律的な根拠から，資金調達，所有者，意思決定機関，利益の帰属などの面で，異なる特徴を有する（表8-3）。

　第1に，根拠法が異なる。株式会社は会社法と商法に基づいて，相互会社は保険業法に基づいて設立される。また，株式会社は利益を追求する営利法人であるのに対し，相互会社は営利も非営利も求めない中間法人と位置づけられている。

　第2に，会社設立時の資金源である。相互会社は，拠出者が出資する基金で事業を開始し，会社が解散または組織変更をする場合には基金を出資者に返還しなければならない。一方，株式会社では，株主が出資する資本金が事業の原資となり，株主は所有する株数に応じて会社経営にかかわることができる。

　第3に，所有者である。相互会社は，会社の所有者である保険契約者が社員となる組織である。株式会社では株主が構成員となることから，株式会社は株主の所用物といえる。

表8-3 株式会社と相互会社の比較

	相互会社	株式会社
性　質	保険業法に基づき設立された中間法人	会社法に基づいて設立された営利法人
資　本	基金（基金拠出者が拠出）	資本金（株主が出資）
所有者	社員（保険契約者）	株　主
意思決定機関	社員総会（総代会）	株主総会
利益の帰属	社　員	株　主
多角的経営の柔軟性	比較的低い	比較的高い
M&A 実行の柔軟性	比較的低い	比較的高い

（出所）　筆者作成。

　第4に，意思決定機関にも大きな違いが見られる。相互会社では，社員総代会が最高意思決定機関であり，経営陣は保険契約者のプロファイル（年齢・性別・職業・地域・加入している保険の種類等の要素）を考慮しながら，総代会の代表を選出することが一般的である。ただし，個々の代表者が相互会社の社員としてどれだけ意見を述べ，経営方針に影響を与えられるかは明確でなく，総代会の形骸化が指摘されている。一方，株式会社の意思決定機関は株主総会であり，そこにおいて株主は業績に応じて経営陣の退陣を要求することもできる。なお，株主の影響力は所有している株数によって決まるため，大株主ほど強い権限を持つ。

　第5に，利益の帰属である。相互会社の場合，利益は社員に帰属する。つまり，保険契約者が利益の受益者となる。一方，株式会社では，利益は当然，株主に帰属する。

　第6に，株式会社の方式は現代社会における最も一般的な組織形態であり，海外進出による多角的経営を考える際に相互会社よりも柔軟性が高いといえる。また，競争市場において競合他社や関連業種を吸収合併する場合，株式会社のほうが相互会社よりも市場からの資金調達を容易に達成できるとされている。

　なお，相互会社は必ずしも生命保険事業に特化した組織形態ではないが，日本では損害保険会社（2023年1月31日時点で計55社，うち外国損害保険会社22社）はいずれも株式会社である。海外では，アメリカのステートファーム相互自動車保険会社（State Farm Mutual Automobile Insurance Company）や，中国の衆惠財産相互保険社，滙友建工財産相互保険社など，損害保険会社が相互会社の組織形態で事業展開しているケースもある。一方，日本の生命保険会社に関しても，相互会社形態を維持しているのは，42社（2023年1月31日時点）のうち5

社（朝日生命，住友生命，日本生命，富国生命，明治安田生命）のみとなっている。

(2) 相互会社の株式会社化をめぐる是非

1902年に日本初の相互会社として誕生した第一生命保険相互会社は，後に業界第2位大手にまで成長したが，2010年に株式会社への組織転換に踏み切り，保険業界全体に大きな衝撃を与えた。それ以前にも，大同生命（2002年），太陽生命（2003年），三井生命（2004年）が株式会社化を実現している。背景としては，保険自由化による競争激化と，それに伴う保険会社の経営戦略の転換が，大きな要因にあげられる。

株式会社化によって期待されるメリットは，以下の3点である。第1に，経営の多角化である。国内の保険市場は飽和状態にあり，人口構造の変化も進行している。こうした状況下で保険会社は，保険事業だけでなく関連事業領域にも参入し，多様な収益源を確保する必要がある。株式会社化によって経営の柔軟性が高まれば，事業の多角化も容易になるため，選択次第で会社の事業継続と守備範囲の拡大につながる可能性がある。

第2に，資本の増強である。経営の安定性と収益性を追求するには健全な財務基盤を維持する必要があるが，株式会社は柔軟な資金調達方法で資本の増強を実現できる。一方，相互会社は，内部留保を厚くすることが求められ，資金調達の柔軟性は制約される。ただし相互会社の場合は，余剰金が生じた際に保険契約者へ配当として還元することで，保険料を実質的に安くすることができる。これは相互会社の理念に一致することでもあるため，内部留保するか契約者配当を増やすかに関しては，各相互会社の経営判断が求められるところである。

第3に，企業統治の改善である。株式会社は，株式市場と株主から厳しい監督・監視を受けることで，株主との対話を重視するようになって経営の透明性や責任の明確化が進み，結果として持続的な成長や社会的信頼性の向上が期待される。

他方，株式会社化のデメリットとしては，以下の3点が考えられる。第1に，株価変動や株式市場の影響を受けやすくなることである。株主からの期待だけでなく，会社の業績や市場の変動によっても，株価は変動する。株価の変動は，会社の評価や資金調達の難しさに影響を与える可能性がある。

第2に，買収されるリスクが顕在化することである。株式は市場で売買できるため，株式会社は他企業の買収対象になりやすくなる可能性がある。買収に

よって経営方針や企業文化が変わると，保険契約者や従業員にも影響を与える恐れが生じる。

第3に，保険契約者の利益より株主の利益を最優先する経営になってしまうことである。株式会社は株主の利益を最大化することを目指す経営形態であり，株主の意向に従った経営方針をとることが求められる。これにより，保険契約者の利益や長期的な安定性に対する配慮が薄れる可能性がある。

(3) 相互会社のメリットとデメリット

一方，相互会社組織を維持することについては，下記3点のメリットが考えられる。第1に，経営陣にとって，経営の継続性と安定性を保つことが容易である。相互会社は基金を公募証券化によって資金調達する方法を利用し，定期的に説明会を開いて情報開示に努める。これにより，資金調達や経営方針の継続に関して安定性を確保しやすくなっている。

第2に，保険契約者は相互会社の構成員として，契約者利益の最優先を期待できる。前述の通り，相互会社では社員総会に代わる機関として社員総代会が設けられ，経営陣に対して意思表示をする。総代が1人1つの議決権を持ち，総代会で議題・議案の提案権や総代召集請求権を有する。このような仕組みによって保険契約者の利益を重視した意思決定を行うことで，「営利でも非営利でもない」という中間法人である相互会社の性質が表現されている。

第3に，買収されるリスクが低い。相互会社では，社員すなわち保険契約者の利益最優先が根本にある。加えて上場していないため，株式市場の不安定性や敵対的買収のリスクにさらされる可能性も低くなる。

デジタル化社会においても相互会社がこういった独自のメリットを活かすには，形骸化を避けるための工夫や新たな取り組みが求められる。保険業界の環境変化は激しく，組織形態を適切に選択し，保険契約者の利益や経営の安定性を最大化する方策を追求することが重要になっている。

そうした中で，相互会社が直面する課題としては，以下の各点が指摘されている。まず，事業展開の幅が制限される可能性である。株式会社のメリットとして前述したことの裏返しで，日本の少子高齢化や人口減少といった現状から，国内市場の縮小・飽和がさらに深刻化すると予想される厳しい経営環境において，相互会社が多角化経営を実施するために，契約者利益を最優先した経営戦略をどのように展開していけるのかは不透明である。

次に，契約者に相互会社の優位性が見えにくい。契約者は保険契約の期間中

には，相互会社の所有者である社員としてさまざまな権利を享受するが，契約関係が終了すると，すべての権利を放棄することとなる。一方で相互会社の内部留保は継続していくが，契約者は契約期間の終了時に利益配当として給付されるべき金額を受け取れない可能性がある。

　これらの課題は，相互会社が組織形態として有する特徴に起因している。保険業界の変化や競争激化に対応するには，事業展開の柔軟性や契約者利益を最大化する施策を模索しなければならない。相互会社という組織形態を維持する意義やその持つ価値を見出した上で，ガバナンスの強化および経営改革が求められている。

3.3　組合経営の形態──協同組合・相互組合・交互組合

　組合経営の形態として，協同組合，相互組合，交互組合があげられる。協同組合は古くから存在するが，近代における協同組合思想は，イギリスにおける資本主義の発展とともに生じた労使対立など，社会経済的矛盾が深まる中で形成された。すなわち協同組合は，労働者階級が力を合わせて助け合っていくために結成された組織であり，その理念は相互扶助である。地域や業種ごとの協同組合は，助け合いを通じて組合員同士の福利厚生の向上を目指す。

　協同組合の特徴として，以下の4点があげられる。第1に，自発性である。協同組合は，有志者が共通の目的を達成するために自発的に結成される組織である。第2に，非営利性である。利益追求ではなく，組合員同士の助け合いと組合員の福利厚生の向上を目的とした組織である。第3に，地域性である。協同組合は特定の地域で，その地域特有の産業従事者（農業，林業など）や地域住民の支え合いのために結成されることが多い。第4に，職域性である。同じ職業の人々が自発的に協同組合を結成することもあり，これは地域性とも関連している。

　戦後日本では，1947年に北海道で初の農業協同組合が組織されて順調に組合員を増やし，結果として地方から都市部へ進出することとなった。協同組合には，組合員向けの生活保障手段として，共済がある。たとえば，農業協同組合連合会のJA共済は，大手保険会社と競合するほどの規模を擁する（共済については第4節で詳述）。しかし，時代の変化に伴って，協同組合のみならず，協同組合という組織形態による保険経営も転換点を迎えている。

　次に，相互保険組合に関しては，一例として，1950年に設立された日本船

主責任相互保険組合（The Japan Ship Owners' Mutual Protection & Indemnity Association: Japan P&I Club）をあげることができる。この組合は，船舶の所有・用船者または運航に携わる者が運航に伴って負うリスクによって生じる費用および責任を，相互保険の形で補償する非営利の相互扶助組織である。各国の船主相互保険組合が加入する国際 P&I グループも存在し，船主の責任や費用の補填を，再保険に類似する形でリスク分散している。

最後に交互組合は，レシプロカル（reciprocal exchange）と呼ばれるもので，「互いに保険（保障）を交換する」仕組みである。アメリカ独特の保険引受形態であり，保険契約者が同時に他の組合員の保険者となり，組合員同士間でリスク分散を行う。交互組合ではリスクの引受主体が個人の組合員であるのに対し，相互保険では組合組織を通してリスクを分散・分担している。

4 共済および少額短期保険業者

4.1 共　　済

共済とは，協同組合保険である。つまり，共済は協同組合の組合活動の上に存在する保険事業であり，組合員のために提供される生活保障サービスである。民間保険とも類似性が高いが，表 8-4 に示すように，理念や目的に大きな相違点がある。

保険の理念は，リスクに応じた保険料の設定を通じた保険サービスの提供である。一方で共済は，組合員福利厚生のために保険の仕組みを利用した形で提供されるものである。また，保険会社の監督官庁は金融庁であるが，協同組合はその根拠法によって異なる監督官庁の管理監督を受ける。たとえば，JA 共

表 8-4　保険と共済の比較

	保　険	共　済
理　念	保険サービスの提供	組合員の福祉向上
目　的	営利目的	相互扶助
監督官庁	金融庁	各種官庁
販売主体	民間保険会社	協同組合
経営体制	本体による生損保兼営禁止	本体による兼営可
リスク分散	保険集団	構成組合員
保険料の算定	保険原理の追求	保険技術を応用

（出所）　筆者作成。

表 8-5　共済事業の根拠法および管轄官庁

根拠法	根拠法の所管庁	協同組合名
農業協同組合法	農林水産省	農業協同組合[1]，JA 共済連
水産業協同組合法		漁業協同組合[1]，JF 水産連
消費生活協同組合法	厚生労働省	こくみん共済 coop（全労済），日本再共済連，コープ共済連，大学生協共済連，全国生協連，生協全共済，防衛省生協，神奈川県民共済[1]，全国電力生協連，全国交通共済生協，JP 共済生協，電通共済生協，森林労連共済，全たばこ生協，全水道共済，自治労共済，教職員共済，全特生協組合，全国酒販生協，全国たばこ販売生協，全国町村職員生協，都市生協，警察職員生協，全日本消防人共済会
中小企業等協同組合法	経済産業省	火災共済協同組合[1]，日火連，トラック交通共済協同組合[1] または 2]，交協連[2]，自動車共済協同組合，全自共，福祉共済協同組合[1]，中済連[1]，開業医共済[1]，全米販[3]，日本食品衛生共済協同組合[3]

（注）　1）は都道府県，2）は国土交通省，3）は農林水産省の監督。それ以外は根拠法の所管庁の監督。

（出所）　日本共済協会［2022］より作成。

済連の根拠法は農業協同組合法であり，農林水産省が監督官庁となる。全労済の根拠法は消費生活協同組合法であり，厚生労働省の監督を受けている（表8-5）。経営体制に関しても，保険は本体による生損保兼営が禁止されているが，共済では協同組合が販売主体として兼営を認められている。保険は不特定集団内でリスク分散が行われるのに対して，共済は特定集団である構成組合員の中で行われる点にも相違がある。最後に，保険料はリスクに応じて算定されるが，共済の場合は協同組合独自の要素を考慮しながら保険技術を応用する形態をとる。

　共済の規模が拡大するにつれ，保険会社との競争は激しさを増している。「日本の共済事業　ファクトブック 2022」によると，2021 年度に共済の組合員数は 7798 万人，契約件数は 1 億 2975 万件，総資産は 67 兆 1640 億円にのぼった。中でも最大手の JA 共済は総資産が約 58 兆 1926 円と，かんぽ生命，日本生命，第一生命保険に次ぐ第 4 位の規模を誇る。

　しかしながら，共済事業もまた，さまざまな課題に直面している。第 1 に，共済の独自性を維持することである。保険との相違点をより明確にし，非営利組織であることやその理念を前面に出して，協同組合の特性を活かした総合的

なサービス提供が求められている。地域に根ざした組合員同士の助け合い精神に基づく生活保障手段である共済への参加意義に、より広く理解・賛同を得るためには、さらなる工夫が必要である。

第2に、デジタル化社会におけるガバナンスの充実と強化である。とくに中小規模の共済は、地域・職域が限定されるため、リスク分散の仕組みや料率の設定に脆弱性が見られる場合がある。民間の保険会社は、株主総会（総代会）や監査法人による外部監査、保険アクチュアリーによる保険料の算定など、チェック体制が確立・機能している。一方、共済の場合は、規模によってリスク分散や監視体制が不十分な可能性もある。デジタル化社会の進展に伴い、消費者の保険ニーズは多様化し、「個人化」が進むことが予想されるため、リスク管理体制の構築は急務となっている。

第3に、民間保険との差別化である。共済は、保険と異なり、生命共済と火災共済や自動車共済などを本体で販売できることが独自の強みである。そのため、組合員に対する宣伝活動や共済リテラシー教育に力を入れ、保険との違いや共済の利点を周知させる取り組みが必要である。

第4に、民間保険との共存と競合である。保険市場では、民間保険と共済が合同出資や代理店契約といった形で業務提携していたり、民間の保険会社が共済を子会社化したケースも存在する。共済の利点を活かしながら保険会社とウィン-ウィンの関係を築くことで、共存は可能なのである。ただし、他方で従来の競合関係においては営業努力が求められ、競争劣位に陥らないようにしなければならない。

4.2　少額短期保険業者

少額短期保険誕生の背景には、無認可共済とそれに伴う問題があった。**無認可共済**とは、根拠法が存在せず、事業免許も申請されないまま、民間保険会社の保険商品と類似した商品を「○○共済」と名乗り、消費者向けに販売する事業者を指す。たとえば通信販売会社が許可を得ずに自社の社名に共済を付けて顧客へ保険類似商品を販売するケースがあげられる。これにより消費者トラブルが発生し社会的な関心を引き起こしたため、監督官庁の明確な規制が求められるようになった。

2005年には、無認可共済の整理のために少額短期保険業制度が導入された。この制度の特徴は、保険期間が最長2年、保険金額の限度額が1000万円まで

と定められていることである。保険
金額の限度額はさらに，保険の種類
に応じて詳細に規定されている。少
額短期保険業者は，保険会社と同様
に金融庁の管轄下にあるが，保険会
社が免許制であるのに対して，少額
短期保険業者は所在地の財務省に
登録することで事業を開始できる登
録制となっている（第10章も参照）。
また，生命保険と損害保険の兼営が
認められているため，少額短期保険
業務の展開によるニッチ市場の開拓
が期待されている。

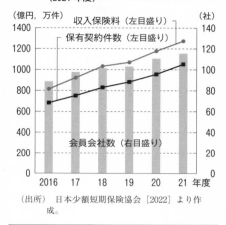

図8-3　少額短期保険業界の現状
　　　　（2021年度）

（出所）　日本少額短期保険協会 ［2022］ より作
　　　成。

　少額短期保険は通常，ミニ保険とも呼ばれている。この保険はシンプルな商
品であり，保険料も比較的安価である。市場の新規参加者は，ニッチ市場の需
要に応え，消費者の「こんな保険あったらいいな」という要望に対して積極的
に商品を開発するモチベーションを高めている。少額短期保険協会の公開資料
によれば，2021年度に少額短期保険業者は115社あり，市場規模は収入保険
料で1277億円，契約件数で1054万件と，急速に成長している（図8-3）。成長
の背景には，IT企業や保険会社による新規参入の活発化と，独自の保険商品
開発に積極的な姿勢がある。また，キャッシュレス化の普及に伴い，PayPay
などのプラットフォームが少額短期保険の販売を大きく促進する要因になって
いる。手頃な価格の保険を必要なときにどこでも購入できる利便性は，とりわ
け若年層のニーズに合致し，「コロナ保険」などが注目を浴びた。ほかにも，
一般的な家財・火災・費用・ペット保険といった商品だけでなく，業界初の後
払保険といったユニークな保険商品も登場している。
　しかし，少額短期保険業者もまた，さまざまな課題に直面している。第1に，
経営の安定と財務健全性の問題がある。少額短期保険市場は市場参入が比較的
容易だが，他社による買収や競争劣位に陥ってしまうことによる経営破綻のリ
スクが潜んでいる。民間保険会社が破綻した場合には契約者保護機構がセーフ
ティ・ネットの役割を担うが，少額短期保険業は供託金を拠出するのみである
ため，経営破綻のリスクは契約者自身が自己責任で負うことになる。

第2に，市場開拓の課題がある。非保険会社もミニ保険市場に参入し，既存の事業サービスに合わせた形で保険を販売する動きが広がっている。たとえば，葬儀会社が死亡保険，不動会社が家財保険を提供することで，サービス向上と顧客満足度の向上を図るなどである。一方で保険会社も，子会社を設立し，既存の総合保障型の保険商品に補完的な商品を提供している。たとえば，第一生命保険が第一スマート少額短期保険会社を設立して，特定感染症保険を発売した。新型コロナウイルス感染症も対象とし，感染と診断された場合に特定感染症一時金が支払われるというものであった。つまり，新規参入者による市場開拓にとって，ニッチ市場への参入方法はカギになると考えられる。

　第3に，市場規律の問題である。ミニ保険市場の拡大は今後も予想されるが，金融庁による監視体制だけでなく，少額短期保険業者自身にも自己規律が求められる。とくに，顧客との信頼関係を築くためには，透明性と信頼性を重視した情報開示の体制を構築する必要がある。市場規律の維持には，格付会社，情報開示，およびマスメディアの報道といった要素を有効に活用することが不可欠である。これらによって，消費者保護や業界の信頼性向上が図られ，少額短期保険市場の健全な成長が促進されることが期待できる。

4.3 保険事業との競合と共存──需要者側・供給者側の視点から

　保険市場では，民間保険会社が大半を占める一方，競争関係にあるメガ共済はその固有の理念と組織上の特徴からある程度の市場を確保している。さらに，ニッチ市場においては少額短期保険業者が生存の空間を広げている。

　需要者側から見ると，多種多様な保険商品が存在することで，消費者の合理的な選択の幅が広がるとともに，保険事業者間の競争によってよい保険商品を低価格で購入できる可能性が高まる。ただし，供給される商品の中から，保険と共済の相違点なども理解した上で，購入時の基準を明確にし，消費者自身が「自分にとってベスト」な保険商品を選択できるようになるには，保険・共済リテラシーの向上が必要である。

　供給者側では，とりわけ共済や少額短期保険業者はサービス・マネジメントに力を入れるべきであろう。現代社会はDX（digital transformation，デジタル・トランスフォーメーション）革命によって新たな転換点に差しかかっているが，保険会社と競合関係にある共済および少額短期保険事業者は，ITツールを駆使しながら既存のビジネスモデルの枠組みに囚われず，新たな価値を生み出す

ことが求められている。

　市場の変化へ迅速に対応するには，顧客の積極的参加を促してサービス品質を管理していくことも重要である。東京海上日動グループのサービス・レベル管理は，顧客迷惑度と呼ばれる指標を追加することによって，通常業務におけるサービス品質管理に成功した事例である。顧客の視点でサービス・レベルを測定し，実績に基づいてサービス・マネジメント体制を構築する取り組みといえる。競争力のあるサービスを提供し続けるためには，経営陣全体がサービス・マネジメントへ積極的に関与し，顧客満足度の向上のみならず，共感できるビジョンを示すことによる顧客ロイヤリティの形成に向けて，価値の共創を追求すべきであろう。

　共済および少額短期保険は，保険と並んで現代社会の安定を支える重要な経済制度である。健全で高品質な市場環境の形成に向けた取り組みが必要とされている。

● **演習問題**

1　保険販売チャネルが多様化した背景要因を分析した上で，興味のあるチャネルを１つ取り上げ，関連資料やデータを駆使しながら，そのチャネルに成長性があるかどうか，自分の意見を述べてみよう。

2　保険経営の事業形態について，それぞれの特徴をまとめてみよう。

3　保険と共済の相違点を示した上で，共済の特色を活かした事業展開の必要性について論じてみよう。

第 9 章

保険産業と保険市場

● Introduction

　本章では，まず，世界における日本の保険市場の位置づけ，および生損保別の保険市場を確認する。次に，近年リスクが巨大化し複雑化する中で再保険の果たす役割と課題を考察した上，新たに登場したリスク・ファイナンス手法であるキャプティブや保険デリバティブ，保険リンク証券と，再保険との関係性を明らかにする。加えて，保険の自由化によってもたらされた保険業界の再編や急速に進展する保険の国際化が，日本の保険市場の構造にどのような影響を与えているのかについて検討したい。

1 保険市場の現状

1.1 世界における日本市場の位置づけ

　世界における日本の保険市場の位置づけを確認しよう（表 9-1）。保険大国といわれる日本の保険市場の規模は，現在，アメリカ，中国に次ぐ世界第 3 位にある（保険料ベース）。日本とアメリカを比べると，日本では生命保険市場よりも損害保険市場のほうが小さい一方，アメリカでは生命保険市場よりも損害保険市場のほうが大きい。その理由の 1 つに，訴訟大国のアメリカでは損害保険の一種である賠償責任保険の市場が非常に大きいことがある。このように保険市場は，各国の文化や習慣，法制度を大きく反映している。アメリカに次ぐ地位にある中国は，2001 年の WTO 加盟後，保険分野で 2 桁成長を続け，日本を上回る市場規模を擁するようになった。近年，収入保険料総額が減少傾向にある日本とは対照的に，中国やインドなどアジア諸国の保険市場は拡大傾向に

表 9-1　世界の生命保険料・損害保険料元受収入保険料（上位 10 カ国，2021 年）

（単位：百万ドル）

順位	国　　名	合計保険料	世界合計に占める割合	生命保険料	損害保険料
1	アメリカ	2,718,699	39.6 %	609,642	2,109,057
2	中　国	696,128	10.1 %	365,456	330,672
3	日　本	403,592	5.9 %	295,850	107,741
4	イギリス	399,142	5.8 %	284,284	114,858
5	フランス	296,380	4.3 %	185,445	110,935
6	ドイツ	275,779	4.0 %	109,961	165,818
7	韓　国	193,008	2.8 %	101,866	91,142
8	イタリア	192,481	2.8 %	146,001	46,480
9	カナダ	161,289	2.4 %	64,917	96,372
10	インド	126,975	1.9 %	96,679	30,296
世界合計		6,860,598	100.0 %	2,997,569	3,863,029

（出所）　Swiss Re Institute［2022］より作成。

ある。こうした点は，後述のように，日本の保険会社が将来の収益性を視野に入れた有力な海外進出先の候補地として BRICS（ブラジル，ロシア，インド，中国，南アフリカ）や ASEAN（東南アジア諸国連合）を中心とした諸外国を選択する理由の１つといえる。

1.2　生命保険市場の概要

　日本の生命保険市場は，約 40 兆円と非常に大規模であるが，会社数は約 40 社と少なく，中でも日本生命・明治安田生命など戦前から創業している保険会社の規模は非常に大きい。生命保険の世帯加入率は，民保（かんぽ生命を含む），簡保，JA，県民共済・生協等を含めると，約 90 ％にものぼる。年代別に見ると，若年層の加入率が最も低く，男女とも 40 歳代で最も高い加入率となる。性別で見ると，高度経済成長期にサラリーマン化が進んだことで男性が遺族保障のために死亡保険（生命保険分野）に加入していたため，男性の加入率のほうが圧倒的に高かった。しかし近年では，高齢社会や女性の社会進出，健康志向などにより，とくに女性の医療保険（第三分野の保険）への加入が進んだため，男女の加入率の格差はほぼ解消している。

　商品構成を見ると，1950 年代以降は一定期間の死亡保障に加えて満期保険金の受け取りを目的とする貯蓄性の高い養老保険が主力商品であったが，高齢社会が進展する中で，1980 年代には老後保障に備えた終身保険や個人年金が

伸び，さらに近年は全体的に死亡保障よりも医療保障（第三分野の保険）へとニーズがシフトしている。

また，「2022年版 生命保険の動向」によれば，生命保険会社の重要な指標の1つである個人保険の保有契約件数は，2021年時点で1億9301万件（前年度比101.5％）と14年連続で増加している。他方，保有契約高（死亡保障などの主要保障の金額）を見ると，医療保障への加入率が増加しても高額保障である死亡保障への加入率が低下していることから，806兆8784億円（前年度比98.9％）と減少している。

なお，販売チャネルについては，従来は営業職員がメインであったが，50％台に減少し，近年は保険代理店・銀行窓口・インターネットなどと多様化している。また，新型コロナ感染を契機に非対面傾向が進んでおり，デジタル営業が注目されつつある。

1.3　損害保険市場の概要

「日本の損害保険 ファクトブック2022」によると，全保険種目合計の元受正味保険料は9兆6709億円（前年比0.5％減），正味収入保険料は8兆8063億円（前年比1.3％増）であるが，それぞれここ10年で見ると微増傾向にある。総資産について見ると，損害保険市場は生命保険市場に比べれば小さいが，世界的に見れば決して小さいとはいえない。2023年時点で，日本の損害保険会社数は55社（うち，国内損害保険会社数が33社）であり，うち3メガ損保といわれる3つの大きなグループ（東京海上ホールディングス，SOMPOホールディングス，MS&ADホールディングス）が約9割のシェアを有する，ある意味，寡占市場である。

保険種目（保険料ベース）について見ると，戦前には海上保険が一定の地位を占めたが，モータリゼーションの進展と自賠責保険の影響もあって，自動車関連の保険が主要な保険商品となった。他方，火災保険は，全体としては防火対策に伴う火災件数の減少などにより縮小傾向をたどった。ただし近年，火災保険は自然災害（地震，水害など）の影響で需要が高まる一方，経済の低迷や，若者の自動車離れ，高齢者の事故率上昇などによって，現在の自動車保険の収益性には限界も見られる。自動車の自動運転化により，自動車保険の商品内容も変化が見込まれ，損害保険市場は収益を上げることが不透明な状況にある。

2 再保険市場

2.1 再保険の構造

　保険会社は，巨額の保険金支払請求に直面することがある。通常のリスクであれば，保険会社は普段通りの運用で責任準備金を確保できるが，テロや大災害などの巨大リスクに対しては別途，何らかの手段を講じる必要がある。たとえば，近年，多発する自然災害リスクに対し，損害保険会社は保険料の値上げなどで対応している。だが，保険料の値上げだけで，これらの巨大リスクを引き受けることは難しい。そこで，保険会社が個人や企業と同様に，自社のリスクに対して保険を購入，すなわち自社のリスクを移転するという手法が考えられる。この手法は，古くから損害保険とともに発展してきたもので，「保険会社のための保険」，すなわち**再保険**という。

　再保険とは，予測不能な損害や異常損害など巨額な保険金支払いに備え，契約者からリスクを引き受けた保険会社（元受保険会社）が，そのリスクの一部あるいは全部を，別の保険会社に移転する保険形態のことである。さらに，再保険を引き受けた保険会社が，同様に，自社の有するリスクの一部あるいは全部を別の保険会社にリスクを移転する場合，再々保険という。

　言い換えると，再保険契約とは，出再保険会社が再保険料を支払って，自社のリスクを受再保険会社に移転することである。出再とは，保険会社が他の保険会社に再保険を出すこと，つまりリスクを移転することである。一方，受再とは，他の保険会社から再保険を引き受けること，つまりリスクを移転されることをいう。なお，出再される受再会社は通常1社ではなく複数社にのぼり，一般の保険会社のほか，再保険を専門とする再保険会社もある。また，再保険契約は海外との取引が頻繁であり，後述の通り，海外には大規模な再保険市場がある。

　再保険を利用すると，巨大タンカーや航空機などの損害や，昨今の地震・台風等の大規模災害リスク，また同一事故により損害を被る可能性を有する集積リスクに対しても，保険会社は契約者からリスクを引き受けることができるようになる。また，地震のような国内で発生する自然災害リスクを考えればわかるように，国内の保険会社間で再保険契約を結んでいたのでは真にリスクが分散されないこともある。こうした場合には，必ず海外の再保険市場と取引する

表 9-2　世界の損害再保険グループ上位 10 社（受再保険〔グロス〕ベース，2019 年）────

（単位：百万アメリカ・ドル）

順位	社　名	受再保険料	国
1	Swiss Re Ltd.	26,095	スイス
2	Munich Reinsurance Co.	24,742	ドイツ
3	Hannover Re S.E.	16,555	ドイツ
4	Lloyd's of London	14,978	イギリス
5	Berkshire Hathaway Inc.	11,112	アメリカ
6	Scor S.E.	8,005	フランス
7	Everst Group Ltd.	6,356	バミューダ
8	PartnerRe Ltd.	5,792	バミューダ
9	XL Bermuda Ltd.	5,010	バミューダ
10	Transatlantic Holdings, Inc.	4,946	アメリカ

（出所）　Insurance Information Institute［2021］p.7（原資料：AM Best Co. Inc., *Business Insurance*, October 2020）。

ことになる。いずれにしても，再保険は，海外を含む保険会社へ出再されることで時間的分散が行われるのみならず，世界各国の保険会社間で取引されることで地理的なリスク分散をも可能にする仕組みである。つまり，元受保険契約から再保険・再々保険と循環する中で，国際市場が一体化しているのが，再保険契約の特徴といえる。

2.2　世界の再保険市場と主要再保険会社

　ここで，再保険市場と主要再保険会社について確認しておこう。世界において主要な再保険市場は，イギリス，ヨーロッパ，アメリカである。このうちアメリカは，最大の経済大国となった 19 世紀後半以降，再保険市場でも大きな影響力を有しているが，取引項目に関しては自国企業の割合が大きい点に特徴がある。一方，イギリスは保険市場の中心地としてロイズを擁し，ヨーロッパにはミュンヘン再保険会社，スイス再保険会社が存在する。日本には，トーア再保険会社，日本地震再保険会社の 2 社がある。表 9-2 で示した通り，多くのリスクが海外の保険会社に出再されているのが実情である。

2.3　再保険の目的

　再保険の目的は，「事業成績の安定化」「異常損害に対する防御」「引受能力の補完」である。たとえば，タンクローリーなど高額契約による巨額リスクを損害保険会社が引き受けたとしても，再保険によってリスク分散することで，

一度に巨額の資金が流失する恐れを回避できる。また，多くの保険会社が再保険を利用することで各社のリスクが平準化され，それぞれの危険単位が同質化する効果もあり，事業成績を安定化できる。地震や台風などによって被災しても，再保険を利用することで個別の契約における大災害リスクを平準化でき，異常損害を防ぐことができる。加えて，再保険の利用を前提にすれば，自社が保有できるリスク（自社で負担する部分）以上のリスクを引き受けられるため，引受能力の補完にもつながる。その結果，保険会社は，経営の安定を図るだけでなく顧客に対してより大きな補償を提供できるようになり，契約獲得につながる可能性が高まる。このように再保険は，特定のリスクに関する支払責任を限定し，保険特有の損益の大幅な変動に対して業績を安定させることで，保険会社のキャパシティを増加させて顧客獲得を目指すものといえよう。

2.4 再保険の分類

再保険を契約方式によって分類すると，任意再保険（facultative reinsurance）と特約再保険（treaty reinsurance）に分けることができる。任意再保険とは，再保険が必要になったとき出再者も受再者も任意に1つ1つ個別の契約を締結するもので，個別任意再保険ともいう。一方，特約再保険とは，1年間を通じてある規模の再保険契約を元受保険者と再保険者間で包括的に締結するものであり，任意再保険とは異なりスムーズに保険取引が行えるメリットがある。

他方，再保険を責任分担によって分類すると，割合再保険（proportional reinsurance）と非割合再保険（non-proportional reinsurance）に分けられる。割合再保険では，出再者と受再者の負う保険責任が保険金額（amount）をベースに決定され，保険会社はそれぞれ事前に決めた分担割合に応じて損害額を負担する。一方，非割合再保険では，出再者と受再者の負う保険責任が，損害額（loss）をベースに決定される。事前に出再者が自身の保有する金額（負担する保険金）を決定し，その範囲内では全額自己負担とするが，保有金額を超えると，受再者がその超過額について塡補限度額の範囲内で再保険責任を負担するものである。

2.5 再保険市場におけるアンダーライティング・サイクル

再保険市場においては，アンダーライティング・サイクルという，市場の需要に応じて保険料や契約条件等が変動するパターンがある。たとえば，アメリ

カ同時多発テロや東日本大震災時のような大惨事，また近年の自然災害の多発といった，多額の保険金支払いが避けられない状況に陥ると，再保険会社は自社の経営を悪化させないよう，撤退したり，その種の再保険契約について引受を拒否したり，再保険料や契約条件を厳しく設定したりする。これを，マーケットのハード化という。一方，徐々に再保険市場が安定化してくると，リスク評価が緩やかになり，また保険料を下げるなどして，再保険会社が積極的に再保険を引き受けるようになる。これを，マーケットのソフト化という。そして再び何らかの外的要因が生じると，再保険市場はハード化し，その後ソフト化するというサイクルをたどる。

このように保険料や契約条件が周期的に変動するアンダーライティング・サイクルは，元受保険市場に大きな影響を及ぼす。先ほど述べたような外的要因によって再保険料が高騰すると，元受保険料も同様に高騰する。これらのリスクを他国の再保険会社が引き受けている場合，リスクは世界的に分散される。つまり，非常にボラティリティが大きい再保険市場は，世界的かつ保険業界全体に大きな影響を及ぼすといえる。

2.6 再保険市場の課題

再保険市場の課題を，いくつか指摘しておこう。1つ目は，再保険市場には限界があるということである。再保険市場がハード化した場合，その限界を打破すべく，代替的リスク移転をどのように活用していくかが重要となってくる（次節参照）。

2つ目は，再保険市場における業務の正確性と効率性の向上である。再保険市場を近代化すべく，2007年にヨーロッパの再保険会社と再保険ブローカーが，再保険業務のデジタル化および業務処理の標準化を目指したプロジェクトを立ち上げている。

その他，再保険の契約面を規律する法整備が必要といえる。従来，再保険には，契約条件を詰めないまま執り行われるという実務慣行があった。ところが，再保険は一国内にとどまらず国際間で契約が取り交わされるため，いったん再保険金の支払いをめぐるトラブルが発生すると，いずれかの国内法に基づいて解決することとなる。そこで，再保険契約ルールを明確化すべく，2019年に国際プロジェクトとして，再保険契約原則（Principles of Reinsurance Contract Law: PRICL）が公表された。保険システムを支える再保険市場の安定を維持す

るには，こうした再保険システムの再構築が喫緊の課題といえるだろう。

3 新たなリスク・ファイナンス

3.1 再保険と新たなリスク・ファイナンス

　再保険は，保険会社の保険として重要な役割を果たしている。しかしながら，テロ・リスクや自然災害リスク，アメリカで多発する賠償責任リスクといった巨額リスク，さらに IT 技術の発達に伴って通常の保険ではヘッジできない複雑化したリスクなど，保険や再保険では引受困難なリスクが増加し，再保険市場のキャパシティは縮小してきた。そのため，これらのリスクに対しては保険料が高騰あるいはリスクの引受が拒否されるようになり，リスクを抱える企業にはリスク・マネジメント上，新たな対応策が必要となってきた。

　第5章で示した通り，リスク分析手法の発達を受け，新たなリスク・ファイナンスの手法が誕生した。現在ではその手法として，企業はキャプティブや自家保険といったリスクを保有する手法を，保険会社等はデリバティブや保険リスクの証券化といったリスクを移転する手法を，それぞれ駆使している。後者のリスク移転手法とは，**代替的リスク移転**（alternative risk transfer: **ART**）を指す。一般には「金融技術と保険技術の融合」といわれているが，つまりは資本市場を活用してリスク引受のキャパシティを拡大するというものである。再保険市場をはるかに超える規模の資本市場を活用することで，企業のリスクに対応するものである。

　欧米を中心に開発された ART だが，日本においても近年，活用が進められている。さらに，「企業内容等の開示に関する内閣府令」の改正（2003年4月施行）に伴って，有価証券報告書でのリスク情報開示の必要性が高まるにつれ，大企業では有効なリスク・マネジメントを実施するため，積極的に ART の利用が進んでいる。再保険だけでは対応が厳しい状況下，これら新たな手法が必要とされているのである。以下，再保険と新たな手法との関係性について見ていこう。

3.2 キャプティブ

　キャプティブとは，保険会社ではない企業等が自らのリスクを引き受けさせるために設立・管理する保険子会社のことである。キャプティブによるリス

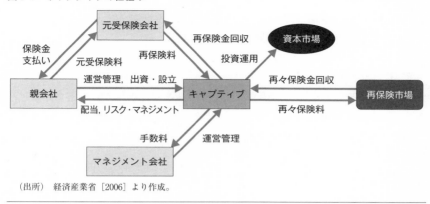

図9-1 キャプティブの仕組み

（出所） 経済産業省［2006］より作成。

ク・ファイナンスは，保険のようなリスクの移転ではなく，自社のリスクの保
有である。ただし，自家保険のような準備金によるリスクの保有ではない。親
会社にあたる企業のリスクを子会社であるキャプティブに移転することで，親
会社のリスクはそのグループ内で保有される。

　キャプティブを設立する理由は以下のようなものである。一般に，企業であ
る契約者と保険会社の間には引き受けようとするリスクに対して情報格差があ
るため，保険会社が企業のリスクを引き受けない，あるいは高めの保険料を設
定することがあるが，キャプティブを設立すればリスクを保険化しやすい。ま
た，リスク・マネジメント・センターとしてグループ企業を一元管理できたり，
保険の利益を親会社へ還流し保険料を子会社に留保することにより，キャッ
シュフローの改善が見込めるなどのメリットもある。その他，キャプティブは再
保険市場に直接アプローチできるため，リスクを効率的に分散することが可能
である。

　図9-1に，キャプティブの仕組みを示した。親会社が元受保険会社にリスク
を移転するために保険料を支払うのは，従来の保険手法と同じである。ただし，
元受保険会社は，親会社から引き受けたリスクの一部あるいは全部を，子会社
であるキャプティブに移転し，再保険料を支払う。つまり，親会社は元受保険
会社を介して，子会社であるキャプティブに自社のリスクを移転する。

　親会社は，キャプティブに運営管理を任せた上で，自社のリスク・マネジメ
ントを行い，子会社収益を享受することが可能となる。またキャプティブは，

マネジメント会社による運営管理によって直接，再保険市場にアクセスするため，効率的にリスクを分散でき，その効果を親会社に還元する。つまりキャプティブは，再保険市場等と連結して完結している。

3.3 保険デリバティブ

保険デリバティブとは，保険リスクをベースとする指標の変動等を対象としたデリバティブ取引を行う，一種の金融派生商品である。収益減少や支出増大に関する一定のインデックス（指数）の推移に応じて所定の金額を支払うため，インデックス保険とも呼ばれる。

保険デリバティブの代表例として，天候デリバティブと地震デリバティブがあげられる。天候デリバティブとは，収益減少や支出増大にかかわる一定のインデックス（気温，風，降水量など）を定め，期間中のインデックス推移に応じて所定の金額を支払うものである。実際，気候リスクにさらされる企業は非常に多く，スキー場，ビアガーデン，遊園地，飲料メーカー，電力会社など，多業種にわたる。近年は，農村地帯の天候リスクに対応するリスク移転手段としても注目されている。保険になじみにくい天候リスクへの対処方法として誕生した天候デリバティブは，支払期間に，契約時に取り決めた天候の「観測値」が，支払いが開始される数値「行使値」を外れた場合（たとえば気温上昇など），最大支払額を限度に補償する仕組みである（第5章も参照）。

一方，地震デリバティブは，あらかじめ観測点と対象震度を設定し，設定した観測点の震度が設定震度以上になった場合に，損害の有無にかかわらず補償金が支払われる。すなわち，支払期間中に，契約時に取り決めた地震の「観測値」が，支払いが開始される数値「行使値」を上回った場合（たとえばマグニチュード8.0以上），最大支払額を限度に補償するというものである。

再保険とは異なり，保険デリバティブは，損害がなくても支払事象（トリガー・イベント）が発生すれば，企業に補償金が支払われる。言い換えれば，企業にとっては契約時に取り決めた条件さえ満たされれば即座に補償金を入手できるというメリットがある。しかし，保険デリバティブにはベーシス・リスク（実際の損害額と取り決めた補償金額の差）が存在するため，十分に損害額を補充されない場合もある。こうして，それぞれ異なる特徴を有する再保険と保険デリバティブは，天候リスクや地震リスクの移転に対して併用されることもあり，双方が補完的な関係にあるといえる。

3.4 保険リンク証券

保険リンク証券（insurance linked securities: ILS）とは，リスクを証券化し，資本市場の投資家に移転するスキームのことである。あらかじめ定めたイベントが発生した場合，発行主体は利払いや元本償還を免除される。資本市場は，保険や再保険市場よりも大きな市場であるため，多くのリスクを移転することが可能である。代表例として，CAT ボンド（catastrophe bond，自然災害債券）があげられる。

CAT ボンドは，保険化が困難な地震や風水災などの異常災害（catastrophe）のリスクを証券化し，リスクを資本市場に移転するスキームである（第 5 章参照）。保険会社や再保険会社などの発行主体は，子会社として特別目的会社（SPC）を設立し，SPC が CAT ボンドを発行する。発行主体は SPC とデリバティブ契約を締結し，手数料を支払って投資家にリスクを移転する（図 5-6）。

特徴として，発行コストは高いものの，投資家は高い利子を得ることができる。また，イベントが発生すると発行主体の償還義務が免除されるため，元本の一部，あるいは全額を失う可能性がある。しかし，CAT ボンド自体は人気の高い証券である。というのも，利回りが高いだけでなく，災害リスクはそもそも景気や株価といった変動と相関がないため，投資家にとってはリスク分散の意味から重要な投資対象といえるからである。これらの特徴から，CAT ボンドは再保険と競合的かつ補完的な関係にあるといえる。

4 保険業界の再編

4.1 保険業法の改正による保険の自由化

保険の自由化の発端は，1996 年 4 月に施行された保険業法の大改正である（第 10 章参照）。この改正の背景には，経済・社会や国民ニーズの変化，金融の自由化・国際化，規制緩和の促進，および保険制度の国際的調和に対する要請の高まりなど，保険業を取り巻く環境が大きく変化したことがある。当時，日本の保険市場は，戦後長く続いた「護送船団方式」政策によって各社が横並び状態にあり，生損保ともいわゆる「20 社体制」が続いて閉鎖的であった。それが，この 56 年ぶりの大改正により，日本の保険市場は競争的な市場へ変貌を遂げることとなった。

まず，保険市場において競争を促進し事業の効率化を図るために，実質的な

生損保の兼営が承認された。具体的には，子会社方式（株式の50％超を取得・所有）および提携方式による生損保の相互参入が認められたことに伴い（保険業法第106条），1996年10月には生命保険会社6社が損害保険子会社を，損害保険会社11社が生命保険子会社を設立し，営業を開始した。また，当時すでに生損保各社で取り扱う商品に同質化傾向が顕著であった第三分野（障害・疾病・介護）保険については，生損保本体での相互乗り入れが認められ（同法第3条），2001年1月から子会社による相互乗り入れ，同年7月から保険会社本体による相互乗り入れが可能となった。

　こうした自由化の影響により，兼営保険会社や新たな外資系保険会社などが参入し，それまでは生損保とも20社であったのが，急激に保険会社が増加することとなった。また，バブル経済を背景に，今まで保険と棲み分けていた共済が規模を拡大し，保険会社と競合する立場となってきた。その後も，少額短期保険業者が認可されるなど，日本の保険市場は，多くのプレイヤーが併存する競争的な市場へ変化していった。保険持株会社の解禁（1997年），銀行等における一部保険商品の窓口販売の解禁や保険相互会社の株式会社化（2000年），保険の窓口販売の一部解禁（2001年）といった法改正は，保険の自由化を促進し，保険市場にさらなる競争をもたらした。

　たとえば，1996年の保険業法大改正に始まった「募集面での改革，販売チャネルの多様化」推進の一環として行われた銀行窓口販売の解禁は，保険市場に大きな影響を与えた（第8章参照）。当初は銀行の信用力の高さから，生命保険会社の主力販売チャネルである営業職員の販売に多大な影響を及ぼすことが危惧されたため，徐々に解禁することとなったが，銀行で取り扱える保険商品は年々充実し，銀行は保険の代理店として一定の地位を築くに至った。これにより一時払いの変額年金保険など銀行窓販専用の貯蓄性商品が開発され，その後も各社から一時払いの終身保険や個人年金保険，2010年以降には外貨建て年金保険などが登場し，主力商品となっていった。

　こうした保険の自由化による販売チャネルの多様化は，契約者獲得に向けた保険会社による独自商品・サービスの開発や保険料抑制などの取り組みを推進することとなった。契約者にとって多様な選択肢が広がる一方，国内保険市場では収益を確保するのが難しい状況となり，後述のような保険業界の再編や国際事業展開などへとつながっていった。

4.2 保険業界の再編への動き

　保険業界に競争原理が導入されたことで，バブル崩壊以降の厳しい事業環境を乗り切るために，経営合理化はもちろんのこと，経営における戦略発想が必要となってきた。その１つにあげられるのが，合併・統合・提携といった再編である。

　実際，自由化による競争原理の導入だけでなく，1997年の日産生命の破綻を契機として，経費の圧縮が喫緊の課題と認識されるようになり，コスト削減に向けた再編圧力が生じた。このような事業環境の変化を受け，保険会社の中には企業価値を高めるため，主力事業への投資によって企業の健全性を保つ一方，自社査定の結果として不足している部分について他社と提携したり，同様の理由で合併したりといった，戦略リスクを選択するものも多く見られた。以下，生損保別に**保険業界の再編**の動向を確認してみよう。

4.3 損害保険業界の再編

　1996年の保険業法改正に伴って改正された「損害保険料率算出団体に関する法律」が1998年7月に施行，それまで独占禁止法の適用除外となっていたカルテル保険料率が徐々に自由化された。そのため，従来の画一料率・画一商品であった損害保険商品は，料率・商品面において競争が生じ，各社とも他社との差別化を図り，また料率の引き下げ競争も行われることとなった。たとえば，外資系保険会社が優良ドライバーを対象としたリスク細分型自動車保険を直接販売することで保険料を抑える戦略に出たのに対し，内国保険会社は補償を拡張した人身傷害補償保険を開発し，従来通り代理店を通じた販売で対抗した。こうした競争的な市場で勝ち残るために，各社は経営の合理化や事業費削減に注力することになった。この際，事業費の約4割を占めるといわれた代理店手数料を圧縮すべく代理店改革が行われ，代理店の統廃合が進んだが，代理店手数料の圧縮には限界があった。

　そこで規模拡大による経営の効率化を目指して，保険会社はいわゆる第一次再編の動きを見せた。1999年の興亜火災・日本火災・三井海上の提携発表を皮切りに，損害保険再編の動きが一気に活性化した。こうして，6大損保（東京海上日動，三井住友海上，損保ジャパン，日本興亜損保，あいおい損保，日生同和損保）が誕生した。

　その後も保険事業は，少子高齢化や人口減少に加え，2005年の保険金不払

図 9-2　損害保険業界の再編

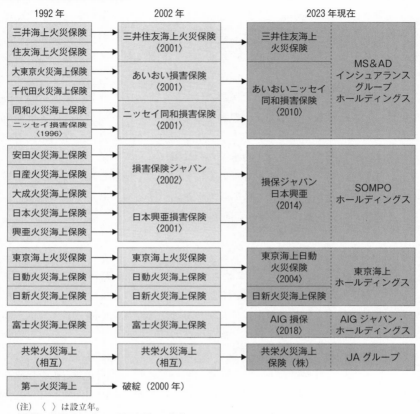

（注）　〈　〉は設立年。
（出所）　九条［2018］308 頁に加筆して作成。

問題による保険会社への信頼低下，2008 年の金融危機による景気低迷など，引き続き厳しい環境下に置かれた。たとえば，保険金不払対策で各社は，システム強化費用として大きな出費を強いられた。また，異常気象による火災保険の収益悪化や，若者の自動車離れおよび高齢者の事故率上昇による主力の自動車保険の販売不振が，コンバインド・レシオの悪化を招いた。これらと同時に，損害保険市場は純保険料を含む本格的な料率競争に突入していたため，各社は収益を低下させていった。

　厳しい保険経営を改善するため，各社は新たな打開策を打ち出す必要に迫られた。その 1 つが海外事業展開である。海外事業展開には巨額な資金が必要で

あり，早急に資金を確保する手段として，第二次再編が行われた。2010 年には，業界第 2 位の三井住友海上と第 4 位のあいおい，第 6 位のニッセイ同和が，共同持株会社である MS&AD のもとに統合され，最大手であった東京海上をしのぐ勢力となった。同年には，業界第 3 位の損保ジャパンと第 5 位の日本興亜が経営統合し，新たに持株会社 NKSJ が創設された。こうして，前出の 3 メガ損保が誕生したのである。2009 年当時，3 メガ損保の正味収入保険料の市場シェアは 8 割を超え，以降もますます高まっている。現在，各社は生き残りをかけて，海外進出の強化や，中小企業向けなど新たな市場の開拓に乗り出している（図 9-2）。

なお，損害保険業の再編は本体同士では行われたが，損害保険会社の生保子会社は子会社形式で存続し，積極的な再編の対象にならなかった。これは，掛け捨て商品を主軸に販売した損保系生保子会社には，短期間で初期投資を回収したばかりか，予想以上に早い時点で黒字計上を実現し，好業績を収めているところが多かったからである。

4.4 生命保険業界の再編

生命保険業界の再編は，保険の自由化およびバブル崩壊後の経済環境の変化によってもたらされた。1994 年には世帯加入率が 96 ％にも達する成熟化した市場環境にありながら，バブル崩壊によって資産運用成績が悪化することとなった。1997 年に戦後はじめて生命保険会社が破綻し，後にも，さらに数社が破綻するなど，業界全体が重大な危機に見舞われた。そして，破綻会社の主な受け皿として外資系生命保険会社の新規参入が生じ，業界構造は大きく変動することとなった（表 9-3）。

このように，内国生命保険会社が整理されるとともに，外資系保険会社が新たな形で参入したことによって，生命保険市場は，保険商品および保険料率だけでなく，販売方法においても競争的になっていった。ただ，生命保険業界の再編は，市場競争の結果というのみならず，少子高齢社会における経営戦略上，必要不可欠でもあった。ところが，内国生命保険会社同士の再編は，前述した損害保険会社同士の再編に比べると少ない。たとえば，持株会社による事業統合という形態をとった大同生命と太陽生命の再編は，ニッチ市場をにらんだものであった。また，唯一，合併の形態をとった 2004 年の安田生命と明治生命の再編は，事業規模の拡大という意図に加え，安田生命のグループ保険と明治

表9-3 外資系生命保険会社の参入（破綻生命保険会社等の買収）

破綻・被買収会社（年）		参入（受け皿）会社	2021年現在
日産生命	破綻救済(1997)	あおば生命（アルテミス：仏）	プルデンシャル生命
東邦生命	破綻救済(1999)	ジー・イー・エジソン生命（GEキャピタル：米）	ジブラルタ生命
千代田生命	破綻救済(2000)	エイアイジー・スター生命（AIG：米）	
協栄生命	破綻救済(2000)	ジブラルタ生命（プルデンシャル：米）	
セゾン生命	買　収(2002)	ジー・イー・エジソン生命（GEキャピタル：米）	
第百生命	破綻救済(2000)	マニュライフ生命（マニュライフ：加）	プルデンシャルジブラルタ
大正生命	破綻救済(2002)	あざみ生命（大和生命）	ファイナンシャル生命
平和生命	買　収(2000)	マスミューチュアル生命（マニュライフ：加）	マニュライフ生命
ニコス生命	買　収(2000)	クレディ・スイス生命（ウィンタートゥル：スイス）	アクサ生命
オリコ生命	買　収(2001)	ピーシーエー生命（プルデンシャル：英）	SBI生命
日本団体生命	買　収(2003)	アクサグループライフ生命（アクサ：仏）	ニッセイ・ウェルス生命

（出所）　トムソンネット［2022a］154頁より作成。

図9-3 生命保険業界の再編

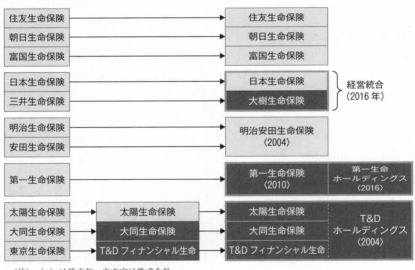

（注）　〈　〉は設立年，白文字は株式会社。
（出所）　九条［2018］301頁より作成。

生命の保障貯蓄分離型保険という相互の得意分野を念頭に置いた戦略的な合併といえる。これに対して2016年の日本生命と三井生命（現・大樹生命）の経営統合は，ともに販売基軸であった営業職員チャネルのさらなる強化による収益

拡大を意図したものと考えられる（図9-3）。

　生命保険業界のほうが合併の少なかった理由として，第1に，大手生命保険会社の多くが相互会社形態をとっていたため，合併が容易でなかったという点があげられる。第2に，一般に生命保険契約は損害保険より長期にわたるため，合併後の迅速な契約管理システムの統合が難しいという点もある。ただし第1の点に関しては，2002年4月に大同生命が，2003年4月に太陽生命が，2010年には第一生命が株式会社化し，経営の自由度が高まった。

4.5　再編の効果と課題

　改めて，保険業界におけるリスク・マネジメント戦略の一環として行われる再編の効果とは，以下のようなことである。合併あるいは提携に関しては，それによって双方の企業が持つ特色や強みを補完・共有することで，市場競争力をつけることであろう。ほかにも，生産性の向上や，スケール・メリットの享受，コスト削減，範囲の経済性の追求があげられる。すなわち，再編によって，生損保を問わず，市場地位の確立，商品の多様化（不足部分の穴埋めや拡張など），対象市場の多様化（生命保険会社なら損害保険市場への参入など），資源利用効率の向上（クロス・マーケティングなど）が期待できる。こうしたことから，保険業界における再編は，保険会社の成長に大きな影響を与えるものと考えられる。

　加えて今後は，企業の内部要因であるスキルの向上も重要課題となるであろう。提携相手や合併相手から新たに学び，共同作業を通じて現在のスキルを刷新・向上させていくことなどである。そのためにも，両者間の円滑なコミュニケーションの実現や企業内での全社的リスク・マネジメント実施といった，再編後の課題も忘れてはならない。

5　保険会社の国際展開

5.1　生命保険の国際化

　保険の国際化は，日本に先んじて欧米の保険会社で積極的に行われていた。ヨーロッパでは，1990年代半ばにかけてEUの金融サービス市場共通化に向けた一連の規制緩和により，加盟国で自由な事業展開が可能になったため，価格や商品をめぐる市場競争が活発化し，規模の拡大を目指す保険会社がM&Aを推し進めた。さらに，1999年の単一通貨ユーロ導入で，より市場の開放度

が高まり，グローバル企業の拡大が促進された。同時期にはアメリカの保険市場でも，堅調な株式市場を背景として合併を通じた規模拡大の動きが見られ，大型の M&A が活発化して世界的な大規模保険グループの形成が進んだ。

　これに対して日本の生命保険会社は，国内の恵まれた保険市場の存在も手伝って，海外の事業展開には消極的だった。しかし 2010 年以降には，海外の保険会社との業務提携や M&A などを通じ，国際化を積極的に推し進めるようになっていった。

　日本の生命保険会社の国際化が進展した背景には，国内市場の競争激化があった。すでに見たように，1996 年の保険業法改正による保険の自由化で，大手損害保険会社による生命保険子会社の設立や外資系保険会社などの参入が進み，「20 社体制」といわれた生命保険会社数は 50 社近くまで増加した。加えて，共済事業の規模拡大に伴う保険会社との競合や，他業種からの保険市場への参入などもあり，プレイヤーの数はさらに増加していった。にもかかわらず，少子高齢化に伴って国内の保険市場は縮小し，収益確保が難しい状況になりつつあったため，新たな市場開拓の必要性から海外市場へ目が向けられるようになったのである。保険の自由化による相互会社の株式会社化も，M&A による海外市場進出を後押しした。

　また，保険会社の経営戦略として，前出の全社的リスク・マネジメント（ERM）という概念が浸透してきたことも，海外進出の一因となっている。保険会社の ERM とは，収益の長期的な安定性や財務上の健全性を確保するために，保険会社を取り巻くリスクを全社的に捉え，それらを統合的に管理するものである。ERM をベースとした経営戦略の一環として，中長期的な成長力の確保と事業ポートフォリオの多様化という視点に立ち，海外保険事業の強化へ取り組む例が見られる。こうした中，保険引受のみならずアセット・マネジメント事業にも取り組み，海外事業部門での収益獲得を目指す生命保険会社も登場してきている。

　ただし，海外保険市場での収益獲得や成長性を期待して海外展開する際，とりわけ生命保険には留意すべき点がある。国際的な生命保険の成長市場と位置づけられる BRICS や ASEAN を中心として，諸外国には将来的な市場拡大の余地があるものの，事業展開には初期投資がかかり，収益化には長い期間を要する。その点で，とりわけ新興国への進出は，現段階では将来を見越した先行投資の意味合いが強い。なお新興国には，外国保険会社に対するさまざまな規

表 9-4　2000 年以降の生命保険業の海外進出 ————————————

日本社名	現地会社名	進出国	設立・出資時期	取得割合（%）
日本生命	長生人寿保険有限公司	中　国	2003 年 9 月	30
	リライアンス・ニッポンライフ	インド	2011 年 10 月	49
	セクイス・ライフ	インドネシア	2014 年 10 月	20
	MLC	オーストラリア	2016 年 10 月	80
	グランド・ガーディアン・ニッポンライフ	ミャンマー	2019 年 9 月	35
第一生命	第一生命ベトナム	ベトナム	2007 年 1 月	100
	スター・ユニオン・第一ライフ	インド	2007 年 9 月	45.9
	オーシャンライフ	タ　イ	2008 年 7 月	24
	TAL	オーストラリア	2011 年 3 月	100
	パニン・第一ライフ	インドネシア	2013 年 6 月	36.8
	プロテクティブ	アメリカ	2015 年 2 月	100
	第一生命カンボジア	カンボジア	2018 年 3 月	100
	第一生命ミャンマー	ミャンマー	2019 年 1 月	100
明治安田	北大方正人寿保険有限公司	中　国	2010 年 11 月	29.2
	PT アブリスト	インドネシア	2010 年 12 月	29.9
	TU オイロパ	ポーランド	2012 年 6 月	33.5
	YUIR ワルタ	ポーランド	2012 年 7 月	24.3
	タイライフ	タ　イ	2013 年 7 月	15
	スタンコープ・ファイナンシャル	アメリカ	2016 年 3 月	100
住友生命	バオベト	ベトナム	2012 年 12 月	22.08
	BNI ライフ	インドネシア	2012 年 12 月	40
	シメトラ・ファイナンシャル	アメリカ	2016 年 2 月	100
	シングライフ	シンガポール	2019 年 6 月	20.75
太陽生命	キャピタル・タイヨウ・ライフ	ミャンマー	2019 年 1 月	35

（出所）　トムソンネット［2022a］18 頁より作成。

制があるため，現地の有力パートナーとの協力が不可欠である。

　表 9-4 に，2000 年以降の生命保険会社の海外進出状況を示した。一部オーストラリアやアメリカへの進出が見られるものの，多くは新興国へ進出している。だが，上述の通り新興国市場には未知の部分も多いため，保険先進国である欧米保険市場への国際進出も重要な選択肢の 1 つといえる。欧米進出は，収益確保のみならず，先進的な商品開発やノウハウ習得なども目指すものと位置づけられよう。

5.2　損害保険の国際化

　損害保険の場合には，生命保険と異なり，顧客である日本企業の海外進出に

対応する形で早くから国際化が進展した。1960年代には，現地の保険会社やブローカーを代理店として海上保険などの引受が開始された。1970年代は北米を中心に企業保険の引受が拡大，1980年代には日本企業のグローバル化に伴い現地に支店や現地法人を設置し，日本の保険会社独自の営業体制が整備されていった。さらに1990年代に入ると，それまでは現地に進出した日本企業のリスクや再保険を手がけていたものが，アジア諸国を中心に現地の企業・個人を対象として保険を引き受けるようになっていった。

2000年代半ば以降，損害保険会社による国際展開は，欧米における大型物件を対象としたM&Aによって積極化した。また近年は，M&Aで獲得した企業によるM&Aも行われるようになってきている。

これら損害保険会社による海外展開の背景には，生命保険と同様，少子高齢社会，および，それに伴う国内損害保険市場の縮小がある。実際，損害保険分野で収益の大きな部分を占める自動車保険および自賠責保険からの収入が減少傾向にあり，その他の保険商品からの収益確保も厳しい状況にある。このような国内における損害保険市場の縮小化傾向が，損害保険会社の積極的な海外展開につながっているといえよう。

加えて，損害保険会社においても，上述のERMをベースとした経営戦略を受けて，国際化が進展している面もある。とりわけ損害保険事業は，地震・台風といった自然災害などの巨大リスクを有していることから，日本国内のリスクを分散させるといった地理的要因のためにも海外展開は必要である。それ以外に資産運用の観点からも，投資先を国内だけでなく海外に広げてリスクを分散するために，海外事業展開が注目されるようになった。

事業ポートフォリオの分散という観点からは，海外の特殊ビジネス専門の保険会社や総代理店なども買収対象となってきている。その他，生命保険会社の海外進出理由と同様，海外での収益確保のみならず，先進的な商品開発やノウハウの習得などのためにも，海外展開は行われている。

損害保険会社の国際化の特徴として，最後に，生損保兼営での進出も含まれるという点があげられる。これは，損害保険会社が国内で生命保険の販売に成功したことに起因した動きといえよう。損害保険会社は，成長するアジアの生命保険市場に参入することで，新たな収益ベースを獲得するのみならず，国内の生保子会社のノウハウを活かして，出資したアジアの生命保険会社のさらなる成長を見込んでいる。加えて，損害保険現地法人との間での顧客紹介・クロ

スセルといったシナジーや，アジア各国で出資した生命保険間の地域をまたぐ
シナジーへの期待が，損害保険会社をアジア生命保険市場へ駆り立てていると
考えられる。実際，3メガ損保のうち，MS&AD と東京海上がアジア市場に参
入し，とりわけ前者はアジアで最も積極的に生命保険事業を展開している。

5.3 国際化に伴う課題

　保険市場がグローバル化する中，大手保険会社は生損保問わず海外進出に積
極的で，その規模を拡大しつつある。こうした国際化による規模拡大は，個人
分野に重点を置いたアンダーライティングに基づく垂直的な販売システムを有
する保険会社の効率性と収益性を高めるともいわれている。しかし，国際化水
準の高い保険会社の規模拡大は，一定限度を超えると規模の不経済性につなが
ってしまう可能性がある。多様な市場を内包する国際化は，規模拡大によって
ガバナンスが複雑となりリスクが高まることや，複数市場への対応でコストが
上昇することなどがありうるからである。とりわけリーマン・ショックによる
アメリカの多国籍保険グループ AIG（American International Group）の破綻を
契機に，国際的な保険監督規制についての議論が進展したが，そこでも国際化
による規模拡大のデメリットとして，高度化する金融コングロマリットのリス
クを考量すべきと指摘されている。

　また，国際化に際しては，対象となる進出先の保険市場の成熟度に留意する
必要がある。上述のように，近年，BRICS や ASEAN といった成長市場は世
界の注目の的であるが，収益を得るには時間を要する。一方，買収額は巨額に
なるが，成熟した欧米の保険会社を買収すれば，すぐに事業業績を高めること
ができる。それのみならず，保険先進国の優良企業とタイアップすることによ
って，先方のノウハウを習得したり，即座に収益に結びつく事業を展開したり
しつつ，各国保険市場の事情を加味し，事業ポートフォリオのバランスを考慮
しながら国際化を進めなくてはならない。保険会社が国際化に伴う規模拡大に
よって収益を上げるためには，国際的な保険監督規制の中で考慮されるべき新
たなリスクに留意するほか，事業費率のマネジメント，情報技術の高度化，共
通システムの構築といった本質的な課題にも取り組む必要がある。

● **演 習 問 題**

[1]　再保険とはどのような役割を果たしているか，また，ART を含む新たなリス
　　ク・ファイナンス手法とはどのような関係性があるか確認しよう。

[2]　保険の自由化が，日本の保険市場にどのような影響を与えたか検討してみよう。

[3]　なぜ生損保とも保険会社の再編や海外進出が行われているのか検討してみよう。

第 10 章

保険政策と保険規制

● Introduction

　本章では，保険政策と保険規制の歴史的な変遷を振り返った上で，主要な規制当局の施策を検証し，現在の状況を分析する。それにより，保険をめぐる監督・規制がどのように保険分野の利害関係者の保護と保険事業の安定を確保しているかについて，包括的に理解することを目的とする。また，第二次世界大戦後，日本の保険監督において長らく行われた護送船団方式について説明し，その功罪を考える。さらに，保険自由化と規制緩和が何をもたらしたかを検討し，今後の保険政策・保険規制のあり方と課題について論じる。

1　日本における保険政策と保険規制

1.1　保険政策・保険規制の重要性

　日本において，保険政策と保険規制は，保険契約者を保護し，保険業界の安定とその円滑な運営を確保するための重要な柱となっている。自動車保険や生命保険・医療保険の保険金支払いなどで，保険は人々の生活に不可欠な役割を果たしており，保険会社を監督・規制する枠組みは，保険会社と消費者双方の利益を守るものである。ここでは，保険に監督と規制が必要となる理由を3点説明する。

　まず，保険商品の複雑性と**情報の非対称性**（information asymmetry）である。保険商品は複雑で，一般的な消費者が契約条件や保障あるいは補償の内容を十分に理解するのが難しい場合がある。また，保険会社と消費者との間には情報の非対称性が存在することが多い。通常，保険会社は消費者よりも，保険業界

や保険商品に関する知識と問題が発生した際の交渉力を有している。この情報の非対称性を放置すれば，消費者が害を被る可能性がある。保険会社が明確かつ理解しやすい形で情報を消費者に提供し，消費者が十分な情報を得た上で保険の必要性について意思決定できるようにすることは，効果的な規制になると考えられる。たとえば，金融庁は2021年12月に監督指針を改正して，公的年金の受取資産額などの情報を顧客に提供することを保険会社に求めている。

　次に，消費者保護である。保険会社は一般的に，前払いで保険料を徴収し，とりわけ生保では保険期間が長くなる場合が多い。適切な監督と規制により，保険会社が長期にわたって保険契約者に対する義務を果たすことができる財務安定性とリスク管理手法を持ち，保険金を迅速に支払い，消費者の利益を守る保険事業の運営が保証される。また，支払不能や財務危機のリスクが軽減され，社会経済への悪影響を防ぐことができる。保険政策・保険規制の核心は，保険会社の健全な運営および保険契約者への迅速かつ確実な支払いを可能にするための，公正かつ透明なルールづくりと適正な監督メカニズムの確立である。健全で十分な支払能力のある保険事業が維持されることは，消費者の安心感と保険事業に対する信頼につながる。たとえば不幸にして自動車事故が発生した場合にも，堅固な保険規制の存在により，保険会社が保険契約者への補償義務を過度の遅延や齟齬なく果たすことが保証される。

　続いて，公正な競争である。監督と規制が適正に行われて，明確なルールと基準が設けられることにより，反競争的な業界の慣行が取り除かれ，保険会社間の公正な競争が促進される。結果として，消費者は多様な保険商品や割安な価格設定を享受できるようになる。保険規制や監督官庁による監督は，消費者を保護する役割を担っている。ガイドラインを作成し，保険会社に公正な取引慣行を課すこと，また消費者の誤解を招くような保険会社の情報発信を抑制すること等により，消費者は十分な情報を得た上で，ニーズに合った保険商品を選択できるようになる。このように，効果的かつ適正な監督・規制は，市場の安定を促進するだけでなく，保険事業や保険商品の発展と消費者保護との両立を可能にする。

1.2　日本における保険監督・保険規制の歴史

　日本における保険監督・保険規制は，日本経済の発展に伴い，個人および企業の保障あるいは補償としての保険の重要性が高まる中，社会のさまざまなニ

ーズに適応しながら変化を遂げてきた。日本が公的な保険規制への第一歩を踏み出したのは，20世紀初頭である。1900年に施行された**保険業法**は，保険業務を監督し，保険事業の安定を促進することを目的とした先駆的な立法措置であった。この法律により，保険業務の監督機関が設立される基礎が築かれた。

　戦前は，保険会社の支払能力を確保し，保険契約者の利益を守ることが規制の中心であった。1923年に発生した関東大震災は保険業界に大きな打撃を与え，規制措置の見直しを促した。その後1939年に保険業法が全面的に改正されたことで，財務の健全性が重視され，大災害から生じるリスクを管理するための規制が導入された。

　第二次世界大戦の敗戦により，日本の金融機関の経営は甚大な影響を受けた。そのため，1946年に金融機関再建整備法が制定され，この法律のもとで，生保会社に対して，資産・負債を新・旧勘定に分離し，高額契約を棚上げにするなどの措置がとられた。生保会社は旧勘定を整理して，第二会社を設立し，新勘定で再建を図ることとなった。生保会社の多くは第二会社を相互会社形態で設立したが，これが長らく，日本の多くの生保会社が相互会社形態であった理由の1つとなっている。

　第二次世界大戦後，日本は復興と高度経済成長の道を歩み始めた。保険が国の発展を支える重要な役割を果たすにつれて，保険事業が拡大し，保険会社の数も急増した。戦後の保険業を取り巻く政策・規制は，大蔵省による，いわゆる**「護送船団方式」**である。このもとで，最も競争力の弱い保険会社であっても経営の健全性を確保し，経営破綻を免れることができるように，各社横並びの保険行政が行われた。金融システムの維持を目的として，商品開発・料率・運用・募集など，あらゆる面での規制が強化され，保険会社間の競争や新規参入が著しく制限された。

　そのため，消費者がどの保険会社からいかなる保険商品を購入しても，その内容や価格に顕著な相違はなかった。保険会社が提供できる商品・サービスには制約が多く，消費者から見れば，商品選択の自由はなきに等しかった。しかし一方で，消費者はどの保険会社から保険商品を購入しても大きな差がないため，それほど悩まずに保険商品を購入できたし，何よりも保険会社の破綻を心配せずに生活を送ることができた。護送船団方式は，契約者保護を重視し，市場の安定を第一とする金融政策であったと同時に，父権主義的な考えのもと，保険契約者を過保護な状態に長らく置いたシステムであったともいえる。

日本の戦後保険市場に安定をもたらし，金融機関の安定的な成長に貢献したという点で，護送船団方式にはたしかに意義があった。とくに高度経済成長期においては，一定の効果があったと考えられる。しかし，時の経過とともに，人口の高齢化や金融市場の国際化など，日本の保険経営・保険行政をめぐる環境は大きく変わり，護送船団方式は保険業界の実態にそぐわなくなっていく。1991 年のバブル崩壊や 1996 年に橋本龍太郎内閣が提唱した日本版金融ビッグバンの進展などによって，その流れは不可逆的なものとなり，戦後長らく続いた護送船団方式はついに終焉を迎えた。

　1998 年 6 月には金融監督庁が発足し，2000 年 7 月には金融監督庁と大蔵省金融企画局が統合する形で金融庁が設立された。これらの変化の背景には，日本の金融システムが国際競争力を失いつつあることに対する行政の強い危機感があったとされる。21 世紀を迎え，保険規制の枠組みはダイナミックな市場環境の変化と新たな課題への適応が求められるようになった。金融庁はリスク評価などに技術的進歩を取り入れ，監督実務を強化した。さらに，保険取引の公正さと透明性を確保するため，消費者保護と市場に対する規制が強化された。

1.3　日本の保険規制の現状

　現在，日本の保険規制は，競争力のある保険市場の育成と消費者利益の保護との間で微妙なバランスを保ちながら行われている。金融庁は保険会社が規制を遵守し，倫理的に保険事業を営むように，保険業界を監督する責任を負っている。現在の規制の枠組みには，後述のリスクベース・アプローチが取り入れられており，保険会社はリスク・エクスポージャに比例した十分な資本バッファーを維持することが義務づけられている。これにより，不利な状況下でも，保険会社が保険契約者の保険金請求に応じる能力が確保される。

　消費者を保護するため，金融庁は，商品設計・情報開示・マーケティング慣行に関する厳格な規制を実施している。金融庁はさらに，不公正な慣行や誤解を招くような広告を禁止し，消費者が保険加入から支払いに至るまで，公正かつ公平に扱われるよう保険会社を指導・監視している。保険会社は，消費者が保険商品について十分な情報を得た上で意思決定できるよう，明確で透明性の高い情報を提供することが義務づけられている。

　近年，保険会社は，業務の合理化，顧客体験の向上，消費者の進化するニーズに合わせた革新的な保険商品の開発などのために，新たな技術を採用するこ

とを奨励されている。こうした技術革新が消費者に利益をもたらす一方で，サイバー・リスク，気候変動，その他の脅威への対応など，保険会社には新たなリスクへの対応も課される。したがって，監督当局と保険会社との緊密な連携により，こうした新しいリスクを迅速に把握し，適正に管理することが求められる。それにより，刻々と変化する消費者のニーズやサービスへの期待に，保険会社が弾力的に対応することが可能となる。

2 日本の保険政策と財務の安定性

　ここでは，日本における保険政策の重要な役割と，保険会社の財務安定性確保における保険政策の意義に焦点を当てる。金融庁は保険業界の監督官庁として，市場の健全性維持，保険契約者の利益保護，金融システムの安定性確保という重要な使命を担っている。また保険業法の目的は，「保険業の公共性にかんがみ，保険業を行う者の業務の健全かつ適切な運営及び保険募集の公正を確保することにより，保険契約者等の保護を図り，もって国民生活の安定及び国民経済の健全な発展に資すること」とされている（第1条）。このように，日本の保険規制において消費者保護はまさに中核となっており，保険加入から保険金支払いまでのすべての経験を通して，保険契約者を公正に扱うことが保険会社には求められている。

2.1 保険会社の支払能力の確保

　日本の保険監督では，保険会社のソルベンシー・マージン（支払余力）と財務健全性の維持が最も重視されている。金融庁は，保険会社が保険契約者に対する債務を滞りなく履行するための十分な財源を有している状態を確保するため，保険会社の自己資本の充実度を綿密に監督している。自己資本比率の要件は，各事業に内在するリスクを考慮し，提供される多様な保険商品に対応するよう調整されている。

　保険会社の財務の健全性を評価するため，金融庁は定期的かつ徹底的な財務評価を行っている。また，ストレス・テストは，不利な経済シナリオや潜在的な大災害に対する保険者の耐性を評価するために行われる。保険者が資本不足や経営難に陥った場合には，金融庁は速やかに保険者に介入し，保険者と協調して是正措置を講じることにより，保険契約者の利益を確保し，市場の信頼を

維持している。

2.2　リスクベース・アプローチ

　日本の保険規制の特徴は，リスクベース・アプローチの導入にある。リスク
ベース・アプローチとは，金融機関等が，自らが取り扱う商品・サービス等の
リスクを特定・評価し，これをリスク許容度の範囲内に実効的に低減するため，
当該リスクに見合った対策を講じることをいう。高いリスク・エクスポージャ
を持つ保険者は，そのリスクが財務の安定性に与える潜在的な影響を考慮し，
リスクに見合った資本準備金を保有することが求められる。

　リスクベース・アプローチの枠組みは，保険会社に包括的なリスク管理の実
践を促すことで，保険業界全体のレジリエンス（耐性）を強化するものである。
保険者はリスクを特定し，測定し，効果的に管理する一方で，リスク・プロフ
ァイルに見合った資本バッファーを維持しなければならない。このアプローチ
は，システミック・リスク（「個別の金融機関の支払不能等や，特定の市場または決
済システム等の機能不全が，他の金融機関，他の市場，または金融システム全体に波及
するリスク」のこと。日本銀行ウェブサイト参照）を軽減し，市場の信頼を高め，
日本の保険会社の健全なリスク管理慣行の文化を醸成するものである。

2.3　金融安定のための監督慣行

　日本の保険監督当局は，保険業界における金融の安定と効果的なリスク管理
を維持するため，多くの堅固な監督慣行に依拠している。金融庁は保険会社へ
の定期的な立入検査を実施し，保険業務，リスク管理態勢，内部統制を徹底的
に検査している。オフサイト・モニタリング（金融機関への立入検査に加え，金
融機関から提出された各種経営資料やリスク情報の分析および役職員へのヒアリングな
どを通じて，金融機関の経営の健全性を常時把握すること）は，保険会社の財務デー
タの継続的なサーベイランスを可能にし，新たなリスクや潜在的な脆弱性の早
期発見を促進する。

　厳しい経済シナリオに対する保険会社のレジリエンスを評価するため，金融
庁は不利な事象をシミュレートするストレス・テストを実施している。ストレ
ス・テストから得られる洞察は，保険分野の継続的な安定を確保するために，
規制当局が効果的な政策対応とコンティンジェンシー・プラン（contingency
plan，緊急時対応計画）を考案する際に役立つ。

金融庁は国際的な規制機関と協力し，グローバルな動向に関する情報を常に入手し，規制基準を国際的な規範と整合させている。こうした積極的なアプローチは，日本の保険規制の枠組みを強化し，日本の保険会社の競争力を高め，世界の保険業界における新たなリスクや課題への対応力を担保するものである。

3 保険自由化と規制緩和の影響

保険の自由化とは，市場の効率性，イノベーション，消費者の選択肢拡大の促進を目的に，保険分野を競争や外国からの参入に対して開放することを意味する（第9章参照）。

1996年4月1日に施行された保険業法の全面改正により，「保険募集の取締に関する法律」および「外国保険事業者に関する法律」が包摂された。これは，前の全面改正から約半世紀ぶりの改正で，大きく，①規制緩和・自由化（第三分野への乗り入れ，保険商品・料率の届出制の導入，保険仲立人制度の導入など），②保険業の健全性の維持（セーフティ・ネット関連条項の新設，ソルベンシー・マージン比率の導入，標準責任準備金制度の導入など），③公正な事業運営の確保（ディスクロージャー規定の新設，クーリング・オフ制度の導入など）の3つに焦点を当てたものであった。これらの改正により，日本の保険政策・保険規制は新たな局面を迎えることとなった。

3.1 第三分野の参入自由化とその経緯

保険事業は免許制であり，参入するには監督官庁である金融庁から免許を取得しなくてはならない。保険商品の真価が問われるのは保険金・給付金支払時であり，それは保険契約者および被保険者にとってはまさに危機のときであるため，確実な保険金・給付金支払いのためにも，保険の持つ社会的意義という点からも，業界への参入に際しては厳しいチェックが不可欠となる。とくに生命保険は，契約開始から保険金支払いまでの保険期間が長期にわたる性格を持ち，保険加入後の加齢や健康状態の変化等によって従前と同様な条件や保険料率では新たな保険商品に入り直すのが難しくなることが多いため，保険会社の長期存続がより重要になってくる。

保険の免許の種類には大きく，生命保険業免許と損害保険業免許の2つがある。第三分野は，生命保険（第一分野），損害保険（第二分野）のいずれにも属

表 10-1　第三分野への乗り入れの経過

		2000 年 12 月まで		2001 年 1 月		2001 年 7 月	
		医療単品 がん保険	傷害単品	医療単品 がん保険	傷害単品	医療単品 がん保険	傷害単品
生保会社	大　手	×	×	○	×	○	○
	中小・外資	○	×	○	×	○	○
	損保系生保	×	×	○	×	○	○
損保会社	損　保	×	○	×	○	○	○
	生保系損保	×	×	×	○	○	○

（出所）　宮地［2006］103 頁を改変。

さないとされる疾病・傷害分野の保険であり，医療保険・介護保険・傷害保険などが該当する。

　1996 年の保険業法改正により，この第三分野が生損保双方に参入可能な領域と定義された。しかし，生損保本体による第三分野への乗り入れについては，段階的な措置が講じられることになった。外国保険事業者等に第三分野への依存度が高い会社が多くあったことから，これらの会社の経営環境が激変するのを緩和するための措置であった。2000 年の日米保険協議を経て，2001 年 1 月には子会社による相互参入が，7 月には本体による相互参入が解禁となった（表 10-1）。

3.2　1996 年以降の主な改正

　1998 年 6 月に「フリー・フェア・グローバル」という理念のもとで金融システム改革法が成立し，銀行法，証券取引法，証券投資信託法等とともに，保険業法も改正された。それにより，子会社関係規定の見直し，早期是正措置の導入，保険契約者保護機構の創設，料率算出団体が算出する料率の使用義務の廃止（料率の届出制の導入），業務範囲の拡大，ディスクロージャーの充実等がなされた。とくに，料率算出団体によるカルテル価格によって，保険商品の内容が同一であれば保険料率も同一であった損害保険業界にとっては，非常に大きな変化の年となった。

　2000 年の保険業法改正では，相互会社から株式会社への組織変更手続きの改善，生保セーフティ・ネットの大幅拡充，相互会社に対する会社更生手続きの適用（更生特例法の改正），生命保険契約者の保険金請求権等に対する先取特

権の付与等が行われた。また，保険業法施行規則等が改正され，銀行の保険商品窓版の解禁，ソルベンシー・マージン比率算出方法の厳格化，第三分野相互参入がなされた。

2001年には，保険業法施行規則等が改正され，ソルベンシー・マージン基準の厳格化，保険会社本体による第三分野相互参入の実施がなされた。また，銀行法一部改正法における保険業法の改正により，主要株主にかかわるルールが整備された（2002年4月施行）。2001年4月には，銀行等による保険販売が解禁された。具体的には，住宅ローン関連信用生命保険（信用生命保険については引受保険会社が子会社または兄弟会社である場合に限る），長期火災保険，債務返済支援保険，海外旅行傷害保険の販売が解禁された。

2002年には，保険業法施行規則が改正され，銀行の窓販対象保険商品の拡大が進んだ。2002年10月から，個人年金保険，財形保険，年金払積立傷害保険，財形傷害保険の販売が解禁された。また，住宅ローン関連の信用生命保険にかかわる引受保険会社の限定が解除された。併せて，保険商品を購入しないことが他の取引に影響を及ぼさないことの顧客への説明等の弊害防止措置が設けられた。

2003年には，日本郵政公社が発足した。また，同年には，保険業法の改正（セーフティ・ネット法案）が行われ，生保セーフティ・ネットの再構築，相互会社への委員会等設置会社制度の導入，業務範囲の拡大等がなされた。保険業法の改正（予定利率法案）では，予定利率引下制度の導入がなされた。ほかに，太陽生命保険相互会社の太陽生命保険株式会社への組織変更および東証第一部への上場，安田生命と明治生命の合併による明治安田生命保険相互会社の設立，本人確認法の施行，個人情報保護法の成立など，保険業界をめぐり多くの変化が見られた年となった。

2004年には，T&Dホールディングスおよびソニーフィナンシャルホールディングスの設立があり，ソルベンシー・マージン基準の見直しが「保険の基本問題に関するワーキング・グループ」（保険WG）において検討された。

2005年4月22日には，「保険業法の一部を改正する法律」が成立した。それにより，根拠法のない共済の契約者保護ルールが導入されることとなった。当時，特定の者を対象とする保険業類似の共済には法規制がなかった（制度共済は別途の規制あり）。この改正により，特定の者から保険の引受を行う共済事業にも，原則として保険業法の契約者保護ルールが適用されることとなった。

表 10-2　保険会社と少額短期保険業者の比較 ─────────────────

	保険会社	少額短期保険業者
監督官庁	金融庁	金融庁
事業免許	免許制	登録制
責任準備金制度	あ　り	あ　り
セーフティ・ネット	保険契約者保護機構	供託金
商品規制	とくになし	保険期間が，生命保険は 1 年以内，損害保険は 2 年以内
年間受取保険料制限	制限なし	50 億円以下
保険金額上限	制限なし	損害保険：1000 万円 生命保険：600 万円 医療保険：80 万円
最低資本金（基金）	10 億円	1000 万円

（出所）　筆者作成。

　また，新たな枠組みとして少額短期保険業制度が創設され，無認可共済には保険会社への組織変更，もしくは少額短期保険事業者への移行が義務づけられた（表 10-2）。既存の事業者には所要の経過措置（2006 年 4 月の改正業法施行後，2 年間の移行期間を設けるなど）がとられた。これにより，ペット共済大手であった「アニコム」が保険会社化している。この改正業法により，特定の者を対象として引受を行う事業も保険業として認知されるようになったため，多くの共済が少額短期保険業者に転じた（第 8 章も参照）。ただし，JA 共済やこくみん共済など他の法律に別の規定がある共済（制度共済）や，企業内・労働組合および学校が学生などを相手として行う共済は，保険業法の適用外と位置づけられた。

　2007 年 12 月 22 日には，銀行窓販の全面解禁がなされた。これは，金融商品のワンストップ・サービスの実現を目的とするものであった。銀行という巨大な保険流通チャネルの誕生により，収入保険料の増加が期待された。一方で，主力であると同時に「大量採用・大量脱落」といった構造的問題（ターンオーバー問題）を有する営業職員チャネルとの棲み分けという課題を，とりわけ国内大手生保会社は抱えた。

　2016 年 5 月 29 日に施行された保険業法の改正では，「保険募集の基本的ルールの創設」と「保険募集人に対する規制の整備」がなされた。これは，保険会社をめぐる経営環境の変化（保険商品の複雑化，販売形態の多様化，複数保険会社の商品を販売する乗合代理店等の出現など）を受けてのものであった。

3.3 相次いだ保険会社の破綻

前章でも触れた 1997 年 4 月の日産生命の破綻は，保険会社の不倒神話を覆す戦後はじめての生保破綻であり，日本社会に大きな衝撃を与えた。その後，相次ぐ**保険会社の経営破綻**とその後の破綻処理により，日本の保険契約者は必要なときに保険金が確実に支払われるような保険会社を選ぶ必要性を痛感することになった。とくに契約期間が長期にわたる生命保険会社の選択に際しては，会社の健全性などを慎重にチェックする必要があることが明らかになった。

護送船団方式のもと，保険会社とともに手厚く保護されてきた保険契約者にとって，相次ぐ保険会社の破綻はまさに青天の霹靂といった事態であった。また，護送船団方式から自由化に向かう過渡期において，これらの保険契約者を十分に守り切れなかったことは，戦後保険監督行政の最大の失敗であった。さらに，破綻した保険会社に勤めていた多くの従業員も，ライフプラン上，大きな影響を受けた。

今後も金融機関の監督・規制の方向転換や金融市場を取り巻く環境変化などにより，消費者をはじめとする多くの人が痛手を被る可能性は否定できない。とりわけ現在は，従前以上に消費者の自己責任が前提となって金融市場が運営されているため，消費者はより賢くなる必要がある。また，監督官庁には，消費者が保険会社を選択する際に役立つような金融教育や情報の提供，保険会社が消費者によりわかりやすい形で**情報開示**を行うような適正な指導などが期待される。

1997 年以降，とくに生保会社の破綻が相次いだ背景には，生保会社が膨大に保有し続けてきた巨額の株式，とりわけ銀行との株式・基金などのもたれ合いとバブル期に設定した高い予定利率があった。また，民間生保がバブル期に高予定利率の契約競争獲得に走った理由の 1 つに，簡保との競争があったとされる。バブル崩壊と低金利政策が続いたことにより，運用利回りが予定利率を下回る「逆ざや」が大量に発生し，経営体力の劣る企業から破綻を迎えることになったのである。

3.4 保険自由化の経緯と効果

保険自由化の効果は，経済情勢，規制の変更，世界の金融動向など，国内外のさまざまな要因により影響を受ける。しかし少なくとも現在は，保険自由化によって，日本の保険業界は競争力や革新力を高め，消費者は商品の選択肢の

増加とサービス向上という恩恵を得ていると評価することができる。保険が日本経済においてますます重要な役割を果たし続ける中，保険自由化の効果を維持するためには，監督官庁の継続的な支援が不可欠である。

　日本の保険業界は歴史的に厳しい規制のもとで運営されており，外国からの参入は限られていた。しかし，自由化措置をとることで，外資系保険会社が日本国内の保険市場に段階的に参入できるようになった。これは，日本の保険市場における競争と効率性にプラスの影響を与えた。日本の保険自由化措置は，規制緩和と外資系保険会社の市場アクセス拡大につながった。外資系保険会社が，日本で支店や子会社を設立することがより容易になり，競争が促進された。国内の多くの保険会社は，環境の変化と競争の激化に対応するために，商品の多様化とイノベーションに注力した。消費者のニーズの変化に対応するため，保険会社は新たな保険商品を開発し，市場が活性化した。また，保険会社は，保険金請求プロセスを合理化することで消費者の利便性を高め，新たな顧客の獲得と既存契約の維持に努めてきた。さらに，保険契約者の公正な取り扱いと透明性のある情報開示に重点を置いた結果，消費者保護対策が改善された。

　保険の自由化は，日本の保険会社にコーポレート・ガバナンスとリスク管理の枠組みの改善を促した。国際的なベスト・プラクティスに触れることで，日本の国内保険会社は業務効率，ガバナンス構造，リスク評価プロセスを強化し，経営の効率性と透明性を改善することができた。また，保険自由化の結果，日本の保険会社は国際的なプレゼンスを高め，海外の保険会社等と戦略的提携を結ぶなどしている。これにより，国境を越えた金融取引が促進された。日本の国内保険会社が自由化によって競争力を高めることは，日本経済の成長と安定にもよい影響を与える。また，保険会社が個人や企業にリスク軽減と経済的保護を提供することで，投資が促進され，経済発展への貢献につながる。

4　ソルベンシー・マージン比率と保険セーフティ・ネット

　日本の保険業界では，長年にわたり自由化が率先されてきた。ここでは，日本における保険自由化が市場・福祉・経済成長などにもたらした影響を検討し，消費者の自己責任について論じる。

4.1 ソルベンシー・マージン比率

金融庁長官は，保険会社の財務健全性を確保するために，経営が悪化した保険会社に早期是正措置を出すことができる。早期是正措置とは，保険会社の保険金等の支払能力の充実の状況にかかる区分に応じ，当該保険会社に必要な是正措置命令を適時適切に発動するものである。保険会社の経営状況や健全性を判断する基準として，**ソルベンシー・マージン**（solvency margin）**比率**がある。ソルベンシー・マージン比率は，保険会社の財務安定性とリスク管理能力を評価するために用いられる重要な財務指標である。消費者保護のための事前的規制としての意味合いを持ち，保険業界全体の安定を確保する役割を果たしている。

保険会社は，一定程度の支払いの増加や金利の低下による収入減など，「通常予測できる範囲のリスク」については，あらかじめ責任準備金（負債）を積み立てている。一方，「通常の予測を超えるリスク」に対しては，自己資本・準備金で対応する。ソルベンシー・マージン比率は，通常の予測を超えるリスクに対して，保険会社がどの程度，自己資本や準備金などの支払余力を確保しているかを示し，保険金の支払能力の充実度が適正であるかを判断するための経営健全性の指標である。通常の予測を超えるリスクが発生した場合に，保険会社が財務的債務，とくに保険契約者からの保険金請求に応じるのに十分な財務的余裕を確保しているかを測定することが，主な意義である。

$$\text{ソルベンシー・マージン比率（\%）} = \frac{\text{ソルベンシー・マージン総額}}{\text{リスク総量} \times \frac{1}{2}} \times 100$$

分子の「ソルベンシー・マージン」（支払余力）は，資本金（基金）などの自己資本，および，保険金支払いの増加や資産の価格変動に対する準備金を指す。また，分母の「リスク」とは，地震などの大規模災害により保険金支払いが急激に増加するリスク，株価の暴落による運用環境の悪化など資産運用に関するリスク，その他のリスクを指す。

ソルベンシー・マージン比率は，1996年施行の改正保険業法において導入され，保険契約者を保護し，保険市場の安定を維持するための予防的措置として機能している。各保険会社は同比率を算出し，毎年度，金融庁に提出している。ソルベンシー・マージン比率が200％を下回ると，保険会社が債務を履行できなくなる恐れがあるとされ，1999年4月以降，早期是正措置の発動基準

として用いられている。

しかし国内外で，現行のソルベンシー・マージン比率には，リスク・プロファイルや保険会社の真の財務健全性が正確に反映されていないという問題が指摘されている。現代の保険会社は，複雑な金融商品や投資を扱うことが多く，リスク・プロファイルがより複雑になっている。現行のソルベンシー・マージン比率では，このような複雑性や保険会社の持つ中長期的なリスク構造を十分に反映できない場合があり，高度なリスク管理が難しくなっている。

また，現行のソルベンシー・マージン比率の重大な限界の1つに，資産と負債を通常，簿価で評価することがある。簿価は，資産や負債の過去の取得原価であり，現在の市場価値を反映していない可能性がある。とりわけ市場の変動が激しい時期には，保険会社の財務の健全性の評価に大きな乖離が生じる場合がある。現に，日本で中小生保の破綻が続いた際には，そのうち数社のソルベンシー・マージン比率が破綻直前まで200％を上回っていた。

そのため，ソルベンシー・マージン比率の算出に経済価値ベースの手法を取り入れるよう見直す動きが世界的に広がっている（第7章参照）。中でも，2016年1月1日付でソルベンシーⅡがEU加盟国で導入されたことにより，日本でもソルベンシーⅡと同等あるいはそれ以上の規制を求める空気が醸成された。経済価値ベースの手法は，資産・負債の簿価ではなく，資産・負債の市場価値を考慮してソルベンシー・マージン比率を計算するものであり，保険会社の財務状況をよりリアルタイムかつ正確に評価することができる。また，経済価値ベースのアプローチは，市場リスク，信用リスク，保険引受リスクなど，保険会社が直面するさまざまなリスクをより正しく把握できる高度なリスク・モデルを組み込んでいることが多い。それにより，環境変化に即した評価をすることが可能となる。

2025年から，保険監督者国際機構（IAIS）が国際的に活動する保険グループ（IAIG）を対象として策定した保険資本基準（ICS）が適用開始となる。この基準では，経済価値ベースの考え方に添った新たな資本規制が導入される。この変更により，2025年度から日本でも新しい経済価値ベースの資本規制が導入される予定であり，ソルベンシー・マージン比率の算出に際して時価評価が取り入れられる（現在は積立金を簿価で評価している）。経済価値に基づくアプローチへの移行は，ソルベンシー・マージン比率の精度と有効性を向上させ，保険会社のリスク管理の高度化を促し，保険業界の安定性と保険契約者への保険金

支払いを担保するための効果的な保険規制を行うための試みである。

4.2　保険セーフティ・ネット

　ソルベンシー・マージン比率が事前的規制として機能する一方で，保険セーフティ・ネットは，事後的措置としての役割を担っている。

　保険会社が破綻すると，保険契約者は保険契約に基づく保障（補償）を受けられなくなる恐れがある。多くの国では，破綻時にも契約者に対して一定の保障（補償）を行うことを目的とした制度である，セーフティ・ネットを設立している。

　日本では1998年12月，生命保険会社・損害保険会社それぞれについて，生命保険契約者保護機構と損害保険契約者保護機構が設立された。日本国内で生命保険業と損害保険業を営む免許を受けた保険会社はすべて，それぞれの機構に加入している。保険会社が破綻した場合，保険契約の移転，合併，株式取得等における資金援助などを行い，保険契約を継続させることで，保険契約者を保護すると同時に，保険事業の安定を図っている。

　補償限度は，責任準備金（将来における保険金等の支払いのために積み立てられているべき準備金）の一定割合までである。補償割合は，保険種目ごとに設定されており，たとえば死亡保険や生存保険は原則として90％まで補償される。一方，自動車保険や火災保険では，破綻前に発生した事故および破綻後3カ月間に発生した事故の保険金は全額支払われ，3カ月経過後は80％まで補償される。

　保険契約者保護機構の財源は，保険会社からの負担金である。負担金は事前拠出により積み立てられる。積立を上回る支払いが行われる場合には，機構の借入で対応する（借入限度額は生保4600億円，損保500億円である）。また，破綻した生命保険会社の破綻処理にかかわる業務に要した費用の全部または一部について，2027年3月末までは，予算で定める金額の範囲内で国庫の補助が可能となっている。さらに，借入金について政府保証を付すことが可能である。

　セーフティ・ネットの存在は，契約者の保護や金融業界の健全な発展に寄与するものである。しかし，一方でモラル・ハザードが発生する恐れや，健全な経営を行っている他の保険会社の負担増などの懸念も指摘されている。

4.3 保険自由化と消費者の自己責任

　護送船団方式から保険自由化へと監督方針が大きく変わったことにより，保険会社間の自由競争が促進された。保険自由化は，経営の効率化や企業努力による保険料の低廉化および保険商品・チャネルの選択肢の増加など，多くのメリットを消費者にもたらした。一方で，保険会社や保険商品の選択を誤ると，将来受け取る保険金額が変わってしまうなど，保険契約者の**自己責任**も大きく増している。

　護送船団方式のもとでは，割高な保険料ではあったが，保険会社は倒産しないという安心感を，保険会社と消費者の双方が持つことができた。その意味では，護送船団方式は消費者・保険会社・行政のすべての立場において楽な時代であったともいえる。しかし，金融機関の競争が国際化したことで明らかになりつつあった日本の保険会社の非効率な経営や閉鎖的な市場を開放させようとする欧米からの圧力，日本の人口構造の変化に伴う国内市場の縮小など，さまざまな要因により，保険自由化の流れは不可逆のものとなった。

　日本では従来，「お金」について大っぴらに話すことをあまりよしとしないような価値観があり，その延長線上に資産運用は専ら銀行預金という状況があった。消費者が保険自由化の利点を十分に享受するには，まずはそのような意識から変えていく必要があるかもしれない。金融庁は消費者への金融教育を拡大する対策を講じているが，金融知識に関する情報提供だけではなく，消費者の意識自体が変わっていくような金融教育を低年齢から開始し，日本の文化や国民性にあった金融教育のあり方を模索することが求められる。

5　保険政策と保険規制をめぐる新たな課題

5.1　保険会社をめぐる環境変化

　保険業界は，医療技術，社会・経済制度，法制度などの環境変化に迅速に対応することが常に求められる。技術革新および社会・経済制度や人びとの価値観の変化などによって，保険の機能や役割は変容してきた。しかし，近年の急激な環境変化は，保険業界の柔軟性に課題を突きつけている。

　保険引受においては，保険契約者は保険原理に従って，個々のリスクに応じた保険料を支払う。つまり，リスクが高ければ保険料が高くなり，リスクが低ければ保険料が安くなる。これは通常，私保険の枠組みにおいては「公平」と

考えられる。しかし，遺伝子検査技術の進化は保険引受に新たな課題をもたらした。

　生命保険や医療保険では，既存の症状や病歴により将来のリスクを推定し，保険料が算出される。遺伝子検査は，現在のところ，日本の保険引受業務において使用されていない。しかし，イギリスやアメリカのように，一部の保険種類や，高額契約，特定疾病の検査など，限定的ではあるが遺伝子検査を使用している国もある。

　これは，被保険者の現在と過去の身体状況から将来のリスクを推定するという従来の保険引受の前提が，徐々に変化してきている事例の1つである。なぜなら，遺伝子検査が示す情報は，将来の健康リスクも含むからである。保険会社は申込者の健康リスクを推定するために遺伝情報を使うべきか。それとも，それは不当な差別と見なされるのだろうか。

　さらに，医療技術や検査技術が進化するにつれて，健康の定義が変わり，予防的な手術やそのための検査が現在よりも増える可能性がある。それらの費用を私保険がどの程度カバーすべきか，また，保険金請求が増え，保険料率が上がることに対して，消費者がどのような反応を示すか，という問題が生じる。

　保険会社のデータ選択において，プライバシー保護，情報セキュリティ，個人の権利のバランスをとることは，きわめて重要である。一方で，情報が限られることによって逆選択（adverse selection）につながる可能性がある。たとえば，いわゆる「がん家系」であると考える人が，がん保険に追加で加入する，あるいは，地震のリスクが高いとされる地域に住む居住者ほど地震保険に入る割合が多いということなどが，逆選択の代表的な事例である。

　保険制度では，リスクの程度が高いほど保険金の給付を受ける機会が多くなる。リスクが高いにもかかわらず，もしも標準的な条件で契約できれば，その保険申込者の利益は大きくなる。したがって，高リスク者が意識的あるいは無意識的に保険に加入したり，保険金額を増やしたりする傾向が強くなるのである。このような逆選択の結果，保険金請求が増えることにより，保険会社や保険市場全体に悪影響を及ぼす可能性がある。

　逆選択は，消費者が保険の必要性について経済合理的な選択をした結果生じるもので，それ自体は至極当然の行為である。しかし，過度の逆選択は保険会社にとってはコスト増につながり，最終的には保険集団全体の保険料が上昇する。一方で，保険会社がリスク細分化を過度に行い，グッド・リスクのみを取

り込む「クリーム・スキミング」も指摘される。逆選択とクリーム・スキミングは，いずれも市場の失敗につながる恐れがあり，監督官庁による適正な指導・規制が不可欠となる。

リスクの中には，私保険の枠組みでの対応が難しいものがある。私保険の基礎にある保険原理を追求してリスク細分化を進めていくと，謝絶（保険加入が不可となる）や，保険料割増などの条件が課される場合もある。このように，リスクが過度に高いために民間保険に加入できない場合や，経済的な問題のために十分な保険に加入できないような社会的弱者への対応が求められる。監督官庁は国として今後いかなる方針をとるべきか，他国との比較なども含めて検討し，適正な監督・指導を行う必要がある。

5.2 保険における技術革新の受容

保険の本質やあり方は，保険を取り巻く環境の変化（人口構造の変化，グローバル化，デジタル化，技術革新，他業界からの参入など）によって大きな影響を受ける。また，それに伴い，保険政策や保険規制において新たな問題点や課題が生じる可能性がある。

たとえば，保険を取り巻く大きな変化として，インシュアテックの台頭があげられる。インシュアテック（InsurTech）は，保険（insurance）とテクノロジー（technology）を組み合わせた造語であり，フィンテック（FinTech）の保険業界版といった位置づけにある。AI（人工知能），IoT，ビッグ・データ，ブロックチェーンといった最新技術を使用することで，保険契約者等の個々のリスクや希望に応じた保険商品の開発を可能にするものである。また，たとえばウェアラブル・デバイスを通じて病気の予防等の新たなサービス・付加価値を提供することやAIの導入等を通じた手続きの簡略化・迅速化により，保険契約者等の満足度や利便性を高める効果も期待できる（第11章参照）。

インシュアテックは，従来では考えられなかったような新たな保険商品やサービスを保険契約者等に提供していくための起爆剤として，大きな注目を集めている。日本においてもスタートアップのみならず，大手の生・損保会社が国内外のベンチャー企業やIT企業と連携して，インシュアテックへ積極的に取り組んでおり，インシュアテック市場は急速な拡大を見せている。たとえば，損保ジャパンがLINEと提携して，事故連絡から保険金請求までLINE上でのやりとりを可能にしたなど，業種を超えた連携が見られる。

また，GoogleやAmazonといった巨大IT企業をはじめとした異業種による保険業界への参入もますます増え，競争が加速している。反対に，保険業界から異業種への参入も増えた。たとえば第一生命保険は，大手生保ではじめて銀行代理業に参入している。

　このように保険取引や市場のプレイヤーが広がる中で，業務範囲規制をどのように設定すべきか，また，いかに業界横断的な規制体制を構築するかという新たな課題が生じている。さらに，デジタル化や技術革新が急速に進んでいるため，個人情報保護およびセキュリティに関する問題に対し，法律・規制などの社会的仕組みが追いついていない可能性も懸念される。

5.3　金融教育の重要性

　保険をはじめとする金融商品に関して，なぜ政府による規制や契約者保護が必要とされるのか。その根拠の1つに情報の非対称性の存在があげられるのは，本章の冒頭でも述べた通りである。

　情報の非対称性とは，通常，金融機関が情報や知識を豊富に持ち，交渉力が高いため，消費者が相対的に弱い立場に置かれることを意味する経済用語である。したがって，一般的に，消費者は金融機関から適正に保護されることが求められる。ただし，消費者が保険に加入する際には，逆の意味で使われる場合がある。消費者は自分や家族・親族の健康状態について詳しい情報を持っているが，保険会社にはそれがないからである。しかし，これは例外的な状況であり，情報の非対称性は通常，消費者を守るための根拠と考えられている。

　日本ではこれまで，保険会社・証券会社・銀行などの金融機関と消費者との間に存在する情報の非対称性への対処は主に民間が担ってきた。たとえば保険・共済に関しては，日本損害保険協会，生命保険協会，生命保険文化センター，日本共済協会などの機関が中心となって，消費者への情報・資料や教育を提供してきた。しかし，それらの機関が提供する資源に多くの消費者が積極的にアクセスすることは期待できないため，さらに広範に，かつ若年層に対しても，金融教育を提供する必要性が指摘されてきた。2022年8月に，金融庁が金融教育について「国全体として体制を検討する」と明らかにしたことにより，今後，日本で**金融リテラシー**向上への取り組みがより本格化することが期待される。

　2005年には，保険金不払いや支払漏れ，請求案内漏れ等が大きな社会問題

となった。これらの背景としては，保険会社の消費者軽視の姿勢，経営倫理の欠如，社内体制やシステムの不備，わかりにくい商品設計等，多くの要因が考えられる。日本の保険業界は従来，体質が古く，参入障壁の高い業界であると見なされてきた。そもそも保険商品の内容や保険の仕組み自体も，一般の保険契約者等にはわかりにくい。これらの背景や，保険会社による不透明な経営，消費者への説明不足などを原因として，問題が数多く発生した。

　加えて，保険の専門知識を悪用した詐取や犯罪行為など，保険会社の職員による犯罪も発生している。こうした不払問題や保険をめぐる犯罪等に関し，保険会社の罪と責任はまず追及されるべきものである。しかし，消費者の金融リテラシーの低さが事態をより深刻化している側面も見過ごせない。保険業法では，保険募集の際の不公正や不当な行為の禁止に関する事項等を規定しているが，契約者保護のためのさらなる対策が求められる。

　保険自由化後，保険商品・サービスの多様化やグッド・リスクの場合には割安な保険料率が設定されるなど，保険契約者に多くのメリットがもたらされた。しかし同時に，消費者の自己責任もより求められるようになった。護送船団方式のもと，GNP（義理・人情・プレゼント）によって保険会社や保険商品を選択していればよかった時代から，状況は大きく変わってきている。保険会社・保険商品の選択によっては，期待していた保険金の支払いが得られないような場合も起こりうる。また，少子高齢化が他国に先駆けて進み，社会保障制度の縮小が予定される日本においては，自助努力が従前以上に求められることになるだろう。一方で，消費者の保険に関する知識・情報は，いまだ十分とはいえない。そこに，監督官庁による政策介入や契約者保護が必要とされる根拠がある。

　とくに，生命保険契約者保護機構や損害保険契約者保護機構による事後的な救済のみではなく，**保険教育**や金融リテラシーを社会により浸透させて，消費者に自ら保険会社を選択する知識を持たせるような事前的な取り組みがより重要になってきている。賢い消費者の存在は，保険会社の経営によい意味での緊張感を与え，結果として保険会社と保険契約者の双方に恩恵をもたらすだろう。

　ただし，保険には専門性の高い分野も多い。また，センシティブであるために消費者には詳細に開示されない情報も少なくないため，消費者の努力のみに期待することはできない。消費者が保険会社・保険商品を選択するにあたって，保険会社のディスクロージャーが適正に行われるためには，金融庁による政策介入と監督が不可欠となる。保険金不払いの問題が明らかになった後，日本の

保険会社のディスクロージャー情報は，質量ともに改善してきているが，より消費者にわかりやすく，有益な情報を提供する努力が保険者と監督官庁ともに求められる。また，保険をはじめとする金融教育のあり方にもさらなる改善が望まれる。

5.4　これからの保険政策の課題

　日本の保険行政は，護送船団方式から自由化におけるルール行政に転じた。この変革は，保険契約者の利益保護を確保しつつ，より市場志向で競争的な環境をつくり出すことを目的としていた。護送船団方式において，政府は保険料率や商品内容を設定し，保険事業に対して大きな統制と影響力を行使した。これは，保険会社間の競争や消費者の選択よりも，経済の安定と父権的な消費者保護とに主眼が置かれていたことを示している。

　日本経済は発展するにつれ，より市場志向のアプローチへと徐々にシフトしていった。日本の保険業界は，ルールやガイドラインの遵守はしつつも，保険料の設定や商品開発の自由度が与えられ，保険会社の自主性は高まった。経営の安定性や消費者保護を維持する一方で，保険会社の事業運営や事業拡大の柔軟性を高めることに重点が置かれた。また，自由化によって外資系保険会社の日本市場参入が認められ，競争とイノベーションが促進された。

　護送船団方式，ルール行政を経て，現在，日本の保険政策の重要な基本理念は，フィデューシャリー・デューティー（顧客本位の業務運営）になっている。保険会社は保険契約者や保険金受取人の最善の利益のために行動する責任を負う。現在の日本の金融行政では，金融事業者が自ら主体的に創意工夫を発揮し，ベスト・プラクティスを目指して顧客本位の良質な金融商品・サービスの提供を競い合うことが期待されている。また，よりよい取り組みを行う金融事業者が顧客から選択されていくメカニズムの実現が望ましいとされる。一方で，消費者がそのような金融事業者を選択できることに疑義を唱える声もある。

　フィデューシャリー・デューティーのもとでは，保険会社の自律が尊重されるとともに，保険会社には，消費者のニーズを満たすような革新的な保険商品・サービスを開発することが期待される。したがって，イノベーション創出の活性化と消費者保護との間でバランスをとることができるよう，政策や規制を講じる必要がある。

　世界経済の動向や地政学的リスクは，保険業界の業績や事業運営にも大きく

影響を与えている。保険会社は，潜在的な景気後退や為替変動に備える必要があるが，保険会社のコントロール外の要因によって生じる諸問題については，規制当局による適正な指導がなされる必要がある。監督・規制環境の変化により，今後，保険会社は新たなビジネス慣行やコンプライアンス対策への適応を求められる可能性がある。消費者保護や金融の安定性を前提としつつ，保険業界内の公正な競争と保険商品・サービスの進化を確保するために，保険会社と保険監督者が協同することが求められる。

● 演 習 問 題

[1] 護送船団方式が時代に即さないものに転じた背景と，護送船団方式の功罪について考察してみよう。

[2] 消費者と保険会社の間に存在する情報の非対称性について説明した上で，なぜ保険に監督や規制が必要となるのか議論してみよう。

[3] 消費者の自己責任とこれからの保険教育のあり方について議論してみよう。

第 **11** 章

保険学の課題

● Introduction

　本章では，現代社会における保険の役割を踏まえて，保険の本質を提示する。そして現代社会に存在する主要なテーマの中から，医療介護リスク，デジタル社会の到来を取り上げ，保険業が取り組むべき課題と社会的責任を検討する。

1 現代社会と保険の本質

1.1 保険の本質と保険原理

　保険は，個別の保険契約の等価性を追求する給付・反対給付均等の原則と，保険経営の安定性を確保するための収支相等の原則を両立させることを基本原理としている。これにより，保険制度は，被保険者間において公平であり，かつ健全な保険経営を維持できることになる。

　保険の本質は，**保険原理**を追求しながら，保険の有する**保険機能**をいかに引き上げるかにある。しかし，保険原理と保険機能は，相互に対立する関係を有している。それをまとめたのが，表11-1である。

　保険原理においては，リスクに応じて保険料を設定することが保険数理的公平であり，それにより，公平なリスクのコスト化を実現することになる。そのための手段として，リスク細分化しリスク分類を行うことで，リスク集団の同質性を図ることになる。これに対して，保険機能を実現するためには，いかにして合理的なリスク処理を行うかが問題となる。このときの合理性では，保険会社にとっての経営合理性が重視されるところがポイントとなる。したがって，保険会社に求められるのは，個人的公平性と経営合理性をどこまで調整するか

表 11-1　保険原理と保険機能の調和と相剋 ─────────────────

	保険原理	保険機能
目　的	公平なリスクのコスト化	合理的なリスクの処理策
手　段	リスク分類 リスク細分化	リスク集合 リスク混合化
リスク集団	リスク同質性	リスク異質性（内部補助）
公平性	保険数理的公平性	社会的公平性
経済的効用	資源配分の効率性	社会的厚生の最大化
指向性	差別化・個別化	平等化・均等化
制度の理念	自己責任・自助努力	相互扶助・弱者救済
制度の性格	経済制度	社会制度
主　義	個人主義	連帯主義
政策手段	競争原理・自由競争	政府介入・政府規制

（出所）　堀田［2021］より作成。

という問題である。資本主義経済においては，保険取引に際して保険会社が常
に優位に立っており，契約成立の主導権は保険会社側に帰属している。経済的
効用の観点からは，保険原理の追求は，資源配分の効率性を高めることになる
が，他方，保険機能を重視することは，社会的厚生の最大化を図ろうというも
のである。

　指向性において比較してみると，保険原理は差別化や個別化を目指すもので
あるが，保険を社会化して保険機能を広く浸透させるためには，平等化や均等
化を進めることを意図する。つまり，保険原理では個別リスクの相違性を重視
するのに対し，保険機能を重視する立場では保険集団を大きく捉えて分散（リ
スク・プーリング）効果を高めようとする。また，制度理念として自己責任・自
助努力を追求しようとするのが保険原理であるのに対して，保険機能では，む
しろ保険の相互扶助や弱者救済の効果を重視するものである。保険機能を高め
るためには，時として規制を通じてる政策介入を行うことも正当化されること
になる。

　このように，保険原理と保険機能の間にある相剋をいかに調和させるかが重
要である。そして，現代社会において保険事業の領域が拡大し，社会に存在す
るさまざまなリスクを合理的に処理し，保険プロテクションの向上を通じて，
国民生活や経済社会の安定に資する機能を担ってきたのは，保険原理の追求と

保険機能の確保のバランスを図ってきたことにも大きな要因があるものと理解できよう。

1.2　保険プロテクションと政府介入

　戦後日本は，自動車産業の成長とともに大きく発展したが，その過程で，副産物として自動車事故が急増し大きな社会問題となった。国は交通事故対策を強力に推進する一方で，被害者を救済するための方策として自動車保険の普及に取り組んだ。国は自賠責保険を創設し，すべての自動車保有者に保険加入を義務づけた。また，自動車保険市場への料率規制や商品規制などを通じて，任意加入の自動車保険の普及を推進してきたといえる。保険を通じた被害者救済を徹底すること，すなわち**保険プロテクション**の向上は，主要な政策と位置づけられてきた。その結果，自動車保険の加入率は，ほぼ100％に近い水準にまで浸透し，自動車事故にかかわるリスクのほとんどが保険によってカバーされる状況を実現した。このように，国は保険システムを通じた相互扶助の仕組みを民間に託したということであろう。

　近年では，自然災害や地震による災害対策が喫緊の課題となっているが，そこでの課題も保険プロテクションのあり方である。保険は，保険原理としてリスクに応じた保険料を設定することで，効率的にリスクをコスト化することができ，それにより保険取引における公平性や効率性を促進する効果をもたらす。他方，保険は，社会経済において効果を発揮するためには，広く普及することが重要である。保険がこうした原理に基づいていたとしても，実際に保険が利用されなければ効果は発揮されない。保険プロテクション向上のためには保険を普及させることが必要である。

　一方で，リスクに応じた保険料設定を求める保険原理は，低リスク者にとっては，保険料負担が軽減される一方で，高リスク者にとっては，保険に加入できない，あるいは加入しない者が生じる可能性がある。いわゆる購入可能性（後述）の問題である。高リスク者が保険に加入しないことは，最も保険を必要とする人が，無保険状態に陥る可能性をもたらす。そして，社会全体としては，保険プロテクションの低下を意味することになる。

　しかし購入可能性が理由で無保険者が増えることは，社会からすると決して好ましいことではない。無保険者の存在は，無保険者自身の補償手段がないことだけにとどまらず，場合によっては，損害が国民負担増に転嫁される可能性

があることを認識すべきだろう。たとえば，地震や水害で被害を被った人が，保険金が給付されなかった場合，被災者救済のために国や自治体が補償金を提供する必要が生じるかもしれない。その財源は，国民が支払う税金であり，結局，多くの人々が公的救済制度への拠出を求められるかもしれない。つまり，購入可能性が個人だけでなく，広く国民にとっても関係のある問題となりうるということである。

政府は，民間保険での保険プロテクションの水準を高めるために，政策介入を行うことがある。たとえば地震保険は，任意加入の保険でありながら，政府再保険により政策関与がなされ，保険料格差を広げすぎないように保険料上限（キャップ）が設定されている。その他の保険についても，料率認可の際に，保険料が妥当な水準であることが認可基準となっている。このような政府規制の根拠は，高リスク者が保険による補償から脱落することを回避することで，社会全体としての保険プロテクションを維持することにある。これは，リスクに応じた保険料設定を原則とする保険原理への政策介入を意味するが，保険機能を確保するための政策ということになる。あるいは，保険規制を通じた相互扶助を促すものという捉え方ができる。

1.3　保険プロテクションと相互扶助

多様で複雑なリスクにさらされる現代社会において，徹底した自己責任のもとで生き続けるのは困難である。不安から解放されるためには，自ら進んで社会に存在する制度との関係性を求めることが必要である。保険制度は，そこでの選択肢の1つをなすものである。保険に加入するということは，保険の制度的相互扶助あるいは機能的相互扶助を求めることを意味する。

そうした形で，1人1人が保険に加入することで，個人の保険プロテクションが高まり，さらに社会全体の保険プロテクションを引き上げることになる。保険普及を促すために保険機能を重視した政策介入が正当化されるのも，保険普及を促して保険プロテクションを引き上げることにある。

デジタル化時代が到来する中で，リスクがより鮮明に把握され，保険契約者を選別する方向に力が及ぶ可能性があるが，それは保険プロテクションを低下させることを意味する。あくまでも情報技術（IT）は，保険プロテクションを拡大するために活用されるべきである。

保険は，自分の財産や生命を保護するための方策である。各自が，自助努力

として自発的に保険に加入する。保険制度の理念は，自己責任の制度であるが，私たちは保険が社会にどう機能しているかを理解した上で保険を利用することが重要である。多くの人々が保険に加入することは，国全体の保護を高めることである。

　すべての人が自分自身のプロテクション（保護）を高めることは，国全体にとってのプロテクションを高めることである。保険加入の動機は，あくまでも個人的であったとしても，それが社会にとっては大きな経済的意義を有する。さまざまな理由や状況によって，自助努力が実行できない人がいるだろう。そうした人には，当然，社会保障制度による支援が行われる必要がある。

　保険プロテクションの議論は，官民役割分担のあり方を考えることである。どこまでを自助努力による保険でカバーし，どこからを公的保護によってカバーするか。また，何を公的施策とし，何を民間の自助努力で賄うかを明確にすることが重要である。

2　医療介護リスクと保険

2.1　長寿化時代と医療介護リスク

　医療リスクや介護リスクは，長寿化時代を生きる上で生活の質（quality of life）に大きな影響を与える生活リスクである。人生において発生不確実性を伴うものであると同時に，発生した場合の費用についても予測不可能であることから，事前対策を講じておく必要がある。

　経済学的に見るとき両者に共通しているのは，医療も介護も私的財の性格が強いということである。その理由として，①医療や介護について，公共財のような非競合性や非排除性は見られないこと，②医療および介護に関するサービスを享受することによって得られる便益は，すべて本人あるいは家族に帰属すること，③サービスの必要性に個人差が大きいこと，などがあげられる。

　医療や介護が私的財の性格を強く帯びていると理解する限り，一般のサービス財と同様に民間の自由取引を認めて市場原理に委ねておいてもよいという考え方も容認できる。そもそも，健康管理は個人の自己責任によるべきであるという考え方が受け入れられるならば，病気になることも要介護になることも自己責任であるという考え方も成り立つかもしれない。

　しかし，医療や介護には，一般財とは異なる性質を有していることに注意す

べきである。医療介護サービスに関しては，情報の非対称性が大きいことである。とくに医療サービスを需要する患者は，供給する医師に比して，医療知識に圧倒的に劣っている。したがって，患者自身に医療情報が与えられたとしても，患者自身が適正に医療サービスを選択して需要することには困難な場合が多いと考えられる。

　医療介護リスクは，個人の自己責任に委ねるには忍びない同情すべき状況が存在する。たしかに，健康管理により病気を予防することはある程度可能であるが，生まれつきの難病を患っている場合，あるいは病気になった場合には，肉体的・精神的・経済的な負担を伴うことになり，個人が耐えうる負担の限界を超えるものとなる。

　医療介護リスクは加齢とともに著しく大きくなり，また，すべての人々に共通する。しかし，医療介護リスクへの認識は個人によって異なり，無知や認識不足のために，重篤な状態になるまで放置されることがある。効率的な資源配分のためには，健康維持に適正なインセンティブを与える仕組みが求められることになる。医療や介護は基本的人権にかかわるものであり，したがって，国民に対して少なくとも最低保障の医療介護サービスを供給することは国家責任である。

2.2　公的保険と民間保険の性格比較

　現代社会において保険制度は，生活保障システムの中で重要な役割を担っている。しかしながら，社会保険と民間保険は，同じく保険技術を援用しながらも，その性格が多くの点で異なっている。その両者を比較したのが表 11-2 である。まず，社会保険は，国民に普遍的なリスクを対象として強制加入させるのに対し，民間保険は，個別のリスクを対象として，その必要に応じて任意に加入するという大きな相違がある。社会保険では強制加入を通じて，保険固有に発生する逆選択の現象を阻止すると同時に政策目標を達成する。

　社会保険は，民間保険と比較して，その時代の社会経済の状況に応じた柔軟な制度変更が可能なことから，給付水準の実質的価値を維持するための方策も容易に採用することができる。しかし，理念において民間保険と大きく異なっており，民間保険が個人主義による経済制度であるのに対し，社会保険は，政府主導のもとにおける社会的な連帯主義を強調し，経済原理あるいは保険原理から離れて社会制度として運営される。

表 11-2　公的医療保険と民間医療保険の構造比較

	公的医療保険	民間医療保険
加入の自由性	強制加入	任意加入
給付水準	法律で定められた給付水準 （相対的に決められた統一水準）	契約で定められた給付水準 （個人の希望・負担能力により自由設定）
保険集団	異質なリスク集団	同質なリスク集団
保険料設定	所得に基づく平均保険料	リスクに応じた個別保険料
危険選択	原則として認められない	原則として自由
逆選択	原則としてなし	可能性あり
モラル・ハザード	発生可能性大きい	発生可能性あり
制度理念	社会連帯性・弱者救済	自己責任・自助努力
指向性	平等（均等）化	差別（個別）化
制度の性格	連帯主義による社会制度	個人主義による経済制度
再分配効果	所得再分配	保険的再分配
実質価値維持	インフレ対応可能	インフレ対応不能
給付方式	現物給付	現金給付
経済変動リスクの 最終負担	政府が負う	契約者が負う

（出所）　筆者作成。

　給付方式について見ると，社会保険では，一部給付金を除いて現物給付を特徴とする。これに対し，民間保険は，直接的にサービスが供給されるのではなく，保険事故が発生した事実に対して定額的に現金給付がなされる。現金給付であるために，医療介護サービスが実際に購入されたかどうかは問題とされず，保険金の使途は被保険者自身に任されている。別の見方をすれば，これは民間保険における機能の柔軟性・多様性を示すものでもある。

　これに関連して，人件費や医療サービス価格の上昇のような経済変動リスクは，社会保険では保険者（＝政府）が負担しているのに対し，民間保険では，いかなる場合でも契約によって定められた金額しか給付されないことから，被保険者自身が負担する。

　また，財政方式について見ると，社会保険は賦課方式であるのに対して，民間保険は積立方式に近い構造になっている。社会保険は，財政調整を前提に制度が設計されており，基本的に単年度収支を均衡させるように仕組まれている。民間保険における保険料設定は，平準保険料方式を採用しており，理論的には

保険期間を通じて収支均衡が達成されるようになっている。加齢とともに医療介護リスクが増大すると考えると，初期の保険料過払分が後半の不足分を補塡するために積み立てられることになる。

さらに，社会保険では保険制度を通じて所得再分配が達成されるのに対し，民間保険では同質の保険集団内においてリスク再分配が行われる。社会保険では，所得に応じて保険料を拠出することになっており，リスクの大きさとは無関係に保険料が設定されているが，民間保険では，被保険者自身の所得水準がいかなる状態にあるかは勘案されない。

2.3　医療介護リスクと民間保険の限界

民間保険は，生活保障の個別ニーズに対応する上で重要な役割を担っているが，以下に述べるようにいくつかの限界が存在する。

民間保険は，契約自由の原則を前提としており，保険加入が任意である。したがって，自己選択した担保内容以上に給付を受けることはない。社会保障制度では，法律により規定された保障範囲であれば，必要に応じて保険給付が行われる。民間保険の保険給付は，契約内容によって制限され，必要を満たす給付が受けられる保証はない。

また，民間保険では，発生リスクの高い者は，**利用可能性**（availability）が保証されない。保険市場から排除される可能性が高い。生命保険においても，すでに病気になっている人や，著しく危険な職業を持つ人については，保険会社に契約引受を拒否される場合がある。最も保障を必要としている者が，保険を利用できないという事態は，民間保険では解決できない問題である。

さらには，民間保険の利用において，契約者側に**購入可能性**（affordability）が確保されていなければならない。保険料を支払えない低所得者は，民間保険による生活保障を達成することはできなくなり，所得格差が保障格差を生み出す恐れが高い。また，契約期間中においても，継続的に保険料を納め続けなければ，保障サービスは確保されない。契約者の保険料負担能力は民間保険において決定的な要素である。

アメリカでは，民間保険会社が医療保障の供給主体であり，65歳以上の高齢者を対象としたメディケアと低所得者を対象とするメディケイドという2つの制度だけが，公的な医療保障制度となっている。これは，いずれも民間保険会社には供給が困難だからである。すなわち，高齢者は高リスクであるために

利用可能性が確保できず，低所得者は保険料負担に限界があるために購入可能性に問題がある。したがって，自己責任原則を最大限に押し出しているアメリカであっても，これらの人々に対しては，社会保障制度の支えが不可欠という考えを見て取ることができる。

民間保険の限界により，十分な生活保障手段を確保できない人々が多数発生すれば，新たな社会問題を生じさせる可能性もあることから，政府は，民間保険の発展動向に常に関心を寄せざるをえない。こうした状況下で，任意市場において医療保険を購入できない者に対し，**残余市場**（residual market）を通じて利用可能性を確保する政策手段がとられている。

このように考えると，民間保険を利用できる人は，それを通じて生活保障を実現することが可能だが，反面，利用できない人との間に新たな経済格差が生じる可能性がある。したがって政府は，民間の自助努力だけに生活保障を委ねておくわけにはいかないのである。

3 デジタル化時代と保険

3.1 デジタル化時代と保険業

「第四次産業革命」（The Fourth Industrial Revolution）と呼ばれる新しい経済社会が到来しつつある中，保険業界もその変革の波にさらされようとしている。保険業界はすでに，AI（人工知能）やデジタルを活用した新たなビジネスモデルの構築に，本格的な取り組みを見せつつある。テレマティクス自動車保険は，その皮切りとして着実に浸透し始めている。自動車保険をめぐって，自動運転車の開発が保険業界にどのような影響を及ぼすかも，大きな関心を集めている。それが，保険事業の構造的変化をもたらす可能性を秘めている。

世界経済フォーラムは，「金融サービスの未来」というテーマで報告書を発表している（World Economic Forum [2015]）。それによれば，デジタル化時代が到来すると，金融・保険業には，11 の領域で解体的イノベーションが発生する可能性があると指摘されている。保険業においては，シェアリング・エコノミーや自動運転車の登場が保険サービス分解（insurance disaggregation）を進める可能性がある一方で，IoT・高度先進センサーおよびウェアラブル端末などの開発によりコネクテッド保険（connected insurance）が発展するとの予想が示されている。

デジタル技術の発展は，保険業全体にさまざまな活用と効果が期待できる。すなわち，①新商品開発（インシュアテックの応用），②新しい事業領域の拡大と他業界との連携協力，③付加的サービスの向上（健康管理・事故防止に関する情報提供），④アンダーライティング・プロセスの見直し，⑤経営効率の向上（事業費や人件費の削減），⑥大量の顧客データ管理とその応用可能性など，デジタル技術を活用することで，保険業の発展に大きく貢献するだろう。

3.2　デジタル技術の発展が保険業界に及ぼす影響

しかしながら，デジタル技術やAIの発展は，保険業において，アンバンドル（解体），リバンドル（再構築），エンハンス（事業強化）という3つの側面に影響を及ぼすと考えられる。アンバンドルとは，従来の保険サービスが分解・分離されることである。リバンドルとは，その結果，保険をめぐる保障（補償）を見直して，保険機能を再構築することである。そしてエンハンスとは，保険サービスを拡充・刷新することで，事業領域の強化を図ることである。

こうした状況において，保険業界には，明暗2つのシナリオが想像される（表11-3）。まず明るいシナリオとしては，保険サービスの各分野において，専門性を活かしてインシュアテックを活用した優位性を維持できるかもしれない。また，さまざまなリスクをカバーする保障（補償）の総合化が進んで，保険にはリスク管理の一元化が求められるだろう。さらに，保険サービスのコア（中核事業）を拡充するために，積極的に他業界との連携を強化して，そこでの優位性の発揮が期待される。

これに対して暗いシナリオとしては，保険事業が分解されて，別々な形で他業種（フィンテック）に代替されるかもしれない。また，異業種による保険サービス提供が進んで，既存の保険サービス分野が縮小する。そこでの影響力が小さくなると，保険会社がイニシアチブを喪失して優位性が低下するかもしれない。

保険業界としては，明るいシナリオが実現するように今のうちから長期的戦略を構築する必要がある。

デジタル技術の応用として，現在，急速に進んでいる分野が自動運転車である。自動運転車は，これからの社会構造や法的構造を根本から変革するものとして，さまざまな分野で議論が進められている。自動運転車が導入普及されることのメリットには，①自動車の安全性向上，②自動車事故数の減少，③保険

表 11-3　デジタル技術の発展が保険業界にもたらす 2 つのシナリオ

	明るいシナリオ	暗いシナリオ
アンバンドル （解体） 保険サービスの分解・分離	保険サービスの各分野において，専門性を活かしてインシュアテックを活用した優位性を維持	保険事業が分解されて，既存事業が他業種（フィンテック）に代替される
リバンドル （再構築） 保障（補償）内容の見直し	保障（補償）の総合化が進み，リスク管理の一元化が選好される	異業種による保険サービス提供が進んで，既存の保険サービス分野が縮小
エンハンス （事業強化） 保険サービスの拡充・刷新	保険サービスのコア（中核事業）を拡充するために，積極的に他業界との連携を強化して，優位性を確保	保険サービスのコア（中核事業）のイニシアチブを喪失して，保険会社の優位性が低下

（出所）　アクセンチュア［2016］を参考に筆者作成。

料の低下（自動運転車以外の保険料は逆に上昇する可能性），④環境への好影響，⑤運転ストレスの軽減と仕事の効率性向上，⑥高齢者や障害者の移動がしやすくなる，⑦電気自動車産業関連の成長発展，などが考えられる。

　しかしながら，自動運転車が広く普及するまでのプロセスには，多くの課題も見られる。たとえば，①自動運転車と普通自動車との混在によるリスク増大の可能性，②タクシーやトラックなどのドライバー失業の増加，③保険契約構造の変化，④交通違反による罰金収入の減少，⑤自動車所有者の減少，⑥自動運転に対する法整備の必要，⑦ハッキング，サイバー攻撃の脅威などは，自動運転車を導入普及させる上で，社会として対処すべき重要な課題である。

　保険理論の観点からは，自動運転車がもたらす新たなリスクに対する責任構造のあり方やリスクの把握手法などが，緊急的な研究課題となる。

3.3　デジタル化時代と保険業の課題

　保険業のデジタル化は，保険技術の専門性を低くし，一般商品化すなわちコモディティ化をもたらす可能性がある。保険のコモディティ化により，市場参入の容易化・活発化する可能性が高まるだろう。保険市場の成長分野は，個人分野から，ニッチ市場への参入と企業分野へのウェイトの増大が予想できる。

　デジタル技術の応用分野として，自動運転車に加え，カー・シェアリングや民泊といったシェアリング・エコノミーも，発展の兆しが見られる。これは，従来の所有に基づく経済モデルを転換して，使用に基づく経済モデルに移行することを意味する。背景としては，人々の財産所有に対する認識の変化，ある

いは「豊かさ」の価値観の重点が，モノを所有することから，コトを行うことの効用（満足）を享受することへ移りつつあることが考えられる。

このようなシェアリング・エコノミーが拡大する中で，保険の機能は，従来の所有者保険（＝モノ保険，財物保険）中心から，利用者保険（＝コト保険，責任保険）中心へシフトするだろう。そのために，賠償責任の構造，ひいては責任保険構造にも多大な影響を及ぼす。自動車保険における「1日型自動車保険」などは，その先駆け的存在である。民泊などで，個人が一般に部屋の提供をする場合に，そのリスクは，従来の所有者にかかわるものではなく，利用者がもたらすさまざまなリスクである。その主たるものは賠償責任リスクであり，利用者に対してその賠償責任をカバーする保険提供が不可欠となる。

保険業にとっては，さらに，単に保険を提供することにとどまらない，予防ビジネスへの関与（＝テレマティクスを利用した事故防止対策，病気予防の早期発見など）がより重要性を帯びてくるだろう。総合的なリスク・マネジメントを提供する産業として，保険業は，デジタル技術をリスク・ファイナンス（補償）とリスク・コントロール（抑止）との相互性を高めるために活用すべきである。

デジタル化時代が進展する中での保険業の課題としては，①長期的かつ全体的な経営戦略の構築，②新たな公平性概念の確立と国民コンセンサス，③プライバシー問題とデータ管理体制，④サイバー・リスク対策（データ管理セキュリティへの対応），⑤データ分析専門人材（データ・サイエンティスト）の育成，などをあげることができる。

他方，社会全体から見たときに注意すべき観点は，デジタル技術の発展が保険の利用可能性・購入可能性にどう影響するかである。保障サービス提供は，「生活福祉の向上」のための目的ではなく手段であるという社会的存在の原点を強く意識した経営が，保険会社には求められるだろう。

デジタル技術の進展は近年目覚ましく，自動車保険を入口にして保険業のビジネスモデルに変革をもたらしつつある。とくに保険のコモディティ化が進むと，保険業の**解体的変革**（disruptive innovation）が進む恐れがある。保険事業への重大な影響がある一方で，消費者にとってどのような国民福祉をもたらすかが重要である。すなわち，利用可能性・購入可能性を確保しつつ，保障サービスの拡充につながる仕組みを探求すべきである。

4 社会的責任と保険業

4.1 レジリエンスと保険業

近年，多くの企業が，SDGs（Sustainable Development Goals，持続可能な開発目標）に積極的な取り組みを見せている。持続可能な企業や社会を構築するためには，意識変革が必要であり，そのために今こそ行動を起こさなければならないという意識の表れといえる。SDGs は 2015 年 9 月の国連サミットで採択されたもので，国連加盟 193 カ国が 2016〜2030 年の 15 年間で達成するために掲げた目標である。保険業は，SDGs の達成に多大な貢献の可能性を有する存在として注目されている。日本の保険会社も SDGs への具体的な取り組みを公表し，目標 13 の気候変動に対して自然災害のリスク・モデリングを通じたコンサルティングを具体的な取り組みとして掲げるなどしている。

この中で，地球環境との関連においてレジリエンス（resilience）という文言がキーコンセプト（鍵概念）として用いられている。そもそも保険は，国民経済や市民生活のレジリエンスを目的に仕組まれた経済システムである。私たちが生命保険に入るのは，万が一死亡した場合に，残された遺族の経済的困窮を回避することが目的である。また医療保険も，万が一病気になって経済的必要が生じた場合に，治療費や生活の資金不足を補塡するために加入する。これらは，いったん経済的困難に陥った者をいち早く回復することを目的とする。同様に火災保険においても，家屋が火災で損害を受けた場合に，保険金によって新しく家を再建して，早く元の生活に戻れるように支援する。

いずれも，レジリエンス，すなわち経済的回復力を維持するために，個人が自己選択・自己責任によって保険に加入する事例である。したがって保険会社にとっては，そうしたレジリエンスを確実に保障することが重要な責務ということになる。保険会社は保険システムを健全に維持することにより，個人や社会に対してレジリエンスを提供するのである。

保険とレジリエンスの関係を考えるにあたっては，どのような形で保険がレジリエンスを支えるかという問題を考えなければならない。すなわち，保険が提供する保障のレベルが，レジリエンスにとって重要である。言い換えれば，保障（補償）における量的レベルと質的レベルの両方が，どこまで提供されているかである。量的レベルとは，必要保障額に対して，どこまで保険でカバー

されるかということである。質的レベルとは，必要とする保障（補償）内容の
うち，何が保障（補償）され，何が保障（補償）されないかという問題である。
　保険がもたらすレジリエンス，すなわち**保険レジリエンス**は，リスクによっ
て効果や対応が異なるだろう。レジリエンスは，あるかないかではなく，どの
程度まであるかという相対的な問題である。さらには，どこまでのレジリエン
スを保険に求めるかという問題である。レジリエンスへの対応は，保険によっ
てのみ達成されるものではなく，他の手段との最適化を追求するプロセスであ
る。レジリエンスにおいて，保険の機能を最大限に引き出すためには，どのよ
うな方策を講じるべきかが問われることになる。それは，保険の可能性を追求
することである。

4.2　環境問題と保険業

　地球温暖化問題は，温室効果ガスの増加により気候が変化し，地球上のあら
ゆる場所で社会的にも経済的にも大きな影響を及ぼすことから，世界のすべて
の国・組織そして人々が協力して対応すべき課題である。保険会社は，他の製
造業と比べると環境負荷は比較的少ないが，製造業のように直接的に技術革新
によって問題を解決することはできない。しかし保険業は，地球温暖化問題と
密接なかかわりを有している。たとえば欧米の再保険会社は，1990年代に頻
発した自然災害による損害に多額の保険金を支払った実績から，地球温暖化問
題が気候変動を通じて保険会社に大きな影響を与えうることに懸念を示してい
る。国連のIPCC（気候変動に関する政府間パネル）でもその蓋然性の高さが確認
されており，中長期的に損害保険業界が抱える大きな問題とされている。
　保険会社には今日，環境リスクに対応し，環境保護を促進する，新たな保険
商品の開発や金融サービスが期待されている。環境リスク軽減のため，気候変
動や土壌汚染などに対応する保険商品を提供すると同時に，機関投資家の立場
から環境対策ベンチャーに対して投資を行うなど，金融機関としての役割も大
きい。
　地球温暖化がもたらすシナリオとして指摘されているのは，おおよそ以下の
通りである。①気温上昇から砂漠化が進行し，地球規模で乾燥地帯が拡大する。
②北極・南極の氷や山岳氷河が融解して海面が上昇し，沿岸地域や島国での居
住地域が狭められる。③地球規模での水の循環が増大し，洪水や干魃など自然
災害が深刻化する。④熱波などによる影響や，伝染病の増加，大気汚染の深刻

化などにより，人間生命を脅かす現象が多発する。⑤生態系への影響から，作物収穫量に深刻な影響をもたらす。気候変動の影響は，地球規模で起こるけれども，悪影響は，特定の地域や条件のもとで偏って深刻化すること，したがって，各地域で未経験の異常事態に対処しなければならないという特徴が，地球温暖化の問題点である。

保険業にとっても，これらの状況から，実際にどこまで経済的影響を受けるかを正確に予想することは難しい。しかし，自然災害の多発は，保険業にとって経営を不安定化させる要因であることは間違いない。

したがって，保険会社は，必然的に環境問題に重大な関心を寄せざるをえない。ますます巨大化すると予想される自然災害リスクに対処するためのリスク引受能力の確保が重要である。つまり，リスク管理手法の開発に加えて，リスク処理手段も構築しておかなければならない。

もちろん，保険業は，直接的に環境問題を解決する能力はないけれども，事業活動を通じて環境問題に関与する可能性は残されている。たとえば，環境問題がもたらす経済的損失を分散するために，保険制度の活用できる領域は存在するはずである。あるいは，保険利用を可能にするためのリスク管理を促す，コンサルタントとしての役割は，環境問題についても重要となりうる。保険業にとって CSR は，事業そのものに深く関連しているのである。

4.3　保険業の社会的責任

保険業の社会的責任とは，拡大するステイクホルダーとの関係性を重視する企業活動である。保険会社にとってのステイクホルダーには，他の企業と同様に，①保険契約者（顧客），②投資・融資先企業（個人），③従業員，④政府・自治体，⑤地球環境，⑥NPO・NGO など，多様な主体が存在している。それぞれの主体に対して，保険会社としてどのような責任を有しているのかを明確にすることが社会的責任の原点である。この点において，他の企業と基本的なところで変わる部分はない。しかしながら，ステイクホルダーへの対応のウェイトには格差が存在するのであり，保険会社の場合には，保険契約者との関係を中心に据えながら，それを通じて他のステイクホルダーとの関連性を考えることで，社会的責任のあり方を考えなければならない。そこで，保険業の社会的責任における課題について考察しておきたい。

ステイクホルダーとの関係においては，社会的信頼を維持する上で，コンプ

ライアンス（法令遵守）の徹底は不可欠である。無形財である保険を取り扱う保険会社にとって，社会的信頼こそが財産ともいうべきものである。さらに，社会的責任を果たす上では，経営者と従業員との間にも，良好な雇用関係が保たれていなければならない。一部の従業員が行う不正行為は，結果的に会社全体の信用を損ねることになりかねない。経営者が考える経営理念あるいは社会的責任を，契約者との間で実行するのが従業員である。そこでは，経営者と従業員との相互理解がより重要となる。

　そして，投資先・融資先企業との関係性の中で，資産運用のあり方を考えることである。資産運用において保険会社には，契約者への保障の質的向上を図る上で，効率性・流動性・安全性が求められているが，もう１つ福祉性に対する配慮も重要であることを忘れてはならない。すなわち，機関投資家としての保険会社は，SDGsを推進する１つとしてESG投資（第6章参照）を通じ，環境問題についてもコミットメントが可能である。

　企業としての保険会社は，あくまでも非政府組織であるから，法律に違反しない限り，自由な経済活動が認められる。社会的責任に対する活動も，基本的には，法律に拘束されるものではない。社会的責任としての企業活動は，社会的規範に照らす中で，自発的に行われるものである。周囲に規制されないだけに，崇高な経営理念と難しい経営判断が必要となる。

　保険会社各社は，このところ相次いでSR報告書やサステナビリティ報告書を発刊して，社会的責任に関する独自の理念や取組状況について社会一般に明示している。こうした報告書は，自らが提示したCSRの理念に添って，今後の事業経営を進めていくことを明言している。保険会社は，決して，こうした報告書を単なる一時的な時流に終わらせてはならない。むしろ，将来にわたって着実に実行・継続していかなければならない社会的宣言であると重く受けとめるべきである。

● **演習問題**
　[1]　保険プロテクションの向上のために，政府が果たすべき役割について考察しなさい。
　[2]　デジタル化の進展は，保険業にどのような影響を及ぼすと考えられるかについて考察しなさい。

3 SDGs（持続可能な開発目標）の実現に対して保険業はどのようなかかわりが
あるかについて考察しなさい。

参 考 文 献

Insurance Information Institute [2021] "2021 Insurance fact book" (https://www.iii.org/sites/default/files/docs/pdf/insurance_factbook_2021.pdf).

Kunreuther, H. C., Pauly, M. V., and McMorrow, S. [2013] *Insurance and Behavioral Economics: Improving Decisions in the Most Misunderstood Industry*, Cambridge University Press.

Rejda, G. E., McNamara, M. J., and Rabel, W. H. [2020] *Principles of Risk Management and Insurance (14th ed.)*, Pearson.

Swiss Re Institute [2022] "sigma 4/2022 - World insurance" (https://www.swissre.com/institute/research/sigma-research/sigma-2022-04.html).

World Economic Forum [2015] "The future of financial services: How disruptive innovations are reshaping the way financial services are structured, provisioned and consumed" (https://www3.weforum.org/docs/WEF_The_future__of_financial_services.pdf).

アクセンチュア [2016] 『フィンテック――金融維新へ』日本経済新聞出版社。

石田成則編著 [2008] 『保険事業のイノベーション――商品開発・事業展開と経営革新』慶應義塾大学出版会。

石田成則 [2022] 『変貌する保険事業――インシュアテックと契約者利益』中央経済社。

石田重森・石田成則 [1997] 『自由競争時代の生命保険経営』東洋経済新報社。

依田高典・岡田克彦編著 [2019] 『行動経済学の現在と未来』日本評論社。

稲葉浩幸 [2008] 『保険の文化史』晃洋書房。

上野雄史 [2017] 「IFRS17『保険契約』適用後の保険会社のディスクロージャー」『保険学雑誌』第 638 号，107-124 頁。

上野雄史 [2020] 「エンフォースメントの観点からみた IFRS17 を巡る諸課題」『生命保険論集』第 213 号，171-192 頁。

上野雄史 [2023] 「ESR 情報の信頼性をどのように担保するのか？――企業会計との完全分離か，収斂か？」『生命保険論集』第 224 号，95-114 頁。

大垣昌夫・田中沙織 [2018] 『行動経済学――伝統的経済学との統合による新しい経済学を目指して（新版）』有斐閣。

大谷孝一編著 [2012] 『保険論（第 3 版）』成文堂。

恩藏三穂 [2015] 「生命保険会社におけるグローバル化と規模の経済性――アジア市場における海外展開を中心として」『保険学雑誌』第 630 号，161-177 頁。

木下武徳・吉田健三・加藤美穂子編 [2017] 『日本の社会保障システム――理念とデザイン』東京大学出版会。

木村栄一・近見正彦・安井信夫・黒田泰行［1993］『保険入門』有斐閣新書。

木村栄一・庭田範秋編著［1984］『保険概論（新版）』有斐閣双書。

金融庁［2020］「『経済価値ベースのソルベンシー規制等に関する有識者会議』報告書」（https://www.fsa.go.jp/news/r1/sonota/20200626_hoken/01.pdf）。

金融庁［2021］「経済価値ベースのソルベンシー規制等に関する検討状況について」（https://www.fsa.go.jp/policy/economic_value-based_solvency/20210630/01.pdf）。

金融庁［2022］「経済価値ベースのソルベンシー規制等に関する基本的な内容の暫定決定について」（https://www.fsa.go.jp/policy/economic_value-based_solvency/03.pdf）。

金融庁［2023］「経済価値ベースのソルベンシー規制等に関する基準の最終化に向けた検討状況について」（https://www.fsa.go.jp/policy/economic_value-based_solvency/05_1.pdf）。

九条守［2018］『保険業界戦後 70 年史——生保と損保成長と激動の軌跡』保険毎日新聞社。

クルーイ，M. = ガライ，D. = マーク，R.／三浦良造訳者代表［2015］『リスクマネジメントの本質（第 2 版）』共立出版（M. Crouhy, D. Galai and R. Mark, *The Essentials of Risk Management (2nd ed.)*, McGraw-Hill Education, 2014）。

クレプス，D. M.／中泉真樹ほか訳［2009］『MBA のためのミクロ経済学入門 II ゲーム・情報と経営戦略』東洋経済新報社。

経済産業省［2006］「リスクファイナンス研究会報告書——リスクファイナンスの普及に向けて」（https://www.meti.go.jp/policy/economy/keiei_innovation/sangyokinyu/jinzai04.pdf）。

小坂井敏晶［2013］『社会心理学講義——「閉ざされた社会」と「開かれた社会」』筑摩選書。

柴田忠男［1997］『生命保険——その仕組みから厚生年金基金まで（第 3 版）』晃洋書房。

下和田功編［2014］『はじめて学ぶリスクと保険（第 4 版）』有斐閣ブックス。

杉野文俊編著［2018］『損害保険とリスクマネジメント（2018 年版）』損害保険事業総合研究所。

諏澤吉彦［2018］『リスクファイナンス入門』中央経済社。

諏澤吉彦［2021］『保険事業の役割——規制の変遷からの考察』中央経済社。

諏澤吉彦・柳瀬典由・内藤和美［2022］『リスクマネジメントと損害保険（2022 年版）』損害保険事業総合研究所。

鈴木辰紀編著［2005］『新保険論——暮らしと保険（第 2 版）』成文堂。

生命保険協会［2016］「生命保険会社のディスクロージャー〜虎の巻（2016 年版）」。

生命保険協会［2022］「生命保険の動向（2022 年版）」（https://www.seiho.or.jp/data/statistics/trend/pdf/all_2022.pdf）。

セイラー，R.／篠原勝訳［2007］『セイラー教授の行動経済学入門』ダイヤモンド社。

セイラー，R.／遠藤真美訳［2019］『行動経済学の逆襲』ハヤカワ文庫。

竹濱修監修／髙山崇彦編著［2008］『速報 Q&A 新保険法の要点解説』金融財政事情研究会。

田畑康人・岡村国和編著［2020］『読みながら考える保険論（増補改訂第 4 版）』八千代出版。

近見正彦・堀田一吉・江澤雅彦編［2016］『保険学（補訂版）』有斐閣ブックス。

近見正彦・前川寛・高尾厚・古瀬政敏・下和田功［1998］『現代保険学』有斐閣アルマ。

東京海上火災保険株式会社編［1992］『損害保険実務講座 5 火災保険』有斐閣。

刀禰俊雄・北野実［1997］『現代の生命保険（第 2 版）』東京大学出版会。

ドハーティ，N. A.／森平爽一郎・米山高生監訳［2012］『統合リスクマネジメント』中央経済社。

トムソンネット編［2022a］『図説 生命保険ビジネス（第 2 版）』金融財政事情研究会。

トムソンネット編［2022b］『図説 損害保険ビジネス（第 4 版）』金融財政事情研究会。

友野典男［2006］『行動経済学——経済は「感情」で動いている』光文社新書。

内閣府［2023］「事業継続ガイドライン——あらゆる危機的事象を乗り越えるための戦略と対応（令和 5 年 3 月）」（https://www.bousai.go.jp/kyoiku/kigyou/pdf/guideline202303.pdf）。

中出哲・嶋寺基編著［2021］『企業損害保険の理論と実務』成文堂。

中島亮太郎［2021］『ビジネスデザインのための行動経済学ノート——バイアスとナッジでユーザーの心理と行動をデザインする』翔泳社。

中浜隆（座長）［2013］「国際的保険グループの監督規制」生命保険文化センター。

中村亮一［2022］『必携生命保険ハンドブック』中央経済社。

ニッセイ基礎研究所編［2011］『概説日本の生命保険』日本経済新聞出版社。

日本アクチュアリー会ウェブサイト（https://www.actuaries.jp/）。

日本アクチュアリー会［2017］「標準生命表 2018」（https://www.actuaries.jp/lib/standard-life-table/pdf/seimeihyo2018.pdf）。

日本共済協会［2022］「日本の共済事業 ファクトブック 2022」（https://www.jcia.or.jp/publication/pdf/ファクトブック 2022_日本語版.pdf）。

日本銀行ウェブサイト「システミック・リスクとは何ですか？」（https://www.boj.or.jp/about/education/oshiete/kess/i06.htm）。

日本少額短期保険協会［2022］「2021 年度 少額短期保険業界の決算概況について」（https://www.shougakutanki.jp/general/info/2022/news20220707.pdf）。

日本損害保険協会［2022a］「日本の損害保険 ファクトブック 2022」（https://www.sonpo.or.jp/report/publish/gyokai/ev7otb0000000061-att/fact2022_full.pdf）。

日本損害保険協会［2022b］「損害保険のディスクロージャーかんたんガイド（2022 年度版）」。

日本損害保険協会［2023］「日本の損害保険 ファクトブック 2023」（https://www.sonpo.or.jp/report/publish/gyokai/ev7otb0000000061-att/fact2023_full.pdf）。

日本保険医学会ウェブサイト（https://aimj.org/）。

庭田範秋編［1993］『新保険学』有斐閣。

庭田範秋［1995］『新保険学総論』慶應義塾大学出版会。

庭田範秋［2010］『保険理論の展開（復刻版）』慶應義塾保険学会。

庭田範秋・平井仁［1972］『協同組合保険の歴史と現実』共済保険研究会。

橋本之克［2020］『世界最前線の研究でわかる！ スゴイ！行動経済学』総合法令出版。

ホジスン，G.／狩野貞子訳［1987］『ロイズ――巨大保険機構の内幕』上下，早川書房。

堀田一吉［2003］『保険理論と保険政策――原理と機能』東洋経済新報社。

堀田一吉編著［2006］『民間医療保険の戦略と課題』勁草書房。

堀田一吉［2014］『現代リスクと保険理論』東洋経済新報社。

堀田一吉［2021］『保険学講義』慶應義塾大学出版会。

堀田一吉・岡村国和・石田成則編著［2006］『保険進化と保険事業』慶應義塾大学出版会。

マーシュジャパン株式会社著［2021］『プロが教える企業のリスクマネジメントと保険活用』中央経済社。

松澤登［2021］『はじめて学ぶ生命保険』保険毎日新聞社。

松島恵［2001］『海上保険論（改訂第8版）』損害保険事業総合研究所。

身崎成紀・城山英明・廣瀬久和［2003］「社会安全確保のための損害保険の予防的機能――その機能条件に関する予備的考察」『社会技術研究論文集』第1巻，198-207頁。

宮地朋果［2005］「遺伝子検査と保険」『FSAリサーチ・レビュー』第2号，109-130頁。

宮地朋果［2006］「医療保険をめぐる商品開発の動向」堀田一吉編著『民間医療保険の戦略と課題』勁草書房，97-120頁。

安井信夫［1997］『人保険論』文眞堂。

柳瀬典由・石坂元一・山﨑尚志［2018］『リスクマネジメント』中央経済社ベーシック＋。

山根承子・黒川博文・佐々木周作・高坂勇毅［2019］『スッキリわかる！今日から使える行動経済学――人とお金を上手に動かす』ナツメ社。

家森信善編著［2020］『はじめて学ぶ保険のしくみ（第3版）』中央経済社。

吉野智市［2004］『生命保険会計』生命保険文化センター。

ラファエル，A./篠原成子訳［1995］『ロイズ保険帝国の危機』日本経済新聞社。

ラム，J./林康史・茶野努監訳［2016］『戦略的リスク管理入門』勁草書房。

李洪茂［2022］『保険論――実際とリスクマネジメントへの適用（第2版）』博英社。

和田良子［2020］『実験経済学・行動経済学15講』新世社。

索　引

242　索　引

【有斐閣ブックス】

現代保険学

Principles of Modern Insurance

2023 年 12 月 25 日 初版第 1 刷発行

編　者　　堀田一吉，中浜隆

発行者　　江草貞治

発行所　　株式会社有斐閣

　　　　　〒101-0051 東京都千代田区神田神保町 2-17

　　　　　https://www.yuhikaku.co.jp/

印　刷　　大日本法令印刷株式会社

製　本　　大口製本印刷株式会社

装丁印刷　株式会社亨有堂印刷所